법학제요

Gaius Institutiones

_이 도서의 국립중앙도서관 출판예정도서목록(CIP)은 서지정보유통지원시스템 홈페이지 (http://seoji.nl.go.kr)와 국가자료공동목록시스템(http://www.nl.go.kr/kolisnet)에서 이용하실 수 있습니다.(CIP제어번호: CIP2017011902)

법학제요

Gaius Institutiones

Gaius 저

정동호 · 신영호 · 강승묵 역주

세창출판사

역자 서문

　이 책은 로마의 저명한 법학자 가이우스(Gaius: AD 130-180)가 서력 161년에 저술한 것으로 추정되는 『법학제요(法學提要; Institutiones; Edward Poste, Gai Institutiones or Institutes of Roman Law by Gaius, Clarendon Press, 1904)』를 옮겨 펴낸 것이다. 가이우스는 이 책이 편집되던 당시를 전후하여 어느 학자 못지않게 활동했던 것으로 되어 있지만 가이우스라는 말이 이름인지 가문의 성(姓)인지조차 확실하지 않을 만큼 개인적인 기록이 남아 있지 않으며, 여기 옮긴『법학제요』도 그렇게 많이 인용되어 왔으면서도 그 출간연도인 161년도는 추정시기임에 지나지 않는다.

　당시의 로마 법학자는 대부분 입법이나 실무에 종사하는 법률전문가였으나, 가이우스는 그렇지 못하고 전문법학교사로 일했기 때문에 생전에는 그다지 널리 알려져 있지 않았다. 그렇게 상당히 오래 지낸 다음 426년에 테오도시우스 2세(Theodosius II)와 발렌티니아누스 3세(Valentinianus III)는 법률가의 법적 결정에 필요한 학설기준을 정해 주는 인용법(引用法; lex citationum)을 공포하였는데, 이 가운데 가이우스도 파피아누스(Papianus), 울피아누스(Ulpianus), 모데스티누스(Modestinus), 파울루스(Paulus)와 함께 5대 권위 있는 법학자의 한 사람으로 인정받게 되었다.

　이후 중세, 근대의 오랜 기간을 거쳐 오면서 가이우스는 이 법학제요가 읽히는 데 못지않게 고대 로마의 최고 법학자 중 한 사람으로 추앙을 받아 오고 있다. 가이우스에 관한 세보가 전하지 않는 것도 법학제요가 너무 많이 읽혀져 왔기 때문인지도 모른다.

　어쩌다가 법에 관한 기초서적이나 일반 교양서를 읽어 보려고 혹시 법사상사나 법제사의 책이 손에 잡히더라도 그냥 슬그머니 놓고 시치미 떼는 게 고작이다. 그만큼 읽을거리로서는 생소하고 법에 관계되었다 하면 어렵다는 인식이 강하기 때문이다. 이를 위해 다음의 몇 가지 법언(法諺)을 되뇌듯 읽어 보는 것이 어떨까 싶다.

　"동일한 사물에 관해서는 소권(訴權)은 두 번 존재하지 않는다(Bis de eadem re ne sit actio)." … "단순한 합의로부터는 소권은 발생하지 않는다(Ex nudo pacto non oritur actio)." … "어느 누구도 그 의사에 반하여 이익을 부여받게 되지는 않는다(Invito beneficium non datur)." … "가해책임은 가해물(加害物)에 따른다(Noxa caput sequitur)." … "채무는 채무자의 인격에 수반한다(Debita secuntur personam debitoris)." … "합의는 당사자 간에 법을 만든다(Consensus facit legem)." … "진실의 은폐는 허위표시(虛僞表示)와 같다(Suppressio veri, expressio falsi)." … "법학에 있어서 정의(定義)를 내리는 것은 위험하다(Omnis definitio in iure civili periculosa est)."

　이들 각 구절은 민사생활이 꾸며지는 핵심 요소인 의사(意思), 그 정합괴멸(定合壞滅)에 얽히게 되는 시비(是非)와 책임 추궁의 근거인 고과(故過), 그리고 그 짜임새와 작용, 거기에 법의 뿌리까지도 언급한 것이다 보니, 읽어 가기에 다소 부담스러운 감이 드는 것은 사실이다. 그렇지만 우리의 생활이 끊어지는 한 단면, 즉 흔하지만 특수한 관계로 맺어지는 계약, 그 이행이 제대로 이루어지지 않은 경우, 그에 따른 손익을 덮어 둘 수 없어 따져야 하는 예를 떠올려 보면, 앞에 열거한 몇 가지 법구(法句)는 저절로 그 의미가 살아남을 쉽게 알 수 있다. 여기에 법의 생활적인 면, 살아 있는 숨결이 깃들어 있는지도 모른다. 여기 소개하는 법학제요나 그 밖의 교양 법학서라는 것이 이 정도를 넘지 않고 더구나 우리 생활의 각 면목이 그 속에 함께 숨 쉬고 있음을 지적해 두고 싶다.

각인의 생활에 맞춰 이리저리 뒤틀림도 감내하면서 이룬 문구와 문장을 함께 모아 펴낸 이 법학제요는 특정한 원칙이 없이 각 분야의 필요에 따라 쌓여 가기만 하던 그때까지의 로마법의 체계를 요령 있게 짜 맞춘 가운데 저명한 법률가들의 논문, 12표법, 각 황제들의 칙령, 각 집정관의 조칙, 그리고 당시의 중요한 법이었던 파피우스 포파에우스 법(lex Papia Poppaea)까지 끌어들여 그 논지와 세부사항에 걸쳐 잘 정리하여 설명하였던 점에 특색이 있다.

이 책의 형식적 구성은 제1권 인(人; personae), 제2권 물건(物件; res), 제3권 권리의 취득, 그리고 제4권 소권(訴權; actiones)으로 되어 있다. 각 세부항목에 관해서는 사람에 관해서는 자연인과 노예, 자권자와 타권자, 후견이나 보좌가 필요한 사람과 그렇지 않은 사람의 법적 문제를 각각 소송관계의 전개방식으로 파헤침으로써 각 소권의 정당성이나 그 귀결에 따른 권리의무가 각 당사자에게 제대로 연결되는지가 드러나도록 하고 있다. 그리고 물건에 관해서는 물건의 분류, 물건의 개별취득과 포괄취득, 채권채무관계의 성립이나 이행 및 소멸을 대체로 같은 방식으로 설명하고 있다. 읽어 나가는 중에는 이따금씩 그 시대와 사회의 구분을 뛰어넘어 요즈음의 법률문제를 조금 달리 각색하여 써 놓은 것이 아닌가 하는 느낌이 들기도 한다. 아주 오래된 법이 오늘날까지 효력을 지닐 수 있는 근거의 실마리이기도 하다. 인간의 결속, 의식주의 생활국면, 기본욕구의 충족욕망, 생활밑천의 부족이나 불가항력의 불가피성은 예나 지금이나 같은 한계의 틀을 벗어나기 어려운 실제를 한눈에 보게 되는 셈이다.

가이우스의 법학제요는 그 당시와 그 이전의 법이론과 법률들을 정리하였음에 그치지 않고, 이후 펼쳐지는 게르만의 정착과 국가정립, 그에 따른 제도수립의 어려운 상황하에서도 제한된 동로마제국의 영역에서나마 지속적인 법의 권위서로 인정되었고, 각 국가나 지역의 사법 일반 내지 민사와 그 소송에 걸쳐서 다소의 도움을 주었던 것도 사실이다. 그러다가 그 한계를 드러내기 시작한 중세 말기부터는 인간의 개별성을 독자적으로 파악하려는 사조변혁(思潮變革)과 조류를 함께하면서 사회개혁(社會改革)의 일익을 떠맡기도 했었음은 결코 우연이라고 해 넘길 일이 아니다. 그것은 오래도록 제자리를 찾지 못했던 수레바퀴가 제자리를 찾아 굴러가게 된 희한한 정경을 떠올릴 만한 일이다. 그 수레에 타고 있는 사람이 누구인지를 그려 보라. 재미있는 일이 아닐 수 없다. 로마법은 이렇게 계수(繼受)에 계수를 거듭하여 정도의 차이는 있지만 각국의 민사법에 끼어들고 파고들어 자리하게 된 것이다. 그 가운데서도 유럽대륙의 독일과 프랑스의 법이론의 발달 내지 그 정립에 지대한 영향을 주었으며, 이는 다시 세계 여러 나라의 입법에까지 퍼져 나갔음은 부인하기 어려운 사실이다.

우리나라의 민법전의 제정에도 로마법이 계수에 계수를 거쳐 상당 부분 그 입법의 필요성 내지 그 입법의 틀을 같이하였음은 현재까지도 살아 있는 여러 규정이 이를 대변해 준다. 그러한 가운데서도 친족(親族)의 촌수산정의 기초는 공교롭게도 로마식의 그것과 일치하는 등 또 다른 측면, 즉 제도의 단일적 보편을 암시해 주는 한 단면이 아닌가 하는 생각도 들게 한다. 좀 더 세밀한 부분까지 연구를 해 나가 보면 또 다른 동질감이 드러날지도 모를 일이다.

읽을 만한 책이 없다고 투덜대는 법학도에게는 물론 이미 법조실무에 접한 실무가에게도 꼭 한번 읽어 보기를 간절하게 권하는 바이다. 모래알을 씹듯이 일궈 낸 갖가지 법학지식에 신선한 삶의 눈을 뜨게 하는 것은 이른 새벽에 보게 되는 미풍의 낯가림일지도 모른다. 이 책은 그러한 향훈(香薰)을 드리우는 종이의 엮음이 되기에 넉넉하다고 생각한다.

이 책을 번역함에는 이전에 출간된 로마법 서적, 법제사에 관한 여러 책이나 논문 이외에, 다음의 몇몇 다른 나라의 같은 책의 편역

서(S. P. Scott, The Civil Law, Central Trust Co., 1932; 早稻田大学ローマ法
研究会 譯, 法学提要, 敬文堂, 2002; 船田享二 譯, 法學提要, 1943, 日本評論
社; 黄风译, 盖尤斯法学阶梯, 中国政法大学出版社, 2008; 船田享二, ローマ法
第1-5卷, 岩波書店, 1968-1972; 현승종, 로마법, 일조각, 1983; 현승종/조규
창, 로마법, 법문사, 1996)를 참고하였다.

끝으로 최근의 사회 경제 실정이 출판 분야에 극히 더 큰 어려움
이 되고 있음에도 불구하고, 이 책의 진지한 가치를 소중히 여겨 그
출판을 흔쾌히 승낙해 주신 이방원 사장님, 번역의 어려움까지 함께
해 주신 임길남 상무님께, 그리고 수차 말없는 도움을 준 직원 여러
분께 깊은 감사를 드리는 바이다.

2017년 5월
역자 씀

차 례

제1권 — 법法 일반 · 인人에 관한 법

제2권—물物에 관한 법 I

제3권 ─ 물物에 관한 법 II

제4권―소송법訴訟法

표기법

❶ … 이 부분은 베로나 판본에 누락되어 있든지 읽을 수 없는 문자 혹은 문장이어서 충분히 복원할 수 없는 부분이다.

❷ [ ]은 한자의 표기가 필요한 부분과 간단한 설명이 필요한 부분에 사용하였다.

❸ 라틴어의 인명 및 지명의 표기는 현재 가장 많이 사용하고 있는 표기법을 사용하였다.

❹ 이 책 원서 본문 가운데 각주는 기술되어 있지 않고 소제목이나 소목차 일부가 있으나, 역자가 독자들의 편의를 위하여 각주와 소목차를 부기하였다.

❺ 원문에는 전체 목차가 전해지고 있지 않으나, 독자의 편의를 위해 목차를 구성하여 분류하였음을 밝힌다.

제 1 권

법法 일반 · 인人에 관한 법

법法 일반

시민법과 자연법에 관하여

시민법 · 만민법

1. 법률(法律)과 관습(慣習)을 지키면서 살아가야 하는 각 개인이나 집단은 어느 경우에는 자기에게 고유한 법을 따라야 하고, 어느 경우에는 사람들 모두에게 공통적인 법을 따르게 되기도 한다. 즉 어느 집단이 자기들을 위하여 제정한 법은 그 집단에게 맞춰 가지게 된 법이기는 하지만, 마치 자기에게 고유한 법인 것처럼 시민법(市民法; ius civile)이라고 한다. 이에 대하여 자연의 이치(理致)가 각 사람들에게 걸맞게 갖춰 제정된 법은 어느 집단에 있어서나 동일하게 준수되고, 어쩌면 모든 민족이 그 법을 적용이라도 하는 것처럼 만민법(萬民法; ius gentium)이라고 불린다. 그 각각의 법이 어떠한 것인지에 관해서는 해당하는 부분에서 자세히 서술하기로 한다.

법의 형식

2. 로마인의 결집체로서의 법(法; ius)은 법률(法律), 평민회의결
(平民會議決), 원로원의결(元老院議決), 원수의 칙법(勅法), 고시발포권
(告示發布權)[1]을 가지는 사람이 공포한 고시(告示) 및 학자들의 회답
(回答)으로 되어 있다.

법 률

3. 법률(法律; lex)은 집단체로서의 한 국가소속인이 명령하고 제
정하는 것이다. 평민회의결(平民會議決; plebiscitum)은 평민이 명령하
고 제정하는 것이다. 그런데 한 국가소속인을 뜻하는 국민이라는 호
칭은 귀족까지 포함하는 모든 시민(市民)을 가리킴에 반하여 평민(平
民; plebs)이라는 호칭은 귀족을 제외한 시민만을 가리키는 점에서
평민은 국민과 다르다[인민(人民; populus)이라는 용어는 소유적 시민(所
有的 市民)으로 쓰이는 예가 많음]. 그러므로 종래의 귀족은 평민회의결
에 대해 자기들의 승인을 거치지 않고 제정되는 것이기 때문에, 자기
들은 이에 구속되지 않는다고 주장하기도 했다. 그런데 후에 호르텐
시우스 법(lex Hortensia)[2]이 제정되어, 이에 의해 평민회의결도 모든
국민을 구속하는 것으로 정해졌다. 이렇게 하여 평민회의결은 법률
과 동등한 효력을 가지게 되었다.

원로원의결

4. 원로원의결(元老院議決; senatus consultum)은 원로원이 명령하

---

1) 법무관, 안찰관, 재무관, 감찰관, 속주장관에게 부여된 권한으로 취임 시
   에 선고내용을 판에 기재하여 광장에 게시한다.
2) 기원전 287년에 제정된 법이며, 평민회에서 의결된 사항이 원로원의 인
   준 없이 법적 구속력을 갖게 되어, 평민과 귀족이 법률상 동등한 권리를
   가지는 것으로 되었다.

고 제정하는 것으로, 논란의 여지가 있기는 하지만 법률의 효력을 지닌다.

원수의 칙법

5. 원수의 칙법(costitutio principis)은 황제의 재결(裁決), 고시(告示), 문서(文書)로 제정하는 것이다. 황제 자신이 법률에 의하여 명령권(命令權; imperium)[3]을 가지게 되어 있었으므로, 원수의 칙법이 법률의 효력을 지니고 있었음은 결코 의심할 바 아니다.

고 시

6. 고시(告示; edictum)란 고시발포권을 가진 사람들의 명령이다. 그런데 고시발포권을 가지고 있는 사람은 로마 국민의 정무관(政務官)이다. 아주 광범위한 법이 두 종류의 법무관, 결국 시민관할재판관(市民管轄裁判官; praetor urbanus) 및 외인관할재판관(外人管轄裁判官; praetor peregrinus)의 법무관의 고시에 포함되어 있다. 속주(屬州)[4]에서는 속주장관(屬州長官)이 이들 법무관이 가지게 되어 있는 재판권을 가지고 있다. 또한 아주 광범위한 법이 마찬가지로 고등안찰관(高等按察官; aedilium curulium)의 고시에도 포함되어 있는데, 로마 국민의 속주에는 재무관(財務官)이 안찰관(按察官; quaestores)이 가지는 재판권을 가지고 있다. 한편 원수속주(元首屬州)에는 재무관이 파견되지 않게 되어 있었으며, 따라서 이들 속주에서는 그러한 고시는 공시되지 않았다.

---

3) 황제는 로마제국의 최고지배자로서 국가통수권을 행사하였으며, 로마군대의 최고사령관으로서 군지휘권을 가졌고, 공화정하에서는 각 지방의 총독이 행사하던 군사와 행정권까지 장악하게 되었다.

4) 고대 로마에서 296년 이전까지 본국 이탈리아 바깥의 가장 큰 행정 단위를 말한다.

학자들의 회답

7. 학자들의 회답(responsa prudentium)은 법의 창조가 허용되어 있는 사람들의 판단(判斷)과 의견(意見)이다. 만약 이들 전원의 판단이 일치하게 되면, 그들의 의견이 법률의 효력을 지니게 된다. 그러나 그들의 의견이 일치하지 않으면, 심판인(審判人; iudex)은 자신이 선택하는 의견에 따라도 괜찮게 되어 있다. 이것은 하드리아누스(Hadriani; 기원후 117년-138년 재위) 황제의 칙법에 명확하게 밝혀져 있다.

법의 분류에 관하여

8. 우리가 시행하고 있는 법은 모두 사람[人], 물건(物件), 소송(訴訟)과 관련되어 있다. 우선 사람에 관해서 살펴보기로 한다.

인人에 관한 법

사람의 신분

9. 사람에 관한 법을 가장 넓게 분류한다면, 모든 인간은 자유인(自由人; liberi)과 노예(奴隷; servi) 중 하나에 속한다.

생래자유인과 해방자유인

10. 또한 자유인 중 일부는 생래자유인(生來自由人; ingenui)이고, 또 다른 일부는 해방자유인(解放自由人; libertini)이다.

생래자유인

11. 생래자유인은 자유인으로 출생한 사람이고, 해방자유인은 법률상 노예의 신분(身分)에서 해방된 사람이다.

해방자유인의 종류

12. 해방자유인은 셋으로 분류된다. 즉 로마시민(cives romani), 라틴인(latini), 항복외인(dediticii)이 그것이다. 이들 각각에 관하여는 나누어 고찰하는 것으로 한다. 우선 항복외인에 관하여 살펴보기로 한다.

항복외인

13. 아에리우스 센티우스 법(lex Aelia Sentia; 기원후 4년 제정)에는 다음과 같은 사항이 규정되어 있다. 징벌(懲罰) 때문에 주인에 의하여 족쇄가 채워져 있는 노예, 낙인이 찍혀 있는 노예, 가해행위로 고문을 받고 그러한 가해행위가 확증된 노예, 검투(劍鬪)나 야수를 상대로 싸울 수 있도록 투기장 혹은 옥사에 옮겨진 노예, 이들 노예들은 동일하게 후에 주인이나 다른 사람에 의하여 해방되면 항복외인과 같은 신분을 가지는 자유인이 된다.

14. 항복외인(降伏外人; peregrini dediticii)이라 함은 이전에 로마국민을 상대로 무기를 가지고 싸웠으나 싸움에 패배하여 항복한 사람들을 말한다.

15. 이러한 오욕(汚辱) 때문에 이들 노예가 어떠한 식으로 또는 몇 세에 해방되었다 하더라도, 그리고 설령 주인의 완전한 권리 아래에 있다 하더라도, 우리는 이들이 로마시민 혹은 라틴인이 된다고는 결코 말할 수 없다. 어느 경우에나 그들은 항복외인의 처지에 놓이게 되는 것으로 이해해야 한다.

로마시민과 라틴인

16. 그러나 노예가 이러한 오욕을 받지 않았으면, 해방된 노예는 로마시민이나 라틴인이 된다고 말한다.

노예의 해방요건

17. 즉 다음의 세 가지 조건을 갖춘 사람은 로마시민이 된다. 30세 이상이고 퀴리테스(Quirites)[5]권에 의하여 주인 아래에 있고, 그리고 정당하고 적법한 해방에 의하여, 즉 권봉식(權奉式)[6]이나 호구조사(戶口調査)[7]나 유언(遺言)에 의하여 자유롭게 되는 것 등이다. 그러나 이들 요건 중 하나라도 갖추지 못하게 되면 그 사람은 라틴인의 신분을 갖게 된다.

해방 또는 해방원인의 증명

18. 이에 덧붙여 노예의 연령과 관계된 요건이 아에리우스 센티우스 법(lex Aelia Sentia)에 의하여 도입되었다. 이 법률은 해방된 30세 미만의 노예가 로마시민이 되는 요건은 특별위원회(特別委員會; consiluum)의 면전에서 해방의 정당원인이 증명되고, 권봉식에 의하여 해방된 경우에 한한다고 규정하고 있다.

해방의 정당원인

19. 그런데 해방의 정당원인이 있게 되는 것은, 어떤 사람이 친아들이나 딸을, 혹은 친형제나 자매를, 혹은 양자를, 혹은 가정교사를, 혹은 관리인으로 삼기 위하여 노예를, 혹은 혼인시키기 위하여 여자노예를 각각 특별위원회의 면전에서 해방하는 경우이다.

---

5) 고대 로마 시민의 가장 초기 명칭.
6) 권봉(權奉)은 병기인 창(hasta)을 상징하는 것으로, 창은 무력에 의한 전리품의 원시취득을 의미하는 적법한 권원(權原)의 표시였다.
7) 로마시대 초기에는 정무관이 5년마다 로마인구 조사와 모든 가장의 재산 평가 등 국세조사권을 행사하였으나, 기원전 443년 내지 435년에 국세조사권이 분리되어 민회에서 선출된 호구총감에게 권한이 이전되었다.

특별위원회의 개최

20. 그런데 특별위원회는 로마시에서는 원로원의원 5인과 성인의 로마 기사신분(騎士身分)인 사람 5인으로 개최되지만, 이에 대하여 속주(屬州)에서는 로마시민인 심리인(審理人) 20인으로 특별위원회가 짜여지고, 순회재판(巡廻裁判)의 마지막 날에 개최된다. 그러나 로마시에서는 특정일에 특별위원회의 면전에서 해방(解放)이 집행된다. 이에 대하여 30세 이상의 노예는 언제든지 해방되는 것이 관례였기 때문에, 심지어 법무관(法務官; praetor) 또는 원로원 속주의 집정관(執政官; proconsul)이 목욕탕이나 극장으로 가는 길에서까지 해방이 시행되는 경우도 있었다.

노예에 대한 유언해방

21. 게다가 해방되는 30세 미만의 노예를, 일정한 지급(支給)을 감당할 수 없게 된 주인이 유언(遺言)에 의하여 그를 자유인이자 동시에 상속인으로 살아가게 하면 …… 로마시민으로 될 수 있다.

유니우스 법상의 라틴인

22. …… 이러한 사람은 유니우스 법(lex Junia; 기원후 19년 제정)상의 라틴인(latini iuniani)이라고 한다. 이러한 사람들을 라틴인이라고 하는 이유는 식민 라틴인과 동등한 지위가 주어지기 때문이다. 유니우스 법(lex Junia)상이라는 말을 덧붙이는 것은 예전에는 노예로 취급되었는데, 유니우스 법에 의하여 자유를 얻었기 때문이다.

라틴인과 항복외인과의 차이

23. 유니우스 법(lex Junia)에서는 노예 자신이 유언하는 것 또는 타인의 유언에 의하여 자유를 취득하는 것 또는 유언에 의하여 후견인으로 지정되는 것을 그들에게 허용하지 않는다.

신탁유증으로 인한 취득

24. 그런데 그들이 유언에 의하여 취득할 수 없다고 하는 것은 그들은 상속(相續)이나 유증(遺贈)을 원인으로 직접적으로 취득할 수 없음을 의미한다고 이해할 수 있다. 이에 대하여 그들이 신탁유증(信託遺贈)에 의하여 취득하는 것은 가능하다.

유언으로 인한 취득능력과 유언능력

25. 한편 항복외인에 속하는 사람은 다른 외인8)과 마찬가지로 유언에 의해서는 결코 취득할 수 없다. 또한 다수설에 의하면 항복외인은 자신이 유언을 작성할 수도 없다.

항복외인의 지위

26. 따라서 항복외인에 속하는 사람들의 자유는 가장 낮은 수준이다. 더구나 법률이나 원로원의결이나 원수의 칙법도 항복외인에게 로마시민이 될 기회를 부여하지 않는다.

항복외인의 거주제한

27. 더 나아가 항복외인은 로마시내나 로마시의 100마일 이정표석(里程標石) 내에서 머무는 것도 금지되어 있다. 이 금지에 위반한 사람은 로마시내나 로마시의 100마일 이정표석 내에서 노예로 일하지 못하도록, 혹은 결코 해방시키지 않는다는 조건으로, 자신 또는

---

8) 넓은 의미의 외인은 로마시민을 제외한 모든 제국주민을 의미하지만, 좁은 의미에서의 외인은 로마 공법상 특수한 법적 지위에 있는 라틴인을 제외한 모든 외인을 말하며, 또한 로마의 정치적 지배하에 있으나 로마시민이나 라틴인이 아닌 사람을 말한다. 이에 속하는 사람들로는 포로외인(status captivii), 항복외인(peregrinii dediticii), 자치외인(peregrinii alicuius civitatis)이 있다.

그 재산을 공적으로 경매하게 하는 명령을 받게 된다. 만일 해방시키는 경우가 있게 되면, 로마국민의 노예라는 명령을 받게 된다. 이러한 내용은 아에리우스 센티우스 법(lex Aelia Sentia)에 규정되어 있다.

라틴인은 어떠한 방법으로 로마시민으로 될 수 있는가?

28. 이에 대하여 라틴인은 다양한 방법에 의하여 로마시민으로 된다.

아에리우스 센티우스 법에 의한 로마시민권 취득

29. 예를 들면 아에리우스 센티우스 법(lex Aelia Sentia)에 의하면, 해방되어 라틴인이 된 30세 미만인 사람이 로마시민 또는 식민 라틴인 또는 자신과 같은 처지에 있는 처를 얻고, 이에 7인 이상의 성숙한 로마시민인 증인을 불러 이것을 증명하고, 또한 아들을 둔 경우에는 이 아들이 만 1세가 되기 이전에, 그들은 이 법률에 의하여 로마시에서는 법무관, 속주에서는 속주장관에 신청하여 아에리우스 센티우스 법에 의거하여 자신이 처를 얻은 사실 및 그 처에게서 태어난 만 1세인 아들이 있는 것을 증명할 수 있는 권한을 가지게 된다. 그리고 만일 그 법무관 혹은 속주장관이 그의 면전에서 그 원인을 입증하게 한 후 사실 그대로라고 판단을 내리게 되면. 이 경우에는 이 라틴인 자신을 로마시민으로 명하게 되고, 그의 처가 당시 그와 동일한 신분으로 있으면 그 처도, 아울러 아들이 바로 아버지와 동일한 신분에 있으면 그 아들도 로마시민인 것으로 명하게 된다.

30. 그런데 우리는 이 사람의 자격에 관하여 "이 사람 아들 자신이 아버지와 동일한 신분에 있으면"이라는 문구를 덧붙인다. 왜 그러냐 하면 만일 이 라틴인의 처가 로마시민이라면 그 어머니로부터 태어난 사람은 하드리아누스(Hadrian) 황제의 제안에 의하여 작성된

새로운 원로원의결에 의거하여 로마시민으로 태어난 것으로 되기 때문이다.

31. 이 로마시민권을 취득하는 권리는 아에리우스 센티우스 법(lex Aelia Sentia)에 의하면 해방되어 라틴인이 된 30세 미만의 사람만이 가지게 되어 있었는데, 후에 페가수스(Pegasus)[9]와 푸시오(Pusio)[10]가 집정관이었을 때 가결된 원로원의결에 의하여 해방되어 라틴인이 된 30세 이상인 사람에게도 인정되게 되었다.

32. 여기에 다시, 설령 라틴인이 만 1세가 되는 아들이 있게 된 원인을 입증하기 전에 사망하였다 하더라도 아들의 어머니도 이를 입증할 수 있으며, 이 어머니가 라틴인이었다면 어머니 자신도 로마시민이 된다. ……………………………………………………… ………………………………………………… 로마시민인 어머니로부터 태어났기 때문에 아들 자신이 로마시민인 경우에도 그가 아버지의 자권상속인(自權相續人)이 되기 위해서는 어머니가 원인을 증명하여야 한다.

32a. 우리가 만 1세의 아들에 대하여 서술한 것은 만 1세의 딸에 관해서도 마찬가지로 적용된다고 이해해야 한다.

32b. ……………………………………………………………………… ………………………………………… 즉, 만약 그들이 로마에서 6년간 군역(軍役)에 복무하게 되면 그들은 로마시민이 된다. 이보다 후에 3

---

9) 기원후 70년경의 집정관.
10) 기원후 70년경의 집정관.

년간의 임무를 완료하게 되면 그 복무자들에게 로마시민권을 부여
해야 한다는 원로원의결이 있었던 것으로 전해진다.

운반업 종사에 의한 로마시민권 취득

32c. 또한 클라우디우스(Claudius; 기원후 41년-54년 재위) 황제의
고시(告示)에 의하여 만일 라틴인이 1만 모디우스(modius)[11] 이상의
곡물을 적재할 수 있는 해양선(海洋船)을 건조하고, 그리고 그 선박
혹은 그에 갈음하는 것으로 6년간 곡물을 로마로 운반하였으면 그는
퀴리테스(Quirites)권을 취득한다.

투자에 의한 로마시민권 취득

33. 네로(Nero; 기원후 54년-68년 재위) 황제는 만일 20만 세스테르
티우스(sestertius)[12]나 그 이상의 재산을 가진 라틴인이 로마시에서
집을 짓고 그 집을 위하여 자기 재산의 절반 이상을 써 버렸으면 그
사람은 퀴리테스(Quirites)권을 취득한다는 칙법을 내린 바 있다.

제분업 종사에 의한 로마시민권 취득

34. 마지막으로 트라야누스(Trajan; 기원후 98년-117년 재위) 황제는
라틴인이 시내에서 3년간 제분업(製粉業)을 해 나가면서 하루에 100
모디우스(modius) 이상의 밀을 제분하였으면 그 사람은 퀴리테스
(Quirites)권을 취득한다고 칙법으로 정했다.

35. ……… 따르는 ……… 30세 이상으로 해방되어 라틴인이 된
사람은 ……… 퀴리테스(Quirites)권을 취득하는 것 ……… 권봉식 혹

---

11) 고대 로마의 용적단위(8.73 리터).
12) 고대 로마에서 사용된 화폐 단위로, 2 1/2아스(as).

은 호구조사(戸口調査)에 의하여 혹은 유언에 의하여 해방된 ………
30세에 해방하는 ……… 로마시민 ……… 그를 다시 해방한 사람
……… 해방자유인(解放自由人)으로 된다. 그러므로 만약 노예가 타
인의 재산 중에 있고 퀴리테스권에 의거하여 어느 개인의 것이라고
한다면, 분명히 타인 혼자서도 그를 라틴인이 되게 할 수 있지만, 다
시 해방할 수 있는 것은 개인인 나이고 타인은 다시 해방할 수 없으
며, 그리고 그는 이 방식으로 나 개인의 해방자유인으로 된다. 그렇
지만 다른 방식으로도 퀴리테스권을 취득하고 나 개인의 해방자유
인이 될 수 있다. 그런데 ……… 그가 사망한 때 남은 ……… 유산점
유(遺産占有)는 그가 일정한 방식으로 퀴리테스권을 취득했든지 간에
타인에게 넘겨진다. 그렇지만 만일 그가 주인의 재산 중에 있으면서
동시에 퀴리테스권에 의거하여 주인에 의하여 해방된 경우에는, 당
연히 그는 또한 주인에 의하여 라틴인이 되고 퀴리테스권을 취득할
수 있다.

해방의 제한

36. 그러나 희망하는 사람일지라도 아무나 해방할 수 있게 허용
되지는 않는다.

사해목적의 해방금지

37. 채권자(creditor)를 사해할 목적이나 보호자(patroni)를 사해할
목적으로 해방한 사람은 아무 일도 하지 않은 것으로 된다. 왜 그러
냐 하면 아에리우스 센티우스 법(lex Aelia Sentia)은 이러한 목적으로
자유를 부여하는 것은 금지하고 있기 때문이다.

20세 미만의 주인에 의한 해방

38. 또한 동법에 의하면 권봉식에 의하여 해방하고, 해방의 정당

원인(正當原因)이 특별위원회의 면전에서 증명된 경우를 제외하고는 20세 미만의 주인이 해방하는 것은 허용되지 않는다.

39. 해방의 정당원인은 예를 들면 어느 사람이 그 아버지, 어머니, 가정교사 혹은 유모형제(乳母兄弟)를 해방하는 경우에 있게 된다. 이 밖에 앞에서 30세 미만의 노예에 관하여 설명하는 원인은 지금 서술한 이 사례에도 적용할 수 있다. 또한 반대로 20세 미만의 주인(主人)에 관하여 우리가 서술한 원인은 30세 미만의 노예에 관해서도 확대 적용할 수 있다.

40. 이처럼 20세 미만의 주인에 의한 해방에 관해서 일정한 제한이 아에리우스 센티우스 법(lex Aelia Sentia)에 규정되어 있기 때문에, 만 14세에 달한 사람은 유언을 작성하고, 유언에 의하여 자신을 위한 상속인을 지정할 수 있으며, 또한 유증도 할 수 있게 되어 있지만, 20세 미만인 한에는 노예에게 자유를 부여할 수는 없다.

우인(友人) 간의 해방(manumissio interamicos)

41. 그리고 20세 미만의 주인이 노예를 라틴인으로 하고자 하더라도 특별위원회의 면전에서 원인을 증명하고 그 다음에 친구의 입회하에 해방하지 않으면 안 된다.

유언에 의한 노예해방제한

42. 여기에 다시 푸피우스 카니니우스 법(lex Fufia Caninia; 기원후 2년 제정)에는 유언으로 해방할 수 있는 노예의 수에 관하여 일정한 제한이 규정되어 있다.

노예해방의 수에 대한 제한

43. 즉 2명 이상 10명 이하의 노예를 소유하는 사람은 노예 총수의 2분의 1까지 해방시킬 수 있다. 이에 대하여 10명 이상 30명 이하의 노예를 소유하는 사람은 3분의 1까지 해방할 수 있다. 또한 30명 이상 100명 이하의 노예를 소유하는 사람은 4분의 1까지 해방시킬 수 있는 권한이 부여되어 있다. 마지막으로 100명 이상 500명 이하의 노예를 소유하는 사람은 5분의 1 이상 해방시키는 것은 허용되어 있지 않다. … (이상의) … 없다. 그렇지만 법률에서는 누구도 100명 이상의 노예를 해방시키는 것은 허용되지 않는다고 규정하고 있다. 그런데 어느 사람이 1명 내지 2명의 노예를 소유하고 있는 경우에는 이 법률이 적용되지 않는다. 그러므로 그 사람은 노예 모두를 해방할 자유로운 권한을 갖는 셈이다.

유언에 의하지 않은 노예해방에 대한 제한

44. 더욱이 이 법률은 유언에 의하지 않고 해방하는 사람에 관해서는 적용되지 않는다. 따라서 다른 원인에 의하여 자유의 부여가 금지되지 않는 경우에는, 당연히 권봉식에 의하여, 혹은 호구조사(戶口調査)에 의하여, 또는 친구의 입회하에 해방하는 사람들은 모두 노예를 해방하는 것이 허용된다.

45. 그렇지만 유언에 의하여 해방된 노예의 수와 관련하여 앞에 서술한 것에 관하여는 2분의 1 혹은 3분의 1 혹은 4분의 1 혹은 5분의 1을 해방시킬 수 있다고 하는 그 수(數) 중에서 각각 앞의 수(數)로 인정되었던 것보다 더 많이 해방할 수 있다고 이해할 수 있다. 그리고 이것은 법률 자체에 고려되어 있는 것이기도 하다. 왜냐하면 10명의 노예주인은 그 수의 반까지 해방시키는 것이 인정되어 있기 때문에 5명을 해방시킬 수 있는데, 12명의 노예를 소유하는 사람이 4

명보다 많이 해방시키는 것을 허용하지 않은 것은 분명히 불합리하기 때문이다. 마찬가지로 10명 이상 ⋯⋯⋯⋯⋯⋯⋯⋯⋯⋯⋯
⋯⋯⋯⋯⋯⋯⋯⋯⋯⋯⋯⋯⋯⋯⋯⋯⋯⋯⋯⋯⋯⋯⋯⋯
⋯⋯⋯⋯⋯⋯ (베로나 사본에서는 24행 판독불능) ⋯⋯⋯⋯
⋯⋯⋯⋯⋯⋯⋯⋯⋯⋯⋯⋯⋯⋯⋯⋯⋯⋯⋯⋯⋯⋯⋯⋯
⋯⋯⋯⋯.

46. ⋯⋯⋯ 이에 대하여 만일 유언에 의하여 고리모양 기록장[環狀]에 기입된 노예에게 자유가 주어지더라도 해방의 순위가 전혀 명확하지 않기 때문에 누구도 자유인이 되지는 못한다. 왜 그러냐 하면 법률을 위반하려고 한 짓을 푸피우스 카니니우스 법(lex Fufia Caninia)은 무효로 하기 때문이다. 거기에다 이 법률을 위반하려고 고안한 짓을 무효로 한 특별한 원로원의결도 존재한다.

47. 마지막으로 다음과 같은 것을 이해해야 한다. 즉 채권자를 사해(詐害)할 목적으로 해방시킨 사람은 자유인이 되지 못한다는 것이 아에리우스 센티우스 법(lex Aelia Sentia)에 의하여 규정되어 있고, 이것은 다시 외인(外人)에게도 적용하게끔 되어 있기는(원로원은 하드리아누스(Hadrian)의 제안에 의거하여 이렇게 결의했다) 하지만, 이 법률의 다른 규정은 외인에게 적용되지는 않는다.

자권자와 타권자

48. 다음으로 사람에 관하여 다른 분류가 있다. 즉 어느 사람은 자권자(自權者)이고, 다른 어느 사람은 타인의 권력에 복종하게 되어 있는 사람이다.

타권자의 종류

49. 그리고 타인의 권력에 복종하고 있는 사람 가운데 어느 사람들은 권력 하에 있고, 어떤 사람은 부권(夫權) 아래에 있는가 하면, 또 다른 어떤 사람은 소유권(mancipium)13) 아래에 있다.

50. 이제 타인의 권력에 복종하는 사람에 관해서 살펴보고자 한다. 왜 그러냐 하면 어떤 사람이 이에 속하는 사람인지를 알면, 이와 동시에 어떤 사람이 자권자(自權者)인지를 알 수 있을 것이기 때문이다.

권력에 종속되어 있는 사람

51. 우선 먼저 타인의 권력 아래에 있는 사람에 관해서 살펴보기로 한다.

노예

52. 대개 노예(奴隸)는 주인의 지배권(支配權; potestas) 아래에 있게 된다. 그런데 이 권력은 만민법(萬民法)상의 것이다. 왜냐하면 주인이 노예에 대한 생살권(生殺權)을 가지고 있는 것을 흔히 어느 민족에서나 찾아 볼 수 있기 때문이다. 또한 노예를 통하여 취득하는 것은 그것이 어느 것이든지 주인을 위하여 취득하는 것으로 된다.

노예학대금지법

53. 그러나 작금에는 로마시민에게나 로마국민의 명령권(命令權)에 복종하고 있는 다른 어떠한 사람에게도 이유 없이 정도를 넘어 자신의 노예에 대하여 학대를 가하는 것은 허용되지 않는다. 왜 그

---

13) 로마소유권은 시대적 변천에 따라 mancipium, dominium, proprietas로 표현을 달리하고, 그 뜻도 다소의 변화가 있었음을 주의할 필요가 있다.

러냐 하면 안토니누스(Antoninus; 기원후 138년-161년 재위) 황제의 칙
법(勅法)에 의하면 이유 없이 자신의 노예를 살해한 사람은 타인의
노예를 살해한 사람과 마찬가지로 책임을 묻는다고 명하고 있기 때
문이다. 또한 주인의 지나친 가혹행위(苛酷行爲)도 원수(元首)의 다른
칙법에 의하여 이와 동일하게 처벌된다. 왜 그러냐 하면 신전(神殿)
또는 원수의 상(像) 아래에서 어려움을 벗어나 도망친 노예에 관하
여, 황제는 일정한 속주장관으로부터 상담을 받아서 만일 주인의 학
대가 참기 어려워 그렇게 된 것임이 인정되면 주인은 자신의 노예를
매각하도록 강제한다고 명하는 것으로 되어 있기 때문이다. 그리고
이러한 조치 어느 것이라도 정당하다 할 수 있다. 왜냐하면 누구든
지 자신의 권리를 악용해서는 안 되는 것이기 때문이다. 이러한 이
유에서 낭비자(浪費者)에게도 자신의 재산관리가 금지되어 있다.

54. 이 밖에 로마시민에게는 2개의 소유권이 있기 때문에(왜 그러
냐 하면 노예는 재산 중에 있든지 혹은 퀴리테스(Quirites)권에 의거하든지
혹은 쌍방의 법에 근거하여 어느 사람에게 귀속한다고 이해되기 때문이다)
만일 노예가 그 사람의 재산 중에 있으면, 그와 동시에 퀴리테스권에
의거해서는 그 사람에게 귀속하지 않는다고 하더라도, 노예는 주인
의 권력 아래에 있다고 말하게 된다. 왜 그러냐 하면 노예에 대하여
퀴리테스의 허유권(虛有權)을 가진 사람은 권력을 가진다고는 이해
되지 않기 때문이다.

비속(卑屬)

55. 마찬가지로 적법한 혼인(婚姻)에서 태어난 각 사람의 자녀는
그의 권력 아래에 놓이게 된다. 이 법은 로마시민에게 고유한 것이다.
즉 로마시민 이외의 다른 사람으로 자기들이 가지고 있는 것 같은 권
력을 자신의 자녀에 대하여 가지고 있는 사람은 극히 드물다. 그리고

하드리아누스(Hadrian) 황제는 자기 자신과 자기의 자녀를 위하여 로마시민권을 황제에게 요구한 사람에 관하여 공포한 고시에 의하여 이것을 밝힌 바 있다. 그러나 개인적으로 갈라티아인(Galatiae)[14]의 자녀는 존속 아래 있다고 생각하여야 함을 잊어서는 안 된다.

친생자(親生子)

56. … 만약 시민이 로마인의 여성이거나 그들이 통혼권을 가진 라틴인의 여성이거나 외인의 여성을 처로 삼는 경우에는 …… …………………………………………………………………… 왜냐하면 혼인에 의하여 자녀가 아버지의 신분에 따르게 되어 있으므로 자녀는 단지 로마시민으로 될 뿐만 아니라 아버지의 권력 아래에 놓이게도 되기 때문이다.

57. 그리고 일부 퇴역병(退役兵)은 원수의 칙법에 의하여 병역을 마치고 맨 처음 처로 삼았던 라틴인이나 외인 여성 사이에 통혼권이 인정되는 것이 관례이다. 그리고 그러한 혼인으로부터 태어난 사람은 로마시민이 되고 아버지의 권력 아래에 놓이게 된다.

혼인금지

58. 그러나 각 사람들이 어떠한 여성으로나 처로 삼게 허용되어 있는 것은 아니다. 즉 각 사람은 일정한 종류의 혼인을 자제하지 않으면 안 된다.

---

14) 켈트인의 일파로, 소아시아 중부의 옛 왕국(기원전 280년-64년)이었으며, 현재 터키의 중앙 아나톨리아 고원지역에 해당한다.

친자인 존속 · 비속의 혼인

59. 왜 그러냐 하면 서로 존속(尊屬)이나 비속(卑屬)의 관계에 있는 사람 사이에서는 혼인을 하지 못하게 되어 있는데, 그들에게는 통혼권도 없기 때문이다. 예를 들면 아버지와 딸의 관계에 있는 사람 또는 어머니와 아들의 관계에 있는 사람 또는 조부와 손녀의 관계에 있는 사람들이다. 만일 이러한 관계에 있는 사람이 성적으로 결합한 경우에는 부정(不淨)하고 음란(淫亂)한 혼인이 체결되었다고 한다. 그리고 이 제한은 다음에까지 적용된다. 즉 설령 양자관계에 의하여 존속관계나 비속관계에 놓이게 된 경우에도 혼인을 할 수 없으며, 양자관계를 해소한 경우에도 마찬가지로 이 법이 적용된다. 따라서 양자관계에 의하여 자기와 딸 혹은 손녀의 관계가 놓이게 된 사람은 설령 그 개인이 그 사람들을 가부권면제(家父權免除) 시키더라도 그는 해당자를 처로 삼을 수 없다.

방계혈족 사이의 혼인

60. 방계혈족(傍系血族)에 근거하여 결합되어 있는 사람 사이에서도 어느 정도 유사한 것을 찾아볼 수 있지만, 그만큼 엄격하지는 않다.

형제자매 사이의 혼인과 양자관계에 있는 사람 사이의 혼인

61. 물론 같은 아버지와 어머니로부터 태어난 자녀든지 어느 한쪽에서 태어난 자녀든지 형제자매(兄弟姉妹) 사이에서는 혼인하는 것이 금지되어 있다. 그런가 하면 만일 양자관계에 의하여 어느 여성이 어느 사람의 자매로 된 경우, 적어도 양자관계가 존속하는 한, 그 사람과 그 여자와의 사이에 혼인이 성립할 수 없는 것은 분명하다. 이와 달리 가부권면제(家父權免除; emancipatio)에 의하여 양자관계가 해소된 경우에는 그 사람은 그 여자를 처로 삼을 수 있다. 또한

그 사람이 가부권면제를 받은 경우에도 혼인장애는 소멸된다.

형제의 딸과의 혼인

62. 형제의 딸을 처로 삼는 것은 허용되어 있다. 그리고 그것은 클라우디우스(Claudius) 황제가 형의 딸 아그리피나(Agrippina)[15]를 처로 삼은 때 맨 처음 행해진 것이었다. 이와 달리 누나의 딸이나 여동생의 딸을 처로 삼는 것은 허용되지 않는다. 이것은 원수의 칙법(勅法)에 의하여 그렇게 금지되어 있다.

백숙모 · 장모나 며느리 또는 의붓딸이나 계모였던 사람과의 혼인, 중혼여부

63. 마찬가지로 아버지 쪽, 어머니 쪽의 백숙모(伯叔母)를 처로 삼는 것도 허용되어 있지 않다. 그리고 또 이전부터 어느 사람에게 장모나 며느리 또는 의붓딸이나 계모였던 사람에 관하여도 마찬가지였다. 여기서 "이전에(quondam)"라고 설명한 것은, 이러한 인척관계를 발생시킨 혼인이 그대로 존속하게 되면, 다른 이유에서 결국 처는 동시에 2명의 남성과 혼인할 수 없고, 또한 남편은 동시에 2명의 처를 데리고 살 수 없다는 점에 비추어 어느 개인은 기혼자(旣婚者)를 처로 삼을 수 없기 때문이다.

64. 그러므로 만일 부정(不淨)하고 음란(淫亂)하게 혼인을 한 사람은 어느 사람이든지 처로 삼을 수 없으며 자녀를 둘 수 없는 것으로 된다. 그러므로 이러한 결합으로부터 태어난 자녀는 분명히 어머니를 가지는 것은 인정되더라도 아버지를 가지는 것은 인정되지 않는

---

15) 소(小)아그리피나[율리아 아그리피나(Julia Agrippina Minor; 기원후 16년-59년]을 말하며, 대(大)아그리피나의 딸이자 네로의 어머니이며, 클라우디우스의 조카이자 네번째 아내, 두번째 황후이다.

다. 결국 이 때문에 아버지의 권력 아래에 놓이게 되지 않으며, 이러한 자녀는 어머니가 음란하게 포태하여 출산한 사람과 같은 것으로 본다. 왜 그러냐 하면 그들은 아버지가 도대체 불확정적이기 때문에 아버지를 두고 있는 것으로 볼 수 없기 때문이다. 그러므로 이러한 사람은 사생자(私生子; spurii filii), 결국 그리스 단어로는 음란하게(σπ ορἀδην) 포태한 사람 또는 아버지가 없는 자녀와 같은 사람이라고 부르는 것이 관례이다.

65. 그런데 자녀(子女)는 태어나서 바로는 존속(尊屬)의 권력 아래에 놓이지 않는다 하더라도 후에 그 권력에 복종하게 되는 경우가 발생한다.

66. 예를 들면 라틴인의 남성이 아에리우스 센티우스 법(lex Aelia Sentia)에 의거하여 처를 얻고, 라틴인의 여성에 의하여 라틴인의 아들을 두게 되든지 또는 로마시민인 여성에 의하여 로마시민인 아들을 두게 되더라도 그는 자녀를 그 권력 아래에 놓이게 하지는 못한다. 그런데 후에 원인이 증명되어 퀴리테스(Quirites)권을 취득하게 되면 그 경우에는 그는 그 아들을 자신의 권력 아래에 두게 된다.

67. 마찬가지로 로마시민인 남성이 라틴인 혹은 외인 여성을 로마시민이라고 믿고서 그 사실을 모른 채 처로 삼아 아들을 둔 경우에도 그 아들이 이 로마시민의 권력의 아래에 놓이게 되는 것은 아니다. 왜 그러냐 하면 그 아들은 으레 로마시민이 아니라 라틴인이나 외인이기 때문이다. 즉 자신의 아버지와 어머니 사이에 통혼권(通婚權; conubium)이 있는 경우 이외에는 누구도 아버지와 같은 신분을 취득하지 못하고, 그는 어머니와 동일한 신분을 지니게 될 수밖에 없기 때문이다. 그러나 원로원의결에 의하면 착오(錯誤)의 원인을 밝히

는 것이 허용되어 있고, 그리고 그렇게 하여 처와 아들도 로마시민권을 취득하고, 아들은 그 시점부터 아버지의 권력에 복종하는 것으로 된다. 그렇게 할 수 있는 것을 모르는 채 항복외인의 여성을 처로 얻은 경우에도, 처가 로마시민이 되지 못한다는 것을 제외하고는 같은 법이 적용된다.

로마여성이 착오에 의하여 외인과 혼인한 경우

68. 이와 마찬가지로 로마시민인 여성이 착오(錯誤)에 의하여 그저 로마시민인 남성이라고 믿고 외인 남성과 혼인한 경우에도 그 여자는 착오의 원인을 증명할 수 있게 되어 있고, 그리고 이렇게 하여 그 여자의 아들과 남편도 로마시민권을 취득하고, 그와 동시에 아들은 아버지의 권력에 복종하게 된다. 로마시민인 여성이 아에리우스 센티우스 법(lex Aelia Sentia)에 근거하여 라틴인 남성이라고 믿고 외인 남성과 혼인한 경우에도 같은 법이 적용된다. 왜 그러냐 하면 이점에 관해서도 원로원의결에 특별히 규정되어 있기 때문이다. 또 로마시민인 여성이 아에리우스 센티우스 법에 기하여 로마시민 남성또는 라틴인 남성으로 믿고 항복외인인 남성과 혼인한 경우에도 같은 법이 필요에 따라 그대로 적용된다. 다만 항복외인에 속하는 사람은 당연히 그 신분을 그대로 지니게 되고, 그렇기 때문에 그 아들은 설령 로마시민으로 되더라도 아버지의 권력에 복종하지는 않는다.

라틴인 여성이 착오에 의하여 외인과 혼인한 경우

69. 또한 라틴인 여성이 외인 남성을 라틴인이라고 믿은 채 그 사람과 아에리우스 센티우스 법에 근거하여 혼인한 경우, 아들이 태어나게 되면 원로원의결에 근거하여 착오의 원인을 밝힐 수 있다. 그리고 이렇게 하여 이들의 모든 사람은 로마시민이 되고 아들은 아버지의 권력에 복종하게 된다.

라틴인 남성이 착오에 의하여 외인과 혼인한 경우

70. 라틴인 남성이 착오에 의하여 라틴인 여성 또는 로마시민 여성이라고 생각하여 아에리우스 센티우스 법에 근거하여 외인 여성과 혼인한 경우에도 마찬가지로 규정되어 있다.

자신을 라틴인이라고 생각한 로마남성이 라틴인 여성과 혼인한 경우

71. 그리고 로마시민인 남성이 자신을 라틴인이라고 믿고 지내다가 그대로 라틴인 여성을 처로 얻은 경우, 아들이 태어나게 되면 그에게는 마치 아에리우스 센티우스 법에 근거하여 처를 얻은 경우처럼 착오의 원인을 밝힐 수 있다. 마찬가지로 로마시민인 남성인데도 자신을 외인으로 믿고 외인 여성을 처로 얻은 남성에게도 아들이 태어나게 되면 원로원의결에 의거하여 착오의 원인을 밝히는 것이 허용되어 있다. 이렇게 하게 되면 처는 로마시민으로 되고 아들은 ……………………………………… 단지 로마시민권을 취득하나 아버지의 권력에 복종하게 된다.

72. 아들에 관하여 설명한 것은 모두 딸에 관해서도 적용된다고 이해할 수 있다.

73. 착오의 원인의 증명에 관하여는 자녀가 몇 살인지는 전혀 중요하지 않다. ……………………………… 만일 아들 혹은 딸이 만 1세에 달하게 되면 원인을 증명할 수 없다. 하드리아누스(Hadrian) 황제가 했던 칙답(勅答)에 다음과 같이 규정되어 있는 것을 간과하고 지나쳐서는 안 된다. 즉 마치 착오의 원인을 증명하는 것에 관하여 …………… 라고 하는 것과 마찬가지이고 …………… 황제는 …………… 인정하고 있다.

74. 그렇지만 만일 외인인 남성이 로마시민인 여성을 처로 맞이한 경우 그는 원로원의결에 의거하여 원인을 밝힐 수 있는지 여부가 문제된다. .... 예를 들어 자기 자신이 .... 이것은 특별히 그 사람에게 허용되었다. 그러나 외인인 남성이 로마시민인 여성을 처로 맞이하여 아들이 태어난 후에 다른 방법으로 로마시민권을 취득한 경우, 그 후에 착오의 원인을 밝힐 수 있는지 여부가 문제되는 것으로, 안토니누스(Antoninus) 황제는 칙법으로 다음과 같이 회답했다. 그 사람이 그대로 외인인 한, 그 사람은 착오의 원인을 밝힐 수 있다고 하였다. 이상과 같기 때문에 외인이라도 착오의 원인을 밝힐 수 있다고 결론 내리게 된다.

외인과의 혼인에서 태어난 자녀의 취득

75. 지금까지 서술한 것처럼 로마시민인 남성이 외인 여성을 처로 맞이한 경우나 외인 남성이 로마시민 여성을 처로 맞이한 경우에는 태어난 자녀가 외인으로 되는 것은 확실하다. 그러나 만일 그 사람이 착오에 의하여 이러한 방식의 혼인을 체결한 것이라면 앞에서 서술한 바에 따라서 원로원의결에 의거하여 그 혼인의 흠결을 수정하는 것이 허용된다. 이와 달리 만일 착오가 없고 상대방의 신분을 서로 알면서 성적으로 결합한 것이면 그 혼인의 흠결은 정정할 수 없다.

76. 그런데 우리가 서술한 것은 그들 사이에 통혼권(通婚權)이 없는 사람들에 관한 것이다. 만일 그렇지 않고 로마시민인 남성이 그들 사이에 통혼권이 존재하는 외인 여성을 처로 삼은 것이라면 합법적으로 혼인이 체결된 것이다. 또 그 경우 이러한 사람들에게서 태어난 자녀는 로마시민이고 아버지의 권력 아래에 놓이게 된다.

77. 마찬가지로 로마시민인 여성이 그 사이에 통혼권이 존재하는 외인인 남성과 혼인한 경우, 마치 외인 여성으로부터 아들이 태어난 것처럼 태어난 아들은 외인이 되고, 그 아들은 아버지의 적출(嫡出)의 아들이 된다. 그러나 작금에는 하드리아누스(Hadrian) 황제의 제안에 의하여 작성된 원로원의결에 근거하여 설령 로마시민인 여성과 외인인 남성과의 사이에 통혼권이 존재하지 않는 경우에도 태어난 자녀는 아버지의 적출(嫡出)의 아들이 된다.

통혼권에 관한 미니키우스 법(lex Minicia)의 규정

78. 그런데 우리가 로마시민인 여성과 외인과의 사이에 … ………… 태어난 사람은 외인이라고 서술한 것은 미니키우스 법(lex Minicia)16)에 규정되어 있다. …………… 부모의 신분에 따르고 …………… 왜냐하면 동법에 의하면 이와 반대로 로마시민인 남성이 통혼권(通婚權)이 없는 채 외인인 여성을 처로 삼은 경우에는 이 결합에서는 외인이 태어난다고 규정되어 있기 때문이다. 그러나 미니키우스 법은 주로 이 경우에 필요한 것이었다. 왜 그러냐 하면 그 사이에 통혼권이 없는 사람들로부터 태어난 사람은 만민법에 의해 어머니의 신분을 취득했던 것이 이 법률을 적용하지 않게 되면 그는 다른 신분을 가지게 되지 않으면 안 되었기 때문이다. 그렇지만 법률이 이런 경우에 로마시민인 남성과 외인인 여성에게서는 외인이 태어난다고 명하고 있는 것은 필요하지 않은 것으로 생각된다. 왜 그러냐 하면 이 법률의 적용이 있게 되면 그 어느 경우에나 만민법에 의해 그렇게 되어 버리기 때문이다.

---

16) 정확한 제정연도는 불명확하나, 기원전 90년경에 제정된 것으로 알려져 있다. 이 법에서는 다른 지위의 부모로부터 출생한 자녀는 부모 중 낮은 신분을 취득하게 되어 있다.

79. 또한 이것은 ···
·· 라고 하
는 것이고 ·············· 다른 나라의 민족이나 부족뿐만 아니라 라틴
인이라고 불리는 사람도 ··············. 그렇지만 이것은 고유한 국민
과 고유한 국가를 그대로 가지면서 외인에 속하는 사람으로 들어가
게 되는 다른 종류의 라틴인과 관련되는 사안이다.

80. 같은 이유에서 이와 반대로 라틴인인 남성과 로마시민인 여
성 사이에 아에리우스 센티우스 법(lex Aelia Sentia)에 근거하든지 다
른 방식으로든지 혼인이 체결되어 있으면, 이들 사이에 태어나는 사
람은 로마시민으로 태어나게 된다. 그렇다 하더라도 아에리우스 센
티우스 법에 근거하여 혼인을 체결한 경우는 라틴인으로 태어난다
고 생각하는 사람이 있었다. 그것은 이 사례에 관하여 아에리우스
센티우스 법과 유니우스 법(lex Junia)이 그들 사이에 통혼권을 부여
한 것으로 볼 수 있고, 통혼권은 항상 태어난 자녀에게 아버지의 신
분을 부여하는 효과를 발생시키게 한다는 이유 때문이다. 이에 대하
여 다른 방법에 근거하여 혼인을 체결한 경우 태어난 자녀는 만민법
(萬民法)에 의하여 어머니의 신분에 따르게 되고, 그 때문에 로마시
민이라고 여겨진다. 그러나 이 법을 적용하는 것은 어떠한 방식이든
지 라틴인인 남성과 로마시민인 여성 사이에 태어난 사람은 로마시
민으로 태어난다는 것이 규정되어 있는 하드리아누스(Hadrian) 황제
의 제안에 의해 채택된 원로원의결에 근거한다.

자녀의 신분취득특례

81. 또한 이 결과 하드리아누스(Hadrian) 황제의 제안에 의한 이
원로원의결은 라틴인 남성과 외인 여성 사이에서 태어난 사람, 이와
반대로 외인 남성과 라틴인 여성 사이에서 태어난 사람은 어머니의

신분에 따른다고 규정한다.

82. 이러한 이유에서 다음과 같은 것도 추측할 수 있다. 즉 여자노예와 자유인인 남성 사이에서 태어나는 자녀는 만민법에 의해 노예로 태어나고, 이와 반대로 자유인인 여성과 노예 사이에서 태어나는 자녀는 자유인(自由人)으로 태어나게 된다고 하는 점이다.

83. 우리는 어떠한 법률 또는 법률의 효력을 가지는 것이 우연이라도 만민법의 규정을 변경하지 못하게 되어 있음을 유의하지 않으면 안 된다.

클라우디우스 원로원의결(senatus consultum Claudianum)

84. 즉, 예를 들어 클라우디우스 원로원의결(senatus consultum Claudianum)[17])에 의하면, 로마시민인 여성이 타인의 노예와 그 주인의 승낙을 얻어 성적으로 결합하게 되면, 이 약정에 의하여 그녀 자신은 자유(自由)의 지위를 지니게 되지만 노예를 낳는 경우가 있다. 왜냐하면 그녀와 노예의 주인 사이에 약정된 것은 이 원로원의결에 의해 유효하다고 명해지기 때문이다. 그러나 이후 하드리아누스(Hadrian) 황제는 법이 공정하지 못하고 일관되지 않다는 점을 인정하여 만민법의 규정을 부활시켰다. 그 결과 여성 자신은 자유신분을 가지게 되고, 자유인을 낳는 것으로 되었다.

여자노예와 자유인 남성 사이의 자녀의 신분

85. 마찬가지로 법률에 의하여 … 여자노예와 자유인 남성으로부터 태어난 사람은 자유인으로 되는 경우가 있었다. 즉 동법에는

---

17) 이에 해당하는 것은 기원후 52년 의결.

어느 사람이 타인의 여자노예를 자유인이라고 믿고 성적으로 결합하고 남성이 태어나게 되면 자유인이고, 한편 여성이 태어나게 되면 어머니인 여자노예가 속하는 사람들에게 귀속한다고 규정되어 있다. 그렇지만 이 사례에서도 베스파시아누스(Vespasian; 기원후 69년-79년 재위) 황제는 법이 일관되지 못하다는 것을 수긍하여 만민법의 규정을 부활시켰다. 그 결과 설령 남성이 태어나더라도 어느 경우에나 어머니가 속해 있는 사람의 노예가 된다.

86. 그렇지만 이 법률 가운데, 자유인인 여성과 이 여자가 노예인 것을 알고 있던 타인의 노예 사이에서는 노예가 태어난다고 하는 부분은 그대로 효력을 지니고 있다. 따라서 이러한 법률이 적용되지 않는 사람 사이에서 태어나는 자녀는 만민법에 의해 어머니의 신분에 따르게 되고, 그러한 까닭으로 자유인이 된다.

87. 그런데 태어난 자녀가 어머니의 신분에 따르고 아버지의 신분에 따르지 않는 경우에는, 설령 아버지가 로마시민이더라도 그 자녀가 아버지의 권력에 복종하지 않는 것은 의심할 바 없이 확실하다. 그러므로 착오(錯誤)로 인하여 적법한 혼인이 체결되지 못한 경우에는 원로원이 관여하여 혼인의 흠결을 보정하고, 이에 의하여 대부분의 경우 아들이 아버지의 권력에 복종하게 된다는 것은 앞에서 서술한 바 있다.

88. 그렇지만 여자 노예가 로마시민에 의하여 임신을 하고, 그 다음에 해방되어 로마시민이 되고, 그 후에 출산한 때는 태어난 자녀는 그 아버지와 동일하게 로마시민이지만, 아버지의 권력 아래에 놓이지는 않는다. 왜 그러냐 하면 여자노예는 적법한 성적 결합에 의하여 임신한 것이 아니고, 또한 이러한 결합은 어느 원로원의결에 의해

서도 완전히 적법한 것이라고 인정되지 않기 때문이다.

신분취득의 기준시점

89. 여자노예가 로마시민에 의하여 임신하고, 그 후 해방되어 출산한 경우에는 태어난 자녀는 자유인으로 태어나게 되는 것이라는 견해는 자연의 이치에 맞는 것이다. 왜 그러냐 하면 부적법하게 포태된 자녀라 하더라도 태어난 때에 신분을 취득하게 되기 때문이다. 따라서 자유인인 여성에게서 태어나면 자유인으로 되는 것이고, 어머니가 여자노예였던 때에 누구에 의하여 그 자녀를 임신한 것인가는 문제되지 않는다. 이에 대하여 적법하게 포태된 자녀는 포태된 때에 신분을 취득한다.

90. 따라서 어느 임신 중의 로마시민인 여성은 임신 중에 물과 불을 금지(aqua et igni interdictio)하라는 명을 받은 채,[18] 그에 의하여 외인(外人)으로 되고, 그리고 출산하는 경우에는 많은 법학자들은 경우를 구별하여 적법한 혼인에 의하여 임신하였다면 그녀가 출산한 자녀는 로마시민이고, 이에 반하여 아버지가 불명하게 임신하게 되었다면 그녀가 출산한 자녀는 외인이라고 생각하였다.

91. 마찬가지로 임신 중의 로마시민인 여성이 타인의 노예와 그 주인의 뜻에 반하고, 경고를 무시한 채 성적으로 결합한 것을 이유로 클라우디우스(Claudianum) 원로원의결에 의하여 여자노예로 되게 하였던 경우에 관하여 많은 법학자들은 사안을 구별하여 태어난 자녀가 적법한 혼인에 근거하여 포태된 때에는 그 자녀는 로마시민으로

---

18) 물과 불의 공급을 금지하는 처벌로서, 자유신분을 그대로 유지하면서 생활의 필수요소를 거부당했으며, 로마 영토에서의 생활을 불가능하게 하여, 국외추방(國外追放)을 의미한다.

태어나고, 이에 대하여, 아버지가 불명한 채 포태된 때에는 그 어머니의 주인으로 되어 있는 사람의 노예로 태어난 것으로 생각하였다.

92. 외인 여성도 또한 아버지가 확실하지 않은 채 임신하고 그 후 로마시민이 되어 출산하는 경우에는 태어나는 자녀는 로마시민이 된다. 이에 반하여 만일 그 외인의 법률과 관습에 따라서 외인에 의하여 임신한 경우에는 하드리아누스(Hadrian) 황제의 제안에 의해 채택된 원로원의결에 의거하여 태어난 사람의 아버지에게도 로마시민권이 부여되는 것으로 하게 되면, 태어난 자녀도 로마시민으로 된다.

로마시민권의 요구

93. 만일 외인이 자신과 자녀를 위하여 로마시민권을 신청하면 황제가 자식을 아버지의 권력에 복종하게 하는 경우가 아니라면 자녀는 아버지의 권력에 복종하는 것으로 되지 않는다. 황제는 사실을 심리하여 자녀에게 이익이 있다고 판단한 경우에만 아버지의 권력에 복종하게 한다. 그리고 미성숙자 및 출석하지 않는 사람에 관해서는 아주 엄격하고 정확하게 사실을 심리한다. 그리고 이것은 하드리아누스(Hadrian) 황제의 고시(告示)에 규정되어 있다.

94. 또한 어떤 사람이 임신 중의 처와 함께 로마시민권을 부여받은 경우에도, 앞에서 서술한 것처럼 태어난 자녀는 설령 로마시민이더라도 아버지의 권력에 복종하지 않는다. 이것은 하드리아누스(Hadrian) 황제의 서명(署名)에 표명되어 있다. 이 때문에 자신의 처가 임신하고 있는 것을 알고 있는 사람은 자신 및 처를 위하여 황제에게 시민권을 신청하는 때에는 태어날 자녀를 자신의 권력 아래에 놓이게 하는 것도 황제에게 함께 신청하지 않으면 안 된다.

라틴권

95. 자신의 자녀와 함께 라틴권(ius Latii)에 의하여 로마시민권을 취득한 사람은 사정이 다르다. 왜 그러냐 하면 그러한 자녀는 그들의 권력에 복종하기 때문이다. 이 라틴권은 로마국민에 의하여, 혹은 원로원에 의하여, 혹은 황제에 의하여 적지 않은 외인도시에서 부여되고 있었다.

라틴권의 종류

96. ⋯⋯⋯⋯⋯⋯⋯⋯⋯⋯⋯⋯⋯⋯⋯⋯⋯⋯⋯⋯⋯⋯⋯⋯⋯⋯⋯⋯⋯⋯⋯ ⋯⋯⋯⋯⋯⋯⋯⋯⋯⋯⋯⋯⋯⋯⋯ 라틴권에는 대(大)라틴권과 소(小)라틴권이 있다. 대라틴권이 있다는 것은 도시의 참사회원(參事會員)으로 선출되는 사람 및 특정한 명예직(名譽職) 또는 정무관직(政務官職)에 취임하는 사람이 로마시민권을 취득하는 경우이고, 소라틴권이 있다는 것은 정무관직이나 명예직에 취임하는 사람만이 로마시민권을 취득하는 경우이다. 이것은 다수의 서간(書簡)에 밝혀져 있다.

양 자

97. 그러나 앞에서 서술한 바에 따라 친생자(親生子)뿐만 아니라 양자가 된 사람도 아버지의 권력 아래에 놓이게 된다.

입양의 방법

98. 입양(入養; adoptio)은 두 가지 방법으로 이루어진다. 국민의 승인에 의하거나 정무관 예를 들면 법무관의 명령권에 의하여 이루어진다.

자권자 입양

99. 국민의 승인에 의하여 자권자(自權者)를 입양하게 된다. 이러

한 양자관계는 자권자입양(自權者入養; adrogatio)이라고 한다. 왜 그러냐 하면 양자를 삼으려는 사람은 양자가 되고자 하는 사람이 자신의 정당한 자녀가 되는 것을 희망하는지 여부를 묻고(rogatur), 즉 심문하고(interrogatur), 또한 양자로 되는 사람은 입양되는 것을 용인하는지 여부를 확인받고(rogatur), 또한 국민은 입양이 되는 것을 명하는지 여부를 문의받게 되어 있기(rogatur) 때문이다. 정무관의 명령권에 의하여 존속의 권력에 복종하는 사람을 양자로 한다. 이것은 존속의 1촌의 사람인 아들과 딸과 같은 경우 또는 그보다 하위의 촌수인 사람인 손자, 손녀, 증손자, 증손녀와 같은 경우이다.

100. 국민에 의하여 할 수 있는 자권자양자관계(自權者養子關係)는 로마에서 하려고 하는 것이 아니면 성립하지 않는다. 속주에서의 타권자양자관계(他權者養子關係)는 속주장관의 면전에서 이루어지는 것이 관례이다.

101. 마찬가지로 여성은 국민에 의한 양자관계[자권자양자관계]를 성립시킬 수 없는 것으로 되어 있었다. 이것은 통설이다. 이에 대하여 법무관(法務官)의 면전에서, 혹은 속주에서는 원로원속주(元老院屬州)의 장관 또는 원수속주(元首屬州)의 장관의 면전에서는 여성도 양자관계를 성립시킬 수 있는 것이 관례이다.

102. 이와 함께 미성숙자가 국민의 면전에서 양자를 하는 것은 어느 때는 금지되고, 다른 어떤 때는 허가되기도 했다. 작금에는 아주 높이 받드는 안토니누스(Antoninus) 황제가 신관단(神官團)에 작성하게 한 칙서(勅書)에 근거하여 만일 양자관계의 정당한 원인이 인정된다면 특정한 조건을 붙여서 허가하게 되어 있다. 이에 대하여 법무관의 면전에서, 그리고 속주에서는 원로원 속주의 장관 또는 원수

속주의 장관의 면전에서 어느 사람의 연령에 관계 없이 그 사람들을
양자관계를 성립시킬 수 있다.

양자결격

103. 두 가지 방식의 양자관계에 공통점은 성적 불능자(性的 不能
者)와 같이 생식할 수 없는 남성도 양자를 세울 수 있다는 점이다.

여성의 입양제한

104. 이에 대하여 여성은 어떠한 입양방식에 의하더라도 입양할
수 없다. 왜 그러냐 하면 여성은 친생자를 그 권력 아래에 둘 수 없게
되어 있기 때문이다.

105. 그런가 하면 어느 사람이 국민의 승인에 의하여 또는 법무
관이나 속주장관의 면전에서 입양하였다면, 그 사람은 양자를 타인
의 양자로 되게 할 수 있다.

연장자의 입양금지

106. 그렇지만 연소자(年少者)가 연장자(年長者)를 양자로 삼을 수
있는지 여부는 어느 방식의 양자관계에서도 공통적인 문제로 되어
있다.

존속의 입양과 존속

107. 다음과 같은 것은 국민의 승인에 의하여 이루어진 양자관계
에만 인정된다. 즉 비속(卑屬)을 권력 아래에 둔 사람 자신이 자권자
양자관계의 양자가 된다면, 그 자신이 양친(養親)의 권력에 복종하게
될 뿐만 아니라, 예를 들면 손자와 같은 자기의 비속도 그 사람의 권
력에 복종하게 된다는 점이 그것이다.

부권(夫權)에 종속되어 있는 사람

108. 이제 부권(夫權; manus) 아래에 놓여 있는 사람들에 관하여 고찰해 보기로 한다. 이는 로마시민의 고유한 법이다.

부권(夫權)의 귀속대상

109. 분명히 남성이나 여성도 권력 아래에 놓이게 되는 것은 관례이지만, 부권(夫權)에 들어가게 되는 것은 여성뿐이다.

부권(夫權)의 귀속방법

110. 그리고 이전에는 세 가지 방식인 수의종사(隨意從事; usu)에 의하여, 파루(farreo) 제과자(製菓子)에 의하여, 일종의 매매혼(賣買婚)인 코엠푸티오(coemptio)에 의하여 여성은 부권(夫權)에 귀속하게 되어 있었다(conventio in manum).

시효혼

111. 혼인상태를 1년간 중단하지 않고 계속한 여성은 수의종사(隨意從事)에 의하여 부권(夫權)에 귀속하게 된다. 왜 그러냐 하면 마치 1년간의 점유(占有)에 의하여 사용취득(使用取得)되는 것처럼 여성은 남편의 가(家; familia)로 옮겨지게 되고, 딸과 같은 지위를 얻기 때문이다. 그런데 12표법(lex duodecim tabularum)에는 다음과 같이 규정되어 있었다. 즉 여성이 이러한 방법으로 부권(夫權)에 귀속되는 것을 바라지 않는 경우에는 여성은 매년 3일 밤 부재[三夜不在]하고, 이 방식으로 연간의 사용을 중단시켰다. 그렇지만 이 법 가운데 일부는 법률에 의하여 폐지되었고, 일부는 관습상 쇠퇴하여 폐지되고 말았다.

제사혼(祭祀婚)

112. 파루(farreo) 제과자에 의하여 여성이 부권(夫權)에 귀속되는 것[일종의 제사혼(祭祀婚; farreo)임]은 유피테르 파레우수(Jupiter Farreus)[19] 신(神)에게 헌공하는 일정한 의식에 의한 방식이다. 거기에서는 밀로 만든 과자를 바치고 거행되었기 때문에 공식혼(共食婚; confarreation)으로도 불린다. 또 이 법식을 제대로 거행하기 위하여 특정하고 장엄한 표현을 사용하고, 10명의 증인의 면전에서 많은 것을 행하고 치르게 된다. 이 법식은 아직까지도 거행되고 있다. 즉 유피테르(Jupiter) 신(神), 마르스(Mars) 신(神), 퀴리누스(Quirinus) 신(神)에 봉사하는 상급의 제사(祭司; flamines),[20] 이와 함께 제사왕(rex sacrorum)[21]은 파루 제과자의식을 거친 부모에게서 출생한 사람이 아니면 뽑힐 수 없게 되어 있다. 그리고 직접 콘파루레아티오(confarreation)를 치루지 않은 사람도 결코 신관직(神官職)에 오를 수 없었다.

---

19) 원래는 천공(天空)의 신이며, 그리스신화의 제우스에 해당하며, 로마에 있어서 최고의 신이다. 여기에서는 서약의 신으로, 콘파루레아티오(confarreation)에 있어서 밀로 만든 과자(farreum)가 바쳐졌기 때문에 유피테르 파레우수라는 신명(神名)으로 불리워졌다.

20) 제사(祭司; flamines)라고 하는 신관직(神官職)은 Jupiter 신, Mars 신, Quirinus 신을 섬기는 종교예식을 행한다. 그것은 세 명의 상급제사인 프라미네스 마이오레스(flamines maiores)와 열두 명의 후급제사인 프라미네스 미노레스(Flamines minores)로 구분되었으며, 고대 로마의 최고의 신인 Jupiter, 군신(軍神)인 Mars, 로마 창건의 신인 Quirinus를 섬기는 제사는 전자에 속한다.

21) 고대 로마종교에서의 제사왕은 상원 의원직이었으나, 공화정 시대에는 pontifex maximus가 로마 국가 종교의 수장이었다. 로마 제사장의 순위(ordo sacerdotum)에서 rex sacrorum은 가장 높은 지위에 있었으며, 다음으로 flamines maiores(Flamen Dialis, Flamen Martialis, Flamen Quirinalis)와 pontifex maximus가 있었으며, 렉스(rex)는 왕권(王權; Regia)에 기초한 것이다.

매매혼

113. 이에 대하여 콘파루레아티오(confarreation)를 거쳐서 여성이 부권(夫權)에 귀속되는 방법은 악취행위(握取行爲; mancipatio)를 통하여, 즉 일종의 가장매매(假裝賣買) 또는 요식매매(要式賣買)를 통해서이다. 즉 5인 이상의 성숙한 로마시민의 증인과 1인의 저울을 든 사람이 입회하여 남성이 여성을 사들여서, 여성은 그 사람의 부권(夫權)에 귀속된다.

114. 그런데 여성은 그 남편뿐만 아니라 제3자 사이에도 코엠푸티오를 거행할 수 있다. 환언하면 코엠푸티오는 혼인(婚姻)을 원인으로 하여, 혹은 신탁(信託; fiducia)을 원인으로 하여 행해졌다고 한다. 즉 여성이 그 남편의 수하에 딸과 같은 지위에 있는 것을 목적으로 하여, 그 사람과의 사이에 코엠푸티오를 치르는 것을 혼인을 원인으로 하여 코엠푸티오를 거행하였다고 한다. 이것에 대하여 여성이 다른 사안을 원인으로 하여, 예를 들어 후견(後見)을 면하는 것을 원인으로 하여, 그 남편과의 사이에서, 또는 제3자와의 사이에서 신탁을 원인으로 하여 코엠푸티오를 치르는 것을 신탁후견(信託後見; tutor fiduciae)이라고 지칭했다.

115. 후자는 다음과 같이 행해진다. 만일 어느 여성이 현재의 후견인과의 관계를 종료시키고 다른 후견인을 두고자 희망한다면 그 여성은 현재의 후견인의 동의를 얻어 코엠푸티오를 치른다. 이후 이 코엠푸티오의 매수인으로부터 여성 자신이 희망하는 사람에게 재악취행위(再握取行爲)에 의하여 매각되고, 그 후 재악취행위의 매수인이 권봉식을 거쳐 해방되고, 자신을 해방한 사람을 후견인으로 하게 된다. 이러한 후견인은 후에 명확히 되도록 신탁상의 후견인이라고 부른다.

115a. 이전에는 게다가 유언작성(遺言作成)을 위해서도 신탁적 코엠푸티오가 행해졌다. 왜냐하면 그 당시 코엠푸티오를 하고 재악취행위에 의하여 매각되고 해방된 경우와 일정 수의 사람을 제외하고는 여성에게 유언을 작성할 권리가 없었기 때문이다. 그런데 코엠푸티오를 할 필요성은 하드리아누스(Hadrian) 황제의 제안에 의하여 원로원이 완화시켰다. ……….

115b. 여성은 ……………………………… 신탁을 원인으로 하여 그 남편과의 사이에 코엠푸티오를 하였던 …………………………… 그럼에도 불구하고 딸과 같은 지위에 놓이게 된다. 왜 그러냐 하면 처가 어떠한 원인에 의하여 부권(夫權) 아래에 놓여 있더라도 일반적으로 그 여자는 딸의 권리를 획득하는 것으로 되기 때문이다.

소유권에 종속되어 있는 사람

116. 마지막으로 우리는 어떠한 사람이 소유권 아래에 있는가(personae in mancipio)에 관하여 설명하고자 한다.

비속의 매각

117. 요컨대 남성이든 여성이든 존속의 권리 아래에 있는 비속은 모두 노예가 악취행위에 의하여 매각되는 것과 동일한 방식인 악취행위에 의하여 매각된다.

118. 부권(夫權) 아래에 있는 사람에 관해서도 같은 법이 적용된다. …………………………… 같은 방식으로 코엠푸티오(coemptio)

의 매수인 ……………………………… 할 수 있고 …… 혼인한 코
엠푸티오의 매수인의 딸과 같은 지위에 놓이게 된다. …………
……………………… 그럼에도 불구하고 그와 혼인하지 않은, 따라
서 딸과 같은 지위에 있지 않은 여성까지도 악취행위에 의해서 매각
할 수 있다.

118a. 이에 대하여 아버지 및 코엠푸티오(coemptio)의 매수인이
이러한 사람들을 자신의 권력에서 이탈시키려고 하는 경우에는, 일
반적으로 그러한 사람은, 후에 다시 밝히게 되는 것처럼, 아버지나
코엠푸티오의 매수인이 직접 악취행위로 이들을 매각하게 된다.

요식매매혼

119. 그런데 앞에도 서술한 것처럼 악취행위(握取行爲)는 일종의
가장매매이다. 이 자체도 로마시민의 고유한 법이고, 이 행위는 다
음과 같이 행해진다. 즉 5인 이상의 로마시민인 성숙남성의 증인 및
동일한 자격을 가진 1인, 결국 동저울을 가지고 저울대잡이라고 불
리는 사람의 입회 아래에서 소유로 받게 되어 있는 사람이 동(銅)을
잡고, "나는 이 노예를 퀴리테스(Quirites)권에 근거하여 나의 것임을
선언한다. 그리고 그것은 동(銅)과 동제 저울에 의하여 내가 매수취
득하였다"라고. 선언한다. 그리고는 동(銅)으로 저울을 치고, 그 동
(銅)을 소유로 얻게 되는 사람이 마치 대금처럼 건네준다.

노예, 자유인, 동물, 토지의 양도방법

120. 이러한 방법에 의해 노예(奴隷)나 자유인(自由人)도 양도된
다. 동물도 또한 소유권 아래에 있게 되고 소, 말, 노새, 당나귀가 이
에 포함된다. 마찬가지로 이탈리아의 토지처럼 그 자체 소유권에 따
르게 되어 있는 도시로마의 토지 및 지방의 토지도 동일한 방법으로

양도되는 것이 관례이다.

토지의 소유권 양도방식

121. 토지의 악취행위와 다른 물건의 악취행위는 다음과 같은 부분에서만 각기 다르다. 노예 및 자유인, 그리고 소유권에 따르는 동물은 그 있어야 할 곳에 있지 않으면 악취행위에 의하여 매각할 수 없다. 소유권에 의하여 당연히 받게 되어 있는 사람이 소유권에 의하여 주게 되어 있는 물건 자체를 확실하게 움켜잡고 있지 않으면 안 되기 때문이다. 이러한 점에서 악취행위라고 불리는 것이다. 왜냐하면 물건은 손으로(manu) 잡아 쥐게 되기(capitur) 때문이다. 이에 대하여 토지는 당사자가 그 토지에 없더라도 악취행위에 의하여 매각되는 것이 관례이다.

122. 그런데 동과 저울을 사용하는 이유는 12표법에서 이해할 수 있는데, 이전에는 동화(銅貨)만을 사용하고 있었기 때문이다. 동화(銅貨)에는 1아스화,22) 2아스화, 1/2아스화, 1/4아스화가 있었지만, 금화(金貨)와 은화(銀貨)는 사용하지 않았기 때문이다. 이러한 화폐의 통용력(通用力)은 그 화폐의 표시액에 있었던 것이 아니라 그 무게[重量; duo pondo]에 있었던 …… 1아스화는 1리브라(libra), 2폰두(pondus)23)화는 …… 따라서, 2아스화는 2폰두에 상당한 것으로 두폰디우스(dupondius; 2폰두)라고도 불렸고, 이는 지금도 그대로 사용되고 있다. 1/2아스도 1/4아스도 당연히 1폰두에 대한 대비치, 즉 1폰두에 대한 비율에 상응하여 산출하고 있었던 …………………………… 전에 금전을 주어야 하는 사람은 그것을 계산하지 않고 저울

---

22) 로마의 화폐단위로 초기에 1아스는 1폰두의 동화(銅貨)에 상당했다.
23) 로마의 중량단위. 현재의 약 454그램이다.

로 측정했다. 그 때문에 금전관리를 하도록 되어 있는 노예는 관리인(管理人)이라고 불렀던 것이고 ……………………….

123. ………………………… 코엠푸티오(coemptio) …………
…………………… 코엠푸티오를 ………………………… 여성 ……
………………………… 노예상태 ………………………… 악취행위에 의하여 매각된 남성이나 여성은 노예와 동일한 지위에 있다고 규정되어 있다. 따라서 이들에 대하여 소유권을 가진 사람으로부터는, 노예의 경우에 그대로 들어맞는 것처럼, 유언(遺言)이라도 자유(自由)라고 명해지는 경우 이외의 방법으로는, 상속재산이나 유증으로도 취득할 수 없는 것이 확실하다. 그렇지만 여기에서 이와 다른 이유는 명확하다. 존속이나 코엠푸티오의 매수인에 의하여 노예의 경우와 동일한 표현으로 소유권을 넘겨받게 되어 있기 때문이다. 이에 대하여 코엠푸티오의 경우에는 이것은 노예의 경우와 똑같게는 행해지지 않는다.

타권자의 해방

124. 이제 타인의 권리에 복종하고 있는 사람들이 어떻게 이 권리로부터 해방되는지에 관해서 살펴보기로 한다.

125. 우선 처음에 권력 아래에 있는 사람에 관해서 살펴보기로 한다.

노예의 해방

126. 노예가 어떻게 하여 권력에서 해방되는지에 관해서 앞의 노예해방에 대하여 설명한 것으로부터 이해할 수 있다.

자녀의 해방

127. 이에 대하여 존속의 권력 아래에 있는 사람들은 존속의 사망과 동시에 자권자(自權者; sui iuris)가 된다. 그렇지만 여기에는 다음과 같은 구별이 있다. 즉 아버지가 사망한다면 아들이나 딸은 반드시 자권자가 되지만, 조부(祖父)가 사망한 때에는 손자나 손녀는 반드시 자권자가 되지는 않는다. 조부의 사망 후 자신의 아버지의 권력에 복종하게 될 수 없는 경우에 자권자가 된다. 그러므로 조부가 사망한 경우에 손자나 손녀의 아버지가 생존하고 그 아버지가 자신의 아버지의 권력 아래에 있는 경우에는, 손자나 손녀는 조부의 사망 후 자신의 아버지의 권력 아래에 놓이게 된다. 이와 달리 조부가 사망한 때에 이미 아버지가 사망하고 없는 경우나 조부의 권력에서 이탈하고 있는 경우에는, 손자나 손녀는 아버지의 권력 아래로 들어갈 수 없기 때문에 자권자가 된다.

수화(水火)가 금지된 자녀의 해방

128. 그런데 어떠한 범죄행위에 의해 코르넬리우스 법(lex Cornelia)[24]에 근거하여 물과 불[水火]이 금지되어 있는 사람이 로마시민권을 상실한 경우에는, 그로 인해 로마시민의 인원수에서 제외되어 마치 사망한 것과 마찬가지가 되므로, 비속은 그 사람의 권력에 복종되지 않는 결과가 된다. 왜냐하면 외인의 신분을 가지는 사람이 로마시민을 권력 아래에 두는 것은 도리상(道理上) 허용되지 않기 때문이다. 마찬가지의 도리에 의하여 존속의 권력 아래에 있는 사람에게 수화(水火)가 금지된 경우에도 존속의 권력에 복종하지 않게 된다. 왜냐하면 외인의 신분을 가지는 사람이 로마시민인 존속의 권력

---

24) 독재관에 취임한 루키우스 코르넬리우스 술라(Lucius Cornelius Sulla)가 기원전 81년에 제정한 「반역죄에 관한 코르넬리우스 법(lex Cornelia de maiestate)」을 말한다.

아래에 있는 것도 마찬가지 도리로 허용하지 않기 때문이다.

존속이 적에게 잡혀 포로가 된 경우의 부권(父權)

129. 존속이 적에게 잡혀 포로가 되어 적의 노예가 되더라도 귀국권(歸國權; ius postliminii)에 의하여 비속에 대한 권력은 미확정 상태로 남게 된다. 그러므로 적에게 잡힌 사람이 귀국하게 되면 이전의 모든 권력을 회복한다. 따라서 귀국한 사람은 비속을 그 권력 아래에 두게 된다. 이에 대하여 그 사람이 적지(敵地)에서 사망하게 되면 비속은 자권자가 된다. 그러면서 그것은 존속이 적지에서 사망한 시점부터인지 아니면 적지에 잡힌 시점부터인지가 문제된다. 아들 자신이나 손자 자신이 적에게 잡힌 경우에도 마찬가지로 귀국권에 의하여 아버지의 권력도 미확정 상태로 남게 된다고 설명할 수 있을 것이다.

130. 또한 남성인 비속은 쥬피터신의 신관(神官)에 임명된 때와 여성인 비속은 베스타의 처녀[25])에게 선발된 때에 존속의 권력에서 벗어나게 된다.

131. 이전에 존속의 명령에 의하여 로마국민이 라틴지방으로 식민자(植民者)를 보낸 때에도, 라틴식민시에 편입된 사람은 다른 도시의 시민이 되기 때문에 존속의 권력에 복종되는 것은 아니었다.

가부권면제

132. 또한 가부권면제(家父權免除)에 의하여 비속(卑屬)은 존속(尊

---

25) 베스타 여신을 모시던 제사(祭司)이며, 베스탈이라고 불리는 6인의 처녀로 구성되었으며, 성화를 수호했다.

屬)의 권력에 복종하지 않게 된다. 자식은 세 번의 악취행위(握取行爲)에 의하여, 그 이외의 비속은 남성이든 여성이든 한 번의 악취행위에 의하여 존속의 권력으로부터 벗어나게 된다. 왜냐하면 12표법에서 세 번의 악취행위에 관하여 "아버지가 아들을 세 번 매각한다면 자식은 아버지로부터 자유롭게 된다"라고 쓰여 있기 때문이다. 즉 그 행위는 다음과 같이 행하게 된다. 아버지(父)는 아들을 타인에게 악취행위에 의하여 매각한다. 취득자는 아들을 권봉식에 의하여 해방한다. 이렇게 하고 나면 아들은 다시 아버지의 권력에 복종한다. 아버지는 아들을 다시 한 번 같은 사람이나 다른 사람에게 악취행위에 의하여 매각한다(대체로 같은 사람에게 매각되는 것이 통례이다). 다시 이어서 권봉식해방에 의하여 같은 방법으로 아들을 해방한다. 이렇게 하고 나면 아들은 다시 아버지의 권력에 복종하게 된다. 다시 한 번 같은 사람이나 다른 사람에게 악취행위에 의하여 매각한다(대체로 같은 사람에게 매각하는 것이 통례이다). 이 악취행위에 의해서, 예를 들면 아직 해방되지 않고 소유권으로 복종하는 상태에 있다 하더라도 아버지의 권력에 복종하는 것은 종료하게 된다. 만일 … …………………………………………… (베로나 사본에서는 3행 판독불능) ……….

132a. …………………………………… (베로나 사본에서는 3행 판독불능) …………………………………… 한 번의 악취행위에 의하여 아버지의 권력에서 벗어나게 된다.

133. 그런데 아들 및 아들로부터 태어난 손자를 권력 아래에 두고 있는 사람이 자유로운 재량을 가지고 있는 점을 상기해 볼 만하다. 즉 아들은 권력에서 벗어나게 하면서 손자는 권력 아래에 남게 하는 것, 혹은 반대로 자식은 권력 아래에 머물게 하면서 손자는 해

방시키는 것, 혹은 이들 모두를 자권자로 되게 하는 것이 그것이다. 남증손(男曾孫)에 관해서도 동일한 것이 적용되어야 하는 것으로 이해할 수 있다.

134. ‥‥‥‥‥‥‥‥‥ 및 중간에 했던 두 번째 해방은 아들이 자권자로 되게 하기 위하여 아버지가 그를 권력에서 벗어나게 하는 때에 통례로 하는 것과 마찬가지로 행해진다. 이 다음에 그가 아버지에게 재악취행위(再握取行爲)에 의하여 매각되고, 그리고 아버지에게서 그를 수양(收養)하려는 사람이 법무관의 면전에서 그가 자신의 아들이라고 반환청구를 하고 아버지는 반대의 회복청구를 하지 않는 때에는, 법무관에 의하여 아들은 반환청구를 한 사람에게 그 귀속이 확정된다. 혹은 자식이 재악취행위에 의하여 아버지에게 매각되지 않은 채 세 번째의 악취행위에서 자신의 신변에 그 아들을 데리고 있는 사람으로부터 수양(收養)하는 사람이 반환청구를 해 가기도 한다. 그렇지만 재악취행위에 의하여 아버지에게 매각되는 것이 보다 적절하다. 이에 대하여 남성이거나 여성이거나 기타의 비속에 관해서는 한 번의 악취행위로 충분하고, 그들은 재악취행위에 의하여 존속에게 매각되거나, 아니면 매각되지 못하고 만다. 속주(屬州)에서도 속주장관의 면전에서 동일하게 행해지는 것이 관례이다.

135. 첫 번째나 두 번째의 악취행위로 매각된 아들을 아버지로 하는 태아가 자신의 아버지의 세 번째 악취행위 후에 태어나더라도, 그 손자는 조부의 권력 아래에 있게 되고, 그러므로 그는 조부에 의하여 가부권이 면제되는 것도, 또한 양자로 보내지는 것도 가능하다. 이에 대하여 세 번째의 악취행위가 완성하기 전의 아들을 아버지로 하는 태아는 조부의 권력 아래에서 태어나는 것이 아니다. 그렇지만 라베오(Labeo)[26]는 손자는 아버지의 경우와 같은 동일인의

소유권 아래에 있게 되는 것이라고 생각한다. 그렇지만 작금에 법으로 사용해 온 것은 다음과 같은 것이다. 즉 그 사람의 아버지가 소유권 아래에 있는 한 그의 법적 지위는 불확정적이고, 만일 그 사람의 아버지가 악취행위에 의하여 해방된다면 그는 아버지의 권력 아래에 귀속하게 되지만, 아버지가 소유권의 아래에 있는 동안에 사망한 경우에는 그 사람은 자권자가 된다.

135a. ······ 당연히, 같은 것이 ······ 라고 하는 것은 앞에서 서술한 바와 같이, 아들의 경우에 세 번의 악취행위에서 효과가 발생하게 되지만, 손자의 경우에는 한 번의 악취행위에 의하여 발생하기 때문이다.

136. ······ 막시무스(Maximus)와 투베로(Tubero)[27]의 ········ ········ 다음과 같이 결정했다. 즉 여성은 제사(祭祀)에 관해서만 부권(夫權) 아래에 있다고 보고, 그 외의 경우에는 마치 부권(夫權)에 들어가지 않은 것처럼 취급된다고. ·············· 존속의 권력으로부터 해방된다. 여성이 자기 남편의 부권 아래에 있어야 하는지, 설령 남편의 부권(夫權) 아래에 있는 사람만이 딸의 지위에 있는 것으로 여

---

26) 로마법의 역사에서 초기 고전시대를 대표하는 법학자(기원전 50년?-기원후 18년?)로, 그가 내린 정의는 후대의 법학자들이 개념을 정립하는 데 지침이 되었다. 총 400여 권에 이르는 저작을 통해서 후세에 큰 영향을 끼쳤다. 로마법의 역사상 유명한 프로쿨리아니와 사비니아니의 두 학파의 대립은 라베오와 그의 논적(論敵)인 C.카피트와의 대립에서 유래된다고 전해진다. 주요저서로는 「고시주해(告示註解) Ad edictum lilri XXX」, 「12표법주해(表法註解) Ad legem Xll tabularum」, 「신관법론(神官法論) De iure pontificio」「해답록(解答錄) Responsa」 등이 있는데, 지금은 전해지지 않는다.

27) 기원전 11년의 집정관이다.

겨진다 하더라도, 제3자의 권리 아래에 있는지는 문제되지 않는다.

137. ················ 악취행위에 의하여 부권(夫權)에 따르지 않는다. 그리고 다시 소유권에서 해방되게 되면 자권자가 된다.

137a. ················ 코엠푸티오(coemptio)의 매수인에게 강제하여 자신이 희망하는 사람에게 자신을 재악취행위에 의하여 매각할 수는 있지만 ········ 딸도 아버지에게 강제할 수 없는 것과 마찬가지로 ········ 강제할 수 없다. 그렇지만 딸은 설령 자신이 양녀(養女)라 하더라도 아버지에게 강제할 수 없다. 이에 대하여 후자는 이혼의 의사가 있으면 마치 남편과 혼인을 하지 않은 것처럼 남편에게 강제할 수 있다.

만키피움권의 지배를 받는 사람의 해방

138. 소유권(所有權) 아래에 있는 사람은 노예와 같은 지위에 있기 때문에 권봉식(權奉式), 호구조사(戶口調査), 유언(遺言)에 의하여 해방되어 자권자가 된다.

139. 그러나 이 경우 아에리우스 센티우스 법(lex Aelia Sentia)은 적용되지 않는다. 따라서 해방시키는 사람 및 해방되는 사람의 연령은 결코 문제되지 않는다. 또한 해방하는 사람에게 보호자 또는 채권자가 있는지 여부도 문제되지 않는다. 심지어 푸피우스 카니니스 법(lex Fufia Caninia)에 의하여 제한된 노예해방의 수(數)도 소유권 아래에 있는 사람에게는 적용되지 않는다.

140. 그런가 하면 이러한 사람은 그들에게 소유권을 가진 사람의 의사에 반해서라도 호구조사에 의하여 자유를 획득할 수 있다. 다만

아버지가 자기에게 재악취행위(再握取行爲)로 매각해야 할 것을 조건
으로 하고, 다른 사람의 소유권에 넘겨준 사람은 제외된다. 왜 그러
냐 하면 이 경우에는 아버지가 자신의 소유권으로 그 사람을 반환하
는 것에 의하여 어느 정도 자신의 권리를 계속해서 가진다고 생각할
수 있기 때문이다. 이에 대하여 아버지가 가해행위(加害行爲)를 원인
으로 하여 피해자의 소유권에 넘겨준 사람은 아버지가 아버지의 권
력에 복종하는 사람을 위하여 절도(竊盜)의 유죄판결을 받고, 그 사
람을 원고의 소유권에 넘겨준 경우 소유권으로 근거하는 피해자의
의사에 반하여, 그 사람으로 하여금 호구조사로 자유를 획득하게 할
수 없다고 한다. 왜 그러냐 하면 원고는 이 사람을 금전에 갈음하여
수취한 것이기 때문이다.

의존당사자의 대우

141. 마지막으로 주의해야 할 것은 소유권 아래에 지탱해 가는
사람에 대하여 모독적인 대우를 해서는 안 된다는 것이다. 그러한
경우 인격침해(人格侵害)로 문제 삼게 될 것이다. 또한 가해행위를 원
인으로 하여 악취행위에 의하여 매각된 경우를 제외하고는, 사람은
누구나 그러한 법적 지위에 오래 머물러 지내야 하는 것이 아니고,
더구나 많은 경우 이것은 형식적이고 일시적인 것이다.

후견과 보좌

142. 이제는 다른 분류 쪽으로 논의를 바꿔 보기로 하다. 즉 가부
권(家父權) 아래에도, 부권(夫權) 아래에도, 소유권 아래에도 놓이게
되지 않는 사람 가운데 어느 사람은 후견(後見; tutela) 또는 보좌(保佐;
curatio) 아래에 있게 되며, 어느 사람은 법상 그 어느 경우에도 속하
지 않는다. 그 가운데 후견 아래에 있는 사람과 보좌 아래에 있는 사
람에 대해 고찰해 보고자 한다. 왜냐하면 그렇게 함으로써 법상 어

디에도 속하지 않는 다른 사람에 관하여 이해할 수 있게 될 것이기
때문이다.

후 견

143. 우선 후견 아래에 있는 사람에 관하여 보기로 하자.

지정후견인

144. 자신의 권력 아래에 있는 비속(卑屬)을 위하여 유언으로 후
견인(後見人)을 지정하는 것은 존속(尊屬)에게 허용되어 있다. 즉 남
성은 미성숙한 경우에 후견인이 지정된다. 이에 대하여 여성은 그
연령에 관계없이, 그리고 혼인을 한 경우에도 후견인이 지정된다.
왜냐하면 고법학자들(veteres)은 여성에 대해 성숙연령에 달하더라도
지적 능력(知的 能力)의 박약을 이유로 후견 아래에 있어야 한다고 생
각했기 때문이다.

여성 후견의 원칙과 베스타 처녀의 예외

145. 따라서 어느 사람이 유언에 의하여 아들과 딸에게 후견인을
지정하고, 이 양자(兩者)가 성숙한 경우 아들은 후견을 면하게 되지
만, 딸은 그대로 후견 아래에 있어야 한다. 왜냐하면 여성이 후견을
면하는 것은 율리우스 법(lex Julia)[28]과 파피우스 포파에우스 법(lex
Papia Poppaea)[29]에 근거하여 아이의 출산에 의한 경우에 한하기 때

---

28) 기원전 18년에 제정된 「혼인당사자의 계층에 관한 율리우스 법(Lex Julia
de maritandis ordinibus)」을 말한다. 로마 상류계급의 도덕성을 진작시키
고, 인구를 증대시키기 위해 혼인을 장려시키고자 도모했다.
29) 혼인의 증대와 강화를 위해서 기원전 9년에 제정되었다. 「혼인당사자의
계층에 관한 율리우스 법(Lex Julia de Maritandis Ordinibus; 기원전 18년
제정)」 및 「간통죄와 독신에 관한 율리우스 법(Lex Julia de Adulteriis
Coercendis; 기원전 17년 제정)」에 대한 규정을 포함하고 있다.

문이다. 다만 베스타의 처녀는 예외이다. 그녀들에 대해서는 고법학자들도 신관직(神官職)의 명예를 위하여 후견을 면하게 하는 것을 소망할 수 있고 또한 그와 같이 12표법에도 규정되어 있다.

손자녀에 대한 후견

146. 누구든지 손자 및 손녀가 그 사망 후에 법상 이들 아버지의 가부권(家父權)에 따를 수 없게 되어 있는 경우에만, 유언에 의하여 이들 손자녀를 위하여 후견인을 지정할 수 있다. 따라서 어느 개인의 아들이 그가 사망한 때에 조부의 권력 아래에 있는 경우, 아들의 자녀인 그의 손자녀는 그의 권력 아래에 있는 것은 차치하고, 그 개인은 그 유언으로 후견인을 지정할 수는 없다. 왜 그러냐 하면 어느 개인의 손자녀는 그가 사망한 경우 당연히 그 아버지[아들]의 권력에 따르게 되기 때문이다.

후생자의 후견

147. 그런데 다른 많은 경우에 후생자(後生子; postumi)가 이미 태어난 자녀로 간주되는 것처럼, 이 경우에도 이미 태어난 자녀와 마찬가지로 후생자에게 유언으로 후견인을 지정할 수 있다고 생각한다. 다만 그것은 이 자녀가 어느 사람의 생존 중에 태어난다면 그 권력에 따르게 될 경우에 한한다. 왜냐하면 이러한 자녀를 상속인으로까지 지정할 수 있기 때문이다. 그렇지만 가외후생자(家外後生子)를 상속인으로 지정하는 것은 허용되지 않는다.

처와 며느리에 대한 후견

148. 부권(夫權) 아래에 있는 처와 아들의 부권 아래에 있는 며느리에게는 딸처럼 후견인을 둘 수 있다.

지정후견의 방식

149. 무엇보다도 정식으로 후견인을 둘 수 있는 것은 "각 사람은 그의 자녀에게 후견인 루키우스 티티우스(Lucius Titius)를 선임한다"고 하는 것이다. 그렇지만 "자녀에게" 또는 "처에게 티티우스(Titius)가 후견인이다"라고 기재된 경우에도 정식으로 선임한 것으로 인정된다.

처의 후견인선택

150. 그러나 부권(夫權) 아래에 있는 처에게는 후견인을 선택할 수 있게 되어 있다. 즉 남편은 "본인은 나의 처 티티아(Titia)에게 후견인을 선택하는 것을 인정한다"고 하는 식으로, 처 자신이 원하는 사람을 처를 위하여 후견인으로 선택하는 것을 허용할 수 있다. 이 경우 처는 모든 재산관리나, 아니면 단지 특정한 문제를 위하여 후견인을 선택하는 것이 가능하다.

151. 이렇게 하여 인정되는 선택은 한정되지 않은 것이거나, 아니면 한정된 것이다.

152. 한정되지 않은 선택은 앞에서 서술한 것과 같은 방식으로 하게 되는 것이 관례이다. 한정된 선택은 "어느 개인 본인은 나의 처 티티아(Titia)에게 후견인을 선택하는 것을 한 번만 인정한다" 또는 "두 번까지 인정한다"라는 방식으로 인정되는 것이 관례이다.

153. 이러한 선택의 효과는 각각 크게 다르다. 한정되지 않은 선택을 하게 인정된 처는 1회, 2회, 3회, 그보다도 더 여러 차례에 걸쳐 후견인을 선택할 수 있다. 이에 대하여 한정된 선택을 하도록 인정된 처는 선택이 1회만 인정된 경우, 1회보다 많이 선택할 수도 없다. 선택

이 2회까지 인정된 경우에는 2회보다 많이 선택할 수는 없다.

지정후견인과 선택후견인

154. 그런데 유언에 의한 지정으로 후견인으로 선임된 사람은 지정후견인(指定後見人), 선택에 의하여 선임된 사람은 선택후견인(選擇後見人)이라고 한다.

법정후견인

155. 유언에 의하여 후견인이 선임되지 않은 사람에 대해서는 12표법에 의해 종족원(宗族員)이 후견인이 된다. 이 후견인은 법정후견인(法定後見人)이라고 한다.

종족원과 혈족원에 대한 후견

156. 그런데 종족원(宗族員; agnati)이라 함은 남계(男系)를 통하여 혈족관계가 이어진 사람이고, 소위 아버지[父]에게서 유래하는 혈족(血族)이다. 예를 들면 아버지를 같이하는 아들, 형제의 아들 혹은 그 아들에게서 태어난 손자이고, 이와 함께 아버지 쪽의 백숙부, 백숙부의 아들, 백숙부로부터 태어난 손자도 그러하다. 이에 대하여 여계(女系)를 통하여 혈족관계에 있는 사람은 종족원이 아니라 자연법상 혈족원(血族員; cognatus)이다. 따라서 어머니 쪽의 백숙부와 자매의 아들 사이는 종족관계가 아니라 혈족관계이다. 이와 함께 아버지 쪽의 백숙모의 아들 혹은 어머니 쪽의 백숙모의 아들은 어느 개인에게 종족원이 아니라 혈족원이고, 또한 반대로 어느 개인은 그들에 대하여 명확히 같은 관계에 있는 것이 된다. 왜 그러냐 하면 태어난 자녀는 아버지의 그 가(家)에 따르고, 어머니의 가(家)에는 따르지 않기 때문이다.

여성에 대한 종족원후견 폐지

157. 그리고 12표법에 의하면, 과거에는 분명히 여자도 종족원을 후견인으로 하였다. 그러나 후에 클라우디우스 법(lex Claudia; 기원전 1세기에 제정)이 제정되어, 여성에 관한 한, 종족원의 후견은 폐지되었다. 따라서 미성숙한 남성은 성숙한 형 또는 아버지 쪽의 백숙부를 후견인으로 삼을 수 있지만, 이에 대하여 여성은 이러한 사람을 후견인으로 둘 수 없다.

종원자격소멸

158. 종족관계는 종원자격소멸(宗員資格消滅)에 의하여 끊어지게 됨에 비하여, 혈족관계는 이에 의하여 변화되지 않는다. 왜 그러냐하면 시민법상 이유에 의하여 시민법상 관계는 줄어드는 수가 있지만, 자연법상 관계는 소멸될 수 없기 때문이다.

인격소감의 종류

159. 인격소감(人格消滅; capitis deminutio)이란 종래 차지하고 있던 지위의 변경이다. 이 변형은 다음과 같은 세 가지 형태로 발생한다. 즉 인격최대소감(人格最大消滅), 인격중소감(人格中消滅)이라고도 부르는 인격소소감(人格小消滅), 또는 인격최소소감(人格最小消滅)이 그것이다.

인격최대소감

160. 인격소감(人格消滅)의 최대소감(最大消滅)은 어느 사람이 시민권(市民權)과 자유(自由)를 동시에 잃게 되는 경우이다. 이것은 호구조사(戶口調査)의 규정에 의하여 매각이 명해지고 호구조사명부에 등록되지 않은 사람에게서 발생한다. 이것은 … 법에 반하여 로마시에 주소를 가지고 있는30) … 동법에 의하여 … 또한 주인의 의사 및

경고에 반하여 주인의 노예와 성적으로 결합하고, 클라우디우스 원로원의결에 의하여 그 주인의 여자노예로 된 여성에 관해서도 마찬가지이다.

인격중소감

161. 인격소감의 소소감(小消滅) 또는 중소감(中消滅)은 시민권은 잃게 되지만, 자유는 유지되는 경우이다. 이것은 물과 불[水火]이 금지된 사람에게서 발생한다.

인격최소소감

162. 인격소감의 최소소감(最小消滅)은 시민권과 자유는 유지되지만, 사람의 지위가 변경되는 경우이다. 이것은 양자가 된 사람 또한 코엠푸티오(coemptio)를 하는 자권자(自權者)인 여성에게서 생겨나고, 이와 함께 다른 사람의 소유권에 넘겨지고, 그리고 소유권으로부터 해방된 사람에게도 발생한다. 즉 이러한 사람도 다른 사람의 소유권에 넘겨지거나 또는 소유권으로부터 해방된 경우에는 항상 인격소감의 소멸을 받게 된다.

163. 종족관계는 인격소감 대소감(大消滅) 및 중소감(中消滅)에 의해서뿐만 아니라 최소소감(最小消滅)에 의하여도 풀리게 된다. 그러므로 가부(家父)가 2인의 자녀 중 1인을 가부권(家父權)에서 면제한 경우 가부(家父)의 사망 후, 양자(兩者)는 종족관계상 서로 후견인으로 될 수 없다.

164. 후견이 종족원에 귀속하는 경우 동시에 모든 종족원에게 귀

---

30) 항복외인이 로마의 100마일 이내에 들어오는 것을 고려하고 있다.

속하는 것은 아니고, 가장 가까운 종족원에게만 귀속한다.

164a. ···
································· (베로나 사본에서는 4행 판독불능)
···
························· 도시에서 ·····················
·················· (베로나 사본에서는 2행 판독불능) ··········
·········· 로마에서 ································· 따라
서·· 이
고 ··
···
··················· 이고
························ (베로나 사본에서는 2행 판독불능) ······
······························· 인 것 ·················
···················· 동일하게 ·····················
···
····································· .

165. 해방된 여성이나 해방된 미성숙한 남성의 후견(後見)은 12
표법에 의해 보호자(保護者; patronus)와 그 자녀에게서 유래한다. 이
러한 후견도 법정후견(法定後見)이라고 한다. 왜 그러냐 하면 이 후견
에 관하여 12표법에 의하여 명시적으로 규정되어 있지 않지만, 마치
법률의 문언(文言)에 의하여 도입된 것처럼 해석을 통하여 인정되어
왔기 때문이다. 해방된 남성이나 여성이 만일 무유언(無遺言)으로 사
망한 경우, 그들의 상속재산은 보호자 또는 그 자녀에게 귀속한다고
규정하고 있기 때문에, 고법학자(古法學者)는 법률이 후견도 또한 그
들에게 귀속시켜야 하는 것으로 희망한다고 생각했다. 왜 그러냐 하

면 상속으로 소환된 종족원은 또한 후견인으로도 된다고 법률이 규정하고 있기 때문이다.

기타의 후견

166. 보호자에 의한 후견의 예에 따라 기타의 후견이 인정되었다. 이 후견도 또한 법정후견(法定後見)이라고 부른다. 즉 어느 사람이 미성숙한 아들, 그 자식을 아버지로 하는 손자 및 증손자 또는 성숙, 미성숙을 묻지 않고 딸, 아들을 아버지로 하는 손녀 및 증손녀를 재악취행위로 환매(還買)의 약관(約款)을 붙여서 다른 사람의 소유권(mancipium)에 넘겨주고, 후에 이러한 사람을 환매하여 해방한 경우 동일인이 법정후견인이 된다.

신탁상 후견

166a. 이 밖에 신탁상의 후견이라고 부르는 후견이 있다. 즉 가부(家父)로부터 혹은 코엠푸티오(coemptio)의 매수인으로부터 악취행위(握取行爲)에 의하여 어느 사람에게 매각된 자유인을 그 사람이 해방할 수 있도록 그에게 귀속하는 후견이다.

167. 그렇지만 라틴인의 여성과 라틴인의 미성숙한 남성의 후견은 반드시 해방자에게 귀속하는 것은 아니고, 해방하기 전에 퀴리테스(Quirites)권에 의하여 소유자였던 사람에게 귀속한다. 따라서 여자 노예가 퀴리테스권에 의해 타인의 것이고 어느 개인의 재산에 들어 있어서 그에게서만 해방되고 타인에게서 해방되지 못하는 경우에는, 라틴인으로 되고 그 재산은 어느 개인에게 귀속하지만 후견은 타인에게 귀속한다. 이와 같이 유니우스 법(lex Junia)에 규정되어 있다. 따라서 여자 노예가 이것을 재산 중에 가지고 퀴리테스권에 의한 소유자인 사람으로부터 라틴인으로 된 경우에는 그 재산도 후견

도 동일한 사람에게로 귀속한다.

후견권의 양도

168. 종족원(宗族員), 보호자(保護者), 소유권으로부터 자유인을 해방한 사람에게는 부녀후견(婦女後見)을 법정에서 타인에게 양도하는 것이 허용되어 있다. 이에 대하여 미성숙한 남성에 대한 후견을 양도하는 것은 허용되어 있지 않다. 왜 그러냐 하면 이 후견은 피후견인이 성숙하게 되어 종료하게 되므로 부담이 되는 것으로는 여겨지지 않기 때문이다.

양수후견인

169. 그런데 후견을 법정에서 양수하는 사람은 양수후견인(讓受後見人; cessicius)이라고 한다.

170. 양수후견인의 사망 또는 종원자격소멸에 의하여 후견은 양도한 후견인에게 복귀한다. 양도한 사람 자신이 사망하거나 그 사람의 종원자격이 소멸한 경우에는 후견은 양도했던 사람으로부터 그 후견에 관하여 양도한 사람의 다음 순위에 있는 사람에게 복귀한다.

171. 그렇지만 종족원에 관해서는 여성에 대한 종족원의 후견은 클라우디우스 법(lex Claudia)에 의하여 폐지되었기 때문에 작금에는 양도후견인에 관해서는 전혀 문제되지 않는다.

172. 신탁상 후견인들은 책임을 스스로 부담하기 때문에 어느 사람들은 신탁상의 후견인도 후견을 양도할 권리를 갖지 못한다고 생각했다. 그러한 견해가 있더라도 자신에게 재악취행위에 의해 매각된다는 약관에 의하여 딸 혹은 손녀 혹은 증손녀를 다른 사람의 소

유권에 넘겨주고, 그리고 자신에게 재악취행위에 의해 매각된 여성을 해방하는 존속의 경우에는 동일한 것으로 다루어 서술할 수 없다. 왜 그러냐 하면 이 사람도 법정후견인으로 여겨지고 보호자와 같은 존경이 베풀어져야 하기 때문이다.

기타의 후견인

173. 더욱이 원로원의결로 부재중인 후견인에 갈음하여 다른 사람을 후견인으로 신청하는 것이 여성에게 허용되어 있다. 이 신청에 의하여 이전의 후견인은 후견이 종료된다. 이 후견인이 어느 정도의 기간 동안 부재여야 하는지는 관계없다.

174. 다만 예외적으로 해방자유인(解放自由人)인 여성에게는 부재인 보호자에 갈음하여 다른 후견인을 신청하는 것이 허용되지 않는다.

175. 그런데 어느 사람에게 재악취행위에 의해 매각된 딸 혹은 손녀, 혹은 증손녀를 해방하게 되면 그러한 여성에 대해 법정후견을 하게 된 존속도 보호자와 같은 지위에 있는 것으로 본다. 그렇지만 그의 비속(卑屬)은 신탁상의 후견인과 같은 지위에 있는 것으로 보게 된다. 이에 대하여 보호자의 비속은 그 존속이 가지고 있던 것과 동일한 후견을 하게 된다.

176. 그렇지만 때로는 예를 들면 상속재산을 취득할 수 있게 하기 위하여 부재중인 보호자에 갈음하여 후견인을 신청하는 것이 그러한 여성에게도 허용된다.

177. 원로원은 보호자의 아들인 미성숙자에 관해서도 마찬가지

로 의결했다.

혼인당사자의 계층에 관한 율리우스 법

178. 왜 그러냐 하면 혼인당사자의 계층에 관하여 율리우스 법 (lex Julia)에 의해서도 미성숙한 법정후견인 아래에 있는 여성에게는 가자설정(嫁資設定)을 위하여 후견인을 시민관할법무관(市民管轄法務官)에게 신청하는 것이 허용되어 있었기 때문이다.

179. 보호자의 아들은 설령 미성숙자라 하더라도 해방자유인인 여성의 후견인이 된다. 그렇지만 그 자신이 그의 후견인의 호후설정 (護後設定)이 없다면 아무 일도 할 수 없기 때문에, 어떠한 일에 관해서도 호후설정인(護後設定人)이 될 수는 없다.

180. 마찬가지로 여성이 정신착란자나 언어장애인의 법정후견 아래에 있는 경우, 가자설정(嫁資設定)을 위하여 후견인을 신청하는 것이 원로원의결에 의하여 이러한 여성에게 허용되었다.

181. 이러한 각 경우에 후견이 보호자와 이 보호자의 아들에게 그대로 남아 있게 되는 것은 확실하다.

182. 또한 원로원은 다음과 같이 의결했다. 즉 미성숙한 남성, 혹은 미성숙한 여성의 후견인이 혐의를 받아, 후견에서 해방된 경우나 정당한 원인에 의하여 후견에서 사임하게 된 경우에는, 다른 사람이 그에 갈음하여 후견인이 되고, 이렇게 되면 종래의 후견인은 후견을 상실한다.

183. 이러한 모든 규정은 로마에서나 속주에서 동일하게 준수된

다. 이렇게 함에 있어서 후견인은 로마에서는 법무관에게, 속주에서
는 속주장관에게 필요한 신청을 하여야 한다.

184. 이전에 법률소송(法律訴訟)이 행해졌던 때에 후견인과 여성
또는 미성숙한 남성 사이에서 법률소송이 행해져야 할 경우에는, 이
것을 원인으로 해서도 후견인이 선임되었다. 왜 그러냐 하면 후견인
은 그 자신의 일에 관해서 자신이 호후설정인(護後設定人)으로 되게
할 수는 없기 때문에 다른 후견인이 선임되고, 그 사람의 호후설정에
의하여 법률소송이 행해졌기 때문이다. 이 후견인은 시민관할법무
관(市民管轄法務官)에 의해서 붙여졌고, 그렇기 때문에 법무관이 선정
하는 후견인이라고 불린다. 그렇지만 어느 사람들은 법률소송이 폐
지된 후에는 후견인 선임의 이러한 특례는 적용되지 않은 것으로 생
각한다. 이에 대하여 다른 사람들은 법정소송이 행해지면 이러한 후
견인의 선임이 작금에도 필요할 것이라는 견해를 취하고 있다.

관선후견인

185. 어느 사람에게 후견인이 없는 경우에는 로마시에서는 아틸
리우스 법(lex Atilia; 기원전 186년 제정)에 근거하여 시민관할법무관
및 대다수의 호민관(護民官)에 의하여 그 사람에게 후견인이 붙여졌
다. 이것은 아틸리우스 법상 후견인이라고 불린다. 이에 대하여 속
주에서는 후견인은 율리우스 티니아우스 법(lex Julia et Titia; 기원전
31년 제정)에 의거하여 속주장관에 의해 선임된다.

유언으로 조건이나 확정기한이 있는 후견인 지정의 경우

186. 따라서 유언에 의하여 조건부(條件附) 또는 확정기한부(確定
期限附)로 후견인이 지정되는 경우에, 조건이 미성취인 동안 또는 기
일이 도래하지 않은 동안에는, 후견인을 두게 할 수 없다. 마찬가지

로 후견인이 무조건으로 지정되는 경우와 상속인이 전혀 없는 동안
은 이러한 법률에 의거하여 후견인을 두게 할 수 있다. 이들 후견인
은 유언에 의하여 어느 사람이 후견인으로 된 후에는 후견인의 자격
을 잃게 된다.

후견인이 적(敵)에게 잡힌 경우

187. 또한 후견인이 적(敵)에게 잡힌 경우 상기의 이들 법률에 근
거하여 다른 후견인을 신청하여야 한다. 이 후견인은 붙잡혀 갔던
사람이 되돌아온 경우에는 후견인의 자격을 잃게 된다. 왜냐하면 귀
환자는 귀국권(歸國權)에 의하여 후견을 회복하기 때문이다.

후견의 종류

188. 이상 설명한 것에서 후견인에 몇 개의 형태가 있음은 명확
히 밝혀졌다. 그렇지만 이러한 형태가 몇 개의 종류로 나뉘게 되는
지를 문제로 한다면 의논은 길어지게 될 것이다. 이에 관하여 고법
학자가 활발히 논하였고, 우리는 이 문제에 대하여 고시주해(告示註
解)와 퀸투스 무키우스(Quintus Mucius)[31] 주해(註解)로 자세히 서술
한 바 있다. 지금으로서는 다음과 같은 것을 주의하기만 하면 충분

---

31) 그는 체계적인 학문으로 법학 연구를 창설한 것으로 인정받고 있다. 그
는 두 사람의 조카이자 아들이었고, 막시미 폰티피스(Pontifices Maximi)
로 선출되었으며, 로마의 대제사장으로 선출되기까지 하였다. 그는 또한
공화국에서 역사적인 규범과 종교 금기의 붕괴를 상징하는 Vestal Virgins
의 바로 사원에서 로마에서 공개적으로 살해당한 최초의 로마 Pontifex
Maximus였다. 법령 및 전례를 편성하고 체계화한 18권의 민법에 관한 논
문을 저술한 저자이다. 또한 그는 간단한 용어집을 작성하여 각종 용어와
기본원칙의 개요를 포함시켰다. 이 후자의 작품 중 4개의 짧은 부분은
Justinian I에 의해 그의 Pandectae에 통합되었지만, 나머지 작품들은 현재
는 남아 있지 않다.

하다. 어느 사람들은 퀸투스 무키우스처럼 네 가지 종류가 있다고 설명했다. 또한 세르비우스 술피키우스(Servius Sulpicius)[32]처럼 세 가지 종류가 있다고 설명한 사람들이 있는가 하면 라베오(Labeo)처럼 두 가지 종류가 있다고 설명한 사람들도 있다. 또 다른 사람들은 형태가 있는 것과 동일한 수만큼 그 종류가 있다고 생각했다.

미성숙자 후견

189. 어느 국가의 법에 있어서나 미성숙자(未成熟者)는 후견 아래에 있게 되어 있다. 왜 그러냐 하면 성숙연령에 달하지 않은 사람이 다른 사람의 후견 아래에 있는 것은 자연의 이치에 적합하기 때문이다. 자신의 미성숙한 자녀에 대하여 유언으로 후견인을 지정하는 것을 존속에게 인정하고 있지 않은 국가는 거의 없다. 그런가 하면 앞에서 서술한 바와 같이, 로마시민은 자기들만이 그의 자녀를 자신의 권리 아래에 데리고 산다고 생각한다.

여성에 대한 후견

190. 이에 대하여 성숙연령에 달한 여성이 후견 아래에 있는 것에는 그다지 유효적절한 이유가 없었던 것으로 된다고 생각된다. 왜 그러냐 하면 일반적으로 생각할 수 있는 이유, 즉 여성은 지적 능력(知的 能力)의 박약에 의하여 속임수에 넘어가는 경우가 많으므로 후견인의 호후설정(護後設定; auctoritas tutoris)을 받는 것이 형평에 맞는다는 이유는 정당하다고 하기보다는 오히려 피상적이라고 생각되기 때문이다. 왜냐하면 성숙연령에 달한 여성은 스스로 자신을 위하여

---

32) 로마의 연설가이자 법관이었다(기원전 106년-43년). 그는 많은 논문을 남겼는데, 현재 논문들은 남아 있지 않지만, Pandects에서 자주 인용된다. 그의 주요 특징은 명료함, 민법 및 자연법의 원칙에 대한 깊은 친밀감, 그리고 타의 추종을 불허하는 표현력이었다.

사무를 처리하고, 후견인은 다만 특정한 경우에 외견상 호후설정한 다든지, 심지어 그 의사에 반하면서까지 법무관에 의하여 호후설정인(護後設定人)으로 되는 것이 자주 강제되기까지 하기 때문이다.

후견인의 결산보고

191. 따라서 여성은 후견인을 상대로 하여 후견에 근거한 소송을 할 수 없다. 이에 대하여 미성숙한 남성 또는 여성의 사무를 후견인이 취급하는 경우에 후견인은 피후견인이 성숙하게 된 후에 후견의 소송에서 결산보고(決算報告)를 해야 한다.

192. 보호자 및 존속의 법정후견(法定後見)은 분명히 다음과 같은 효과를 가지는 것으로 생각할 수 있다. 즉 이러한 후견인은 피후견인이 수중물(手中物)을 양도하거나 채무(債務)를 인수하거나 하는 중대한 이유가 있는 경우를 제외하고는, 피후견인이 유언(遺言)을 하거나 수중물을 양도하거나 채권을 인수함에 있어서 호후설정인으로 되는 것이 강제되지 않는다. 이러한 모든 일을 함에는 후견인 자신을 위하여, 유언을 하지 않고 사망한 여성의 상속재산은 후견인에게 귀속하는 것으로 되므로 후견인이 유언으로 상속재산에서 제외되는 일도 없으며, 아주 비싼 수중물이 양도되거나 채무가 인수되거나 하는 식으로 상속재산이 그 가치가 감소되면서 후견인에게 귀속하는 일도 생겨나지 않게 규정되어 있다.

193. 외인인 여성의 경우 이와 같은 후견에는 따르지 않는다. 그렇지만 많은 경우 후견에 따르는 것과 마찬가지이다. 예를 들면 비티니아인(Bythinian)[33]의 법률은 처가 거래를 행하는 경우 남편이나

---

33) 트라키아인(Thraci)의 일파로, 기원전 4세기에 마르마라 해(터키 서북부

그 성년의 아들이 호후설정인이 되는 것으로 명하고 있다.

후견종료방법

194. 그런데 생래자유인(生來自由人)인 여성은 세 자녀의 권리에 의해 후견을 면하게 된다. 이에 대하여 해방자유인(解放自由人)인 여성은 보호자 혹은 그 자녀의 법정후견에 따르는 경우에는 네 자녀의 권리에 의해 후견을 면하게 된다. 다른 종류의 후견인 예를 들면 아틸리우스 법상의 후견인 또는 신탁상의 후견인을 두게 되는 해방자유인의 여성은 세 자녀의 권리에 의해 후견을 면하게 된다.

해방자유여성의 후견인 선임방법

195. 그런데 해방자유인인 여성은 좀 더 여러 방식으로 다른 종류의 후견인을 둘 수 있다. 예를 들면 여성에 의하여 해방되는 경우이다. 이 경우에는 아틸리우스 법(lex Atilia)에 의하여, 또한 속주에서는 율리우스 티티우스 법(lex Julia et Titia)에 의하여 후견인을 신청하지 않으면 안 된다. 왜 그러냐 하면 해방자유인인 여성은 여성보호자의 후견 아래에 있을 수 없기 때문이다.

195a. 또한 남성으로부터 해방되어 그의 호후설정에 의하여 코엠푸티오(coemptio)를 한 여성이 그 후에 재악취행위에 의하여 매각되어 소유권으로부터 해방되게 되었으면, 보호자를 후견으로 하는 것은 종료되고, 그녀를 해방한 사람의 후견에 따르도록 된다. 이 사람은 신탁상의 후견이라고 불린다.

에 있는 내해〈內海〉에 위치해 있던 왕국이었으나, 기원전 75년-74년에 로마제국에 편입되었다.

195b. 또한 보호자 또는 그 아들이 양자(養子)가 된 경우에는, 해방자유인인 여성은 아틸리우스 법(lex Atilia)과 율리우스 티티우스 법에 근거하여 후견인을 신청하여야 한다.

195c. 마찬가지로 이러한 법률에 근거하여 해방자유인인 여성이 후견인을 신청하지 않으면 안 되는 것은 보호자가 사망하고 남성의 비속이 가(家)에 전혀 남아 있지 않은 경우이다.

남성의 후견방식

196. 남성은 성숙(成熟; puber)하게 되면 후견을 면한다. 그러면서 사비누스(Sabinus)와 카시우스(Cassius), 기타 우리 학파의 여러 학자들은 신체의 외관에 의하여 의젓하게 보이는 사람, 곧 생식기능(生殖機能)이 있는 사람을 성숙한 것으로 생각한다. 더욱이 성적 불능자(性的 不能者)처럼 성숙할 수 없는 사람에 관하여는 그 연령이 고려되지 않으면 안 되는 것으로 하고 있다. 그렇지만 반대학파의 여러 학자들은 연령에 의하여 성숙을 판단해야 한다고 생각한다. 즉 14세에 달한 사람에 관해서는 성숙한 것으로 판단한다. ⋯⋯⋯⋯⋯⋯ ⋯⋯⋯⋯⋯⋯⋯⋯⋯⋯⋯⋯.

보좌인

197. ⋯⋯⋯⋯⋯⋯⋯⋯⋯⋯⋯⋯⋯⋯⋯⋯⋯⋯⋯⋯⋯⋯⋯ ⋯⋯⋯⋯⋯⋯⋯⋯⋯⋯⋯⋯⋯⋯⋯⋯⋯⋯⋯⋯⋯⋯⋯⋯⋯⋯⋯ ⋯⋯⋯⋯⋯⋯⋯⋯⋯⋯⋯⋯⋯⋯⋯⋯⋯⋯⋯⋯⋯⋯⋯⋯⋯⋯⋯ ⋯⋯⋯⋯ (베로나 사본에서는 23행 판독불능) ⋯⋯⋯⋯ ⋯⋯⋯⋯⋯⋯⋯⋯⋯⋯⋯⋯⋯⋯⋯⋯⋯⋯⋯⋯⋯⋯⋯⋯⋯⋯⋯ ⋯⋯⋯⋯⋯⋯⋯⋯⋯⋯⋯⋯⋯⋯⋯⋯⋯⋯⋯⋯⋯⋯⋯ 자신의 사무를 처리할 수 있는 연령에 달한 ⋯⋯⋯⋯. 우리는 외인

사이에도 이러한 감독을 하게 되어 있음은 앞에서 서술한 바 있다.

보좌인선임

198. 같은 이유에 의해 속주에서도 그 장관이 보좌인(保佐人; curator)을 선임하는 것이 관례이다.

후견인과 보좌인의 책임

199. 더욱이 미성숙 피후견인 및 보좌 아래에 있는 사람의 재산이 후견인(後見人) 및 보좌인(保佐人)에 의하여 낭비되거나 감소되지 않도록 법무관은 후견인 및 보좌인이 자신의 명의로 담보를 설정할 것을 명한다.

200. 그렇지만 어느 경우에나 그러한 것은 아니다. 즉 유언에 의해 선임된 후견인은 담보를 설정할 것을 강제받지 않는다. 왜 그러냐 하면 그의 성의(誠意)와 주의 깊음은 유언자 자신에 비추어 인정되기 때문이다. 또한 법률에 근거하여 보좌인으로 되지 않고, 집정관(執政官) 또는 속주장관(屬州長官)에 의해 붙여진 보좌인도 일반적으로 담보를 설정하는 것이 강제되지 않는다. 왜 그러냐 하면 당연히 충분한 신뢰성(信賴性)을 지닌 사람이 선임되어 있기 때문이다.

제 2 권

물物에 관한 법 I

물건의 분류

물건의 종류

1. 제1권에서는 인법(人法)에 관하여 설명하였다. 이제부터는 물건(物件)의 법에 관하여 고찰하고자 한다. 물건은 지배할 수 있는 것이거나 지배할 수 없는 것이 있다.

신법에 속하는 물건과 인법에 속하는 물건

물건의 기본적 분류

2. 이와 같이 물건의 최대분류는 두 가지로 나누어진다. 즉 어느 물건은 신법(神法)에 속하고, 어느 물건34)은 인법(人法)에 속하게된다.

---

34) 우리 민법에서는 "물건이란 민법상 물권의 객체가 되는 유체물 및 전기 기타 관리할 수 있는 자연력"이라 하고(제98조), 이를 다시 그 필요에 맞추어 동산과 부동산, 특정물과 불특정물, 원물과 과실 등으로 분류한다.

신법상(神法上) 물건

3. 신법(神法)에는 신성물(神聖物)이나 종교물(宗教物)이 이에 속한다.

신성물, 종교물

4. 신성물(神聖物; res sacrae)이라 함은 하늘의 신들에게 바치는 물건이고, 종교물(宗教物; res religiosae)이라 함은 지하의 신들에게 바치는 물건이다.

5. 그러면서도 신성물은 로마 국민의 권위(權威)에 의하여, 예를 들면 봉납(奉納)에 관하여 법률이 의결되거나 또는 원로원의결이 내려져 바치는 물건이라고 생각된다.

6. 이에 대하여 만일 우리가 사망자의 장례를 치르는 의무가 있어서, 어느 사망자를 묘지에 매장하게 되면, 그곳은 우리의 의사(意思)에 의해 종교물로 된다.

7. 그렇지만 일반적인 견해에 의하면 속주의 토지는 종교물로 되지 않는다. 왜 그러냐 하면 속주에서의 토지소유권은 로마국민이나 황제에게 속하는 것이고, 각 사람은 단지 점유(占有) 혹은 용익권(用益權)을 가지고 있을 뿐이라고 생각하기 때문이다. 그러나 그것은 종교물 그 자체는 아니지만 역시 종교물과 같은 것이라고 보게 된다.

7a. 또한 속주에서 로마국민의 권위에 의하지 않고 바치는 물건도 그 자체 신성물은 아니지만, 그냥 그대로 그것은 신성물과 같은 것으로 치게 된다.

신호물(神護物)

8. 신호물(神護物; res sanctae), 예를 들면 성벽이나 성문도 일정한 의미에서 신법(神法)에 속한다.

인법상(人法上) 물건

9. 그런데 신법(神法)에 속하는 물건은 어느 사람의 재산에도 속하지 않는다. 이에 대하여 인법(人法)에 속하는 물건은 일반적으로 어느 사람의 재산에 속한다. 그런데 그것이 어느 사람의 재산에도 속하지 않는 것이 있다. 왜 그러냐 하면 상속재산은 어느 사람이 상속인으로 되기 전까지는 어떠한 사람의 재산에도 속하지 않기 때문이다.

9a. ·································· (베로나 사본에서는 약 8행 판독불능) ·································· 주인으로부터 ········
··································.

공유물(公有物)과 사유물(私有物)

10. 그런데 인법(人法)에 속하는 물건은 공유물(公有物) 또는 사유물(私有物) 중의 어느 하나이다.

11. 공유물(公有物; res publicae)은 어느 사람의 재산에도 속하지 않는 것으로 생각한다. 왜냐하면 일정한 사람 전체 모두에게 속하는 것으로 생각되기 때문이다. 사유물이란 개개의 인간에게 속하는 물건이다.

유체물과 무체물

12. 다시 어느 물건은 유체물(有體物)이고, 어떤 물건은 무체물(無

體物)이다.

13. 유체물(res corporals)이라 함은 접촉할 수 있는 물건이고, 예를 들면 노예, 의복, 금(金), 은(銀), 그리고 기타 셀 수 없이 많은 물건이다.

14. 무체물(res incorporales)이라 함은 접촉할 수 없는 물건이다. 권리로부터 생겨나는 것, 예를 들면 상속재산(相續財産), 용익권(用益權), 여러 가지 방식으로 결합된 채권채무관계와 같은 것이 그것이다. 상속재산 중에 유체물이 포함되는 것, 토지로부터 취득된 과실이 유체물인 점, 그리고 어떠한 채권채무관계에 의해 우리에게 귀속하는 것이 대부분인, 예를 들면 토지, 노예, 화폐와 같은 유체물이라는 것은 중요하지 않다. 왜냐하면 상속 그 자체, 사용수익권 그 자체, 그리고 채권 그 자체는 무체물이기 때문이다. 건물용지역권(建物用地役權)과 농업용지역권(農業用地役權)도 이에 속한다. ………… ……………… 높이 건설하고, 이웃의 ……………………… ……… 이웃사람에게 채광(採光)이 차단되지 않도록 높이 건설하지 않아야 하는 책무 …………………………… 부지(敷地)에 …… ………………………… 도수권(導水權) …….

수중물(手中物)과 비수중물(非手中物)

14a. ………… 혹은 수중물(手中物)이고, 혹은 비수중물(非手中物)이다. 수중물은 ………… 마찬가지로 이탈리아의 토지에 있는 건물 ……………………………………………………………… ………………… 건물용지역권은 비수중물이다.

15. 마찬가지로 원로원관할의 납세공부지(納稅貢賦地; stipendiaria

praedia)와 원수관할의 납세의무지(納稅義務地; tributaria praedia)도 비수중물(非手中物; res nec mancipi)이다. 그렇지만 ·················
···
수중물이라고 서술한 것은 ···
··· 만들어지게 되면 즉시 수중물로 된다고 생각한다. 그렇지만 네르바(Nerva)35)와 프로쿨루스(Proculus),36) 기타의 반대학파의 여러 학자들은 그러한 것들은 키워가면서 길들여진 경우 이외는 수중물이 아니라고 생각한다. 여기서 이것들이 너무나 거칠고 사납기 때문에 키워서 길들이기 어려운 경우에는, 관례상 키워서 길들이는 데 필요한 연한에 달한 시점에서 수중물(手中物; res mancipi)이 되는 것으로 보아야 하는 것으로 생각한다.

16. 같은 방식으로 예를 들어 곰과 사자와 같은 야수도 비수중물이고, 대체로 짐승에 속하는 것으로 치는 동물, 예를 들면 코끼리와 낙타도 마찬가지이다. 그러므로 이러한 동물이 멍에나 안장에 의하여 길러 길들여지는 것이 관례라 하더라도 그것은 그다지 중요하지 않다. 왜 그러냐 하면 어느 것이 수중물인지 어느 것이 비수중물인

---

35) Marcus Cocceius Nerva(기원후 30년-98년)로, 로마의 황제(기원후 96년-98년 재위)였으며, 티베리우스 황제 시대의 법학자이다. 5현제(五賢帝) 중 한 사람이었으며, 두 번의 통령을 지내고(기원후 71년, 90년), 도미티아누스 황제가 살해된 후 원로원의 추대로 고령에 즉위하여, 자녀가 많은 시민에게 토지를 주고, 부유한 집의 자녀 교육을 위해 국가기관을 설치하여 민생을 안정시켰다. 또한 우편비용을 국가부담으로 하고, 로마시의 곡물분배제, 수도의 정비 등 많은 업적을 남겼다. 기원후 97년에는 트라야누스를 양자로 삼고, 전권(全權)을 위임, 이후 원수의 지위계승법의 선례를 만들었다.

36) 고대 로마 법학자로 로마법의 해석을 위한 특유의 전통을 세웠다. 그의 추종자들은 그를 뒤좇아 Proculiani 또는 Proculeans로 알려졌다.

지라고 하는 것이 정해지던 시대에는, 그러한 것의 이름조차 알려져 있지 않았기 때문이다.

17. 또한 농업용지역권(農業用地役權)을 제외하고서 무체물인 것은 거의 모두 비수중물이다. 실제로 이러한 역권(役權; servitus)[37]은 무체물에 속하더라도 수중물이라고 규정되어 있다.

수중물과 비수중물의 구별
18. 그런데 수중물과 비수중물은 큰 차이가 있다.

물건의 개별취득

시민법상의 취득

비수중물의 인도
19. 즉 비수중물은 그것이 유체물이고, 그렇기 때문에 인도(引渡; traditio)할 수 있는 경우에 한하고, 인도해 넘기는 것만으로 법상 완전하게 상대방의 것으로 된다.

20. 따라서 어떤 사람이 매각(賣却)을 원인으로 하여, 혹은 증여

---

37) 로마법상 역권에는 타인의 부동산에 대한 권리로서, 요역지의 편익을 위한 승역지소유권의 제한 또는 부담을 주는 부동산역권(不動産役權)과 특정한 부동산의 편익을 위한 권리가 아닌 특정인을 위한 제도인 인역권(人役權)이 있다. 부동산역권에는 지역권과 건물역권으로 구성되어 있다. 또한 인역권에는 용익권, 사용권, 거주권, 노예와 동물의 사역권(使役權), 과실취득권, 불규칙역권(不規則役權)이 있다.

(贈與)를 원인으로 하여, 혹은 그 이외의 어떠한 원인에 의하여 의복이나 금이나 은을 상대방에게 인도하는 경우에는, 그 사람이 그 물건의 소유자이기만 하면 그 물건은 즉시 상대방에게 귀속한다.

원로원관할의 납세공부지와 원수관할의 납세의무지

21. 속주(屬州)의 토지도 마찬가지로 비수중물이다. 그중의 어느 것은 원로원관할(元老院管轄)의 납세공부지 혹은 원수관할(元首管轄)의 납세의무지라고 부른다. 원로원관할의 납세의무지라고 하는 것은 로마국민의 고유한 것이라고 인정되는 속주에 있는 토지이다. 원수관할의 납세의무지라고 하는 것은 원수에게 고유한 것이라고 생각되는 속주에 있는 토지이다.

악취행위 및 법정양도

22. 이에 대하여 수중물이라 함은 악취행위(握取行爲; mancipatio)에 의하여 타인에게 이전되는 물건이다. 이로부터 수중물이라 불리게 된 것이다. 그렇지만 악취행위에 적합한 것은 마찬가지로 법정양도(法廷讓渡; in iure cession)에도 적합하다.

23. 그리고 악취행위가 어떻게 행해지는지에 관하여는 제1권에서 설명하였다.

법정양도방식

24. 그런데 법정양도는 다음과 같이 행해진다. 즉 로마국민의 정무관(政務官), 예를 들면 법무관(法務官)의 면전에서 물건을 법정양수하게 되는 사람이 그 물건을 잡고 "이 노예가 퀴리테스(Quirites)권에 의해 내 것이라고 선언한다"라고 말한다. 이 사람이 소유권을 주장한 후, 이어서 법무관이 양도인에게 대하여 소유권의 반대주장을 할

것인지 여부를 묻는다. 질문을 받은 사람이 부정하거나 침묵하면 법무관은 그때 소유권을 주장한 사람에게 그 물건을 넘겨준다. 그리고 이것은 법률소송(法律訴訟)이라고 부른다. 법정양도는 속주에서도 속주장관의 면전에서 행해질 수 있다.

25. 그러나 일반적으로 대부분의 경우 우리는 악취행위를 하게 된다. 왜 그러냐 하면 친구의 동석(同席) 하에 개별적으로 할 수 있는 것을 법무관의 면전이나 속주장관의 면전에서 훨씬 까다로운 방법으로 할 필요가 없기 때문이다.

26. 그렇지만 비수중물이 악취행위에 의하여 양도되지 않고, 또한 법정양도도 하지 않게 되면 ……………………………………………………
…………………………………………………… (베로나 사본에서는 6행 판독불능) ……………………………………………
……………………………………………………………………………………
……………………………………………………………………………………
……………………………………………………………………………………
……………………………………………………………………………………
……………………………………………………………………………………
……………………………………………………………………………………
…………………………………………… .

이탈리아 토지와 속주의 토지

27. 마찬가지로 …………………………………………………………
……………………………………………… (베로나 사본에서는 4행 판독불능)………………………………………………………………
……………………………………………………………………………………

·················(베로나 사본에서는 7행 판독불능) ·················
··
··
··
··
··
··
··
··
··
··
··
··
····················· 이탈리아의 토지는 수중물이고, 속주
의 토지는 비수중물이다. ···
··
··
···························.

무체물의 취득방법
28. 무체물을 인도할 수 없는 것은 확실하다.

로마시내와 교외의 토지에 대한 양도방법
29. 그렇지만 로마시내의 토지의 권리는 법정에서만 양도할 수
있다. 이에 대하여 교외(郊外)의 토지의 권리는 악취행위에 의해서도
양도할 수 있다.

용익권의 양도방식

30. 용익권(用益權; ususfructus)[38])은 법정양도에 의해서만 설정된다. 즉 소유자는 타인에게 용익권을 법정양도할 수 있고, 그 결과 후자는 용익권을 가지고 소유자 자신은 허유권(虛有權)을 가지는 것으로 된다. 용익권자 자신이 소유자에게 용익권을 법정양도함으로써 용익권은 용익권자로부터 벗어나게 되고 완전한 소유권이 복귀하게 된다. 이에 대하여 타인에게 법정양도하는 경우에는 용익권자는 그대로 자신의 권리를 견지한다. 왜냐하면 그러한 법정양도에 의하여 어떠한 효과도 발생하지 않는다고 생각하기 때문이다.

31. 물론 이것은 이탈리아의 토지에 관하여도 그대로 들어맞는다. 왜 그러냐 하면 그 토지 자체에 관하여 악취행위와 법정양도를 인정하고 있기 때문이다. 이에 대하여 속주의 토지에서 어느 사람이 용익권, 통행권, 축력짐차통행권[家畜荷車通行權],[39] 도수권(導水權), 건물을 높게 지을 수 있는 권리, 이웃의 채광을 방해해지 않게 건물을 높이 짓지 않아야 하는 책무, 기타 유사한 권리를 설정하려고 희망하는 경우에는 무방식(無方式)의 합의(合意) 및 문답계약(問答契約)에 의해 그러한 효과를 발생시킬 수 있다. 왜 그러냐 하면 그러한 토지 자체에 관해서는 악취행위 혹은 법정양도를 인정하고 있지 않기 때문이다.

---

38) 로마법상 용익권은 타인의 물건에 대한 제한물권인 타물권(他物權; iura in re aliena) 중 하나로, 물건의 실질을 변경 · 손상시킴 없이 타인의 물건을 사용 · 수익할 수 있는 권리를 말한다. 현행 우리 민법에서의 용익권은 타인의 물건 위에 성립하는 권리이므로 타물권이라고도 하며, 지상권 · 지역권 · 전세권의 세 가지가 있다.

39) 가축이 끄는 수레의 통행권이다.

32. 그렇지만 노예나 기타의 동물에 관해서는 용익권을 설정할 수 있는데, 이러한 용익권은 속주에서도 법정양도에 의해서 설정할 수 있다고 이해해야만 하는 것이다.

33. 그런데 소유권을 악취행위에서 양도할 때에 용익권을 공제할 수 있기 때문에 악취행위에 의해서도 용익권을 설정할 수 있는 것이라 하겠고, 용익권이 법정양도만으로 설정된다고 앞에서 서술한 것은 그렇게 해야 할 이유도 없고, 따져봐야 할 만한 것도 아니다. 왜냐하면 용익권 자체가 악취행위에 의하여 양도되는 것이 아니라 소유권을 악취행위로 양도할 때 용익권이 공제되기 때문에, 용익권은 어느 사람 아래에 있고 소유권은 다른 사람 아래에 있는 것으로 되기 때문이다.

상속재산의 양도방법

34. 상속재산(相續財産)에 관하여도 법정양도만 인정된다.

35. 즉 유언에 의하지 않고 법률에 따라 상속재산을 취득하는 사람이 상속승인(相續承認)를 하기 이전, 결국 상속인으로 되기 전에 상속재산을 법정에서 타인에게 양도하는 경우에는, 법정에서 양도를 받은 사람이 마치 법률에 의하여 상속에 소환된 것처럼 상속인이 된다.[40] 이에 대하여 상속승인 후에 상속인이 상속재산을 양도하는 경우에는 양도인은 그대로 상속인으로 존속하므로 채권자에 대하여

---

[40] 우리 민법상 상속분의 양도를 인정하고 있으므로 상속분의 양수인은 상속인과 같은 지위에 서게 된다. 이러한 상속분의 양도는 상속개시 후부터 상속재산 분할 전까지 공동상속인은 상속재산 전체에 대한 자기의 상속지분을 자유로이 양도할 수 있으며(제1011조), 상속채무에 관해서 양수인은 상속채무를 병존적·중첩적으로 인수하는 것으로 해석하고 있다.

책임을 부담한다. 그렇지만 상속재산에 끼게 될 채무는 소멸하고, 이렇게 하여 채무자는 이익을 얻게 된다. 이에 대하여 상속인의 상속재산 중 유체물(有體物)은 마치 그 하나하나가 법정양도하게 되는 것처럼 상속재산이 양도받게 되는 사람에게로 이전한다.

36. 그런데 유언(遺言)에 의한 지정상속인이 상속승인(相續承認; aditio hereditatis) 이전에 상속재산을 법정에서 타인에게 양도하더라도 아무런 효과도 발생하지 않는다. 이에 대하여 상속승인 후에 양도를 하게 되면, 앞에서 설명한 것, 즉 유언에 의하지 않고 법의 규정에 따라 상속재산을 취득하는 사람이 상속승인 후에 법정양도하는 경우에 관하여 설명한 예가 발생한다.

37. 반대학파의 여러 학자들은 마찬가지의 것을 필연상속인(必然相續人; heredes necessarii)에 관해서도 생각한다. 왜냐하면 어느 사람이 상속을 승인함으로써 상속인이 되든지, 그렇지 않고 그 의사에 반해서까지 상속인으로 되는지는 차이가 없다고 생각하기 때문이다. 그 차이가 어떤 것인가는 그 해당하는 곳에서 확실히 밝히기로 한다. 그렇지만 우리 학파의 여러 학자들은 필연상속인이 상속재산을 법정양도(法廷讓渡)하더라도 아무런 효과도 발생하지 않는다고 생각한다.

채권채무의 이전

38. 채권채무관계는 어떠한 방법으로 체결된 것이든지 악취행위, 법정양도, 인도의 그냥 그대로 이전할 수 없다. 즉 어느 사람이 다른 개인에게 부담하고 있는 채무를 특정 상대방에 대하여 부담하는 것으로 하고자 다른 개인이 바라는 경우에는, 유체물을 타인에게 양도하는 어떠한 방법으로도 그 개인은 이것을 할 수 없게 되어 있고, 다

만 그렇게 함에는 그 개인의 지시에 의해 상대방이 어느 사람과 요약(要約)하는 것만으로 할 수 있다. 그 결과 그 채무자는 다른 사람에게서 해방되고 상대방에게 구속되는 것으로 된다. 이것을 채권채무관계의 경개(更改)라고 말한다.

39. 이에 대하여 경개[41]가 이루어지지 않으면 상대방은 자기의 명의로 소송을 할 수 없는 것이고 상대방은 다른 개인의 명의로, 마치 그 개인의 소송대리인(訴訟代理人) 또는 위탁사무관리인(委託事務管理人)으로서 소송을 하지 않으면 안 된다.

두 가지의 소유권

40. 다음으로 외인(外人)에 있어서는 소유권은 하나임에 주의하여야 한다. 즉 어느 사람은 소유자이거나 혹은 소유자가 아니라고 이해하여야 한다. 예전에는 로마국민도 이러한 법을 시행했다. 왜냐하면 퀴리테스(Quirites)권에 의하여 어느 사람은 소유자이거나 혹은 소유자가 아니라고 이해하여야 했기 때문이다. 그런데 후에 소유권에 구별이 인정되고 그로 인해 어느 사람은 퀴리테스권에 근거하여 소유자가 될 수 있고, 어느 사람은 재산으로 가질 수 있게 되었다.

---

41) 로마법상 경개(novatio)란 기존의 채무관계가 새로운 채무관계로 변경되는 것을 말하며, 이로 인해 구채무가 소멸하고 새로운 채권이 성립하는 것이다. 우리 민법상 이 규정을 이어받아 경개는 채권의 소멸원인의 하나로 되어 있으며(민법 제500조 내지 제505조), 그 계약적 특성은 현실적 급부를 요소로 하지 않고 단지 급부할 새로운 채무를 발생시키는 낙성계약이며, 특별한 방식을 요하지 않는 불요식계약이고, 성질상 당연한 유상계약이며, 신채무의 성립을 원인으로 하는 유인계약이다.

사용취득

41. 즉, 어느 사람이 상대방에게 수중물을 악취행위에 의하여 양도하지 않고 법정에서 양도하지도 않은 채 그대로 인도하는 때에는, 그 물건은 상대방의 재산 중에 들어가지만, 상대방이 그 물건을 점유하여 사용취득하기까지는 퀴리테스(Quirites)권에 의하여 어느 개인의 것으로 남아 있게 된다. 왜냐하면 일단 사용취득(使用取得; usucapio)이 완성하더라도 법상 완전하게, 즉 마치 그 물건이 악취행위에 의하여 양도되거나 법정양도되는 것처럼 재산 중에 있으면서, 그와 함께 퀴리테스권에 의하여 상대방의 것으로 되기 때문이다.42)

사용취득완성의 기간

42. 그런데 사용취득은 동산에 관해서는 1년 토지 및 건물에 관해서는 2년으로 완성한다. 12표법에 이와 같이 규정되어 있다.

사용취득의 대상

43. 더구나 수중물이든지 비수중물이든지, 소유자가 아닌 사람한테서 어느 개인에게 인도된 물건의 사용취득까지 인정된다. 그렇기는 하지만 선의(善意; bona fide)로, 즉 인도하는 사람을 소유자로

---

42) 현행 민법에서 취득시효라 함은 타인의 물건에 대하여 일정기간 권리를 행사하고 있는 것 같은 외관을 계속하는 경우에 그 권리를 인정해주는 것으로, 부동산소유권의 취득시효에 관해서는 제245조 제1항의 점유취득시효와 동조 제2항의 등기부취득시효의 두 가지를 인정하고 있다. 또한 제246조에서는 동산소유권의 취득시효를 규정하고 있다. 부동산의 점유취득시효는 20년간 소유의 의사로 평온, 공연하게 부동산을 점유하고 등기함으로써, 등기부취득시효는 소유자로 등기한 후 10년간 소유의 의사로 평온, 공연하게 선의, 무과실로 부동산을 점유한 때에 소유권을 취득한다. 그리고 동산소유권의 취득시효에 관해서는 10년간 소유의 의사로 평온, 공연하게 점유하는 경우와 점유 개시한 때 선의, 무과실로 5년간 소유의 의사로 평온, 공연하게 점유하는 경우에는 소유권을 취득한다.

믿고 수령한 경우에 한한다.

사용취득제도와 기간의 취지

44. 이것은 물건의 소유자가 장기간 불확정인 상태로 되지 않도록 하기 위하여 인정된 것으로 생각된다. 점유자에게 인정되었던, 사용취득을 하게 되는 기간인 1년 또는 2년의 기간은 소유자가 자신의 물건을 찾아 내는 데 충분하기 때문이다.

도품 또는 폭력으로 점유한 물건에 대한 사용취득

45. 그렇지만 어느 사람이 아무리 선의로 타인의 물건을 점유하고 있더라도 그 사람을 위하여 사용취득이 완성하지 않는 경우가 있다. 예를 들면 어느 사람이 도품 혹은 폭력에 의하여 차지한 물건을 점유하고 있는 경우이다. 왜냐하면 도품에 관해서는 12표법이, 폭력에 의하여 점유하게 된 물건에 관해서는 율리우스 법(lex Julia)[43]과 플라우티우스 법(lex Plautia)[44]이 사용취득을 금지하고 있기 때문이다.

속주토지에 대한 사용취득

46. 또한 속주의 토지에 관해서도 사용취득은 인정되지 않는다.

47. 마찬가지로 이전에는 종족원(宗族員)의 후견에 따랐던 여성의 수중물도 후견인의 호후설정(護後設定)에 의하여 그 여자 자신으로부터 인도된 경우를 제외하고는 사용취득할 수 없었다. 이것도 12표법에 의하여 규정되어 있다.

---

43) 카에사르 또는 아우구스투스에 의하여 제정된 「폭력에 관한 율리우스 법(lex Julia de vi)」을 말한다.

44) 국가 또는 개인에 대한 범죄(폭력)에 관한 최초의 법률로서 기원전 78-63년 사이에 제정된 것으로 추정된다.

자유인, 신성물, 종교물의 사용취득

48. 또한 자유인(自由人)과 신성물(神聖物)과 종교물(宗敎物)도 사용취득할 수 없는 것은 확실하다.[45)]

49. 도품(盜品)의 사용취득과 폭력에 의하여 점유된 물건의 사용취득이 12표법에 의하여 금지되어 있었다고 일반적으로 말하는 것은 절도범 자신 혹은 폭력에 의하여 점유한 사람 자신이 사용취득할 수 없다고 하는 것을 의미하는 것은 아니다(그러한 사람에게는 다른 이유에 의하여 사용취득이 인정되지 않는다. 즉 확실하게 악의로 점유하고 있기 때문이다). 오히려 그 사람에게서 선의로 매수하였다 하더라도 제3자는 사용취득할 권리를 가지지 못한다는 것을 의미한다.

50. 따라서 동산(動産)에 관하여 선의의 점유자에게 사용취득이 인정되는 경우는 거의 발생하지 않는다. 왜 그러냐 하면 타인의 물건을 매각하여 인도한 사람은 절도를 범한 것이기 때문이다. 똑같은 일은 다른 원인에 의하여 타인의 물건이 인도되는 경우에도 발생한다. 그렇지만 이것이 때로는 그대로 들어맞지 않는 경우도 있다. 즉 사망자에게 사용대차된 물건, 임대차된 물건, 사망자에게 임치된 물건을 상속인이 상속재산의 일부라고 생각하여 매각하거나 증여한

---

45) 물건을 일정기간 다툼 없이 계속 점유한 자는 이 물건에 대해 소유권을 취득할 수 있게 하는 것을 취득시효에 의한 소유권취득이라 한다. 이에는 사용취득(usucapio)과 장기점유의 전가문(longi temporis praescriotio)이 있었다. 취득시효에 관한 입법례를 살펴보면, 독일 민법은 소멸시효만을 총칙에 규정하고 취득시효는 물권취득의 원인으로서 물권편에 규정하고 있다. 프랑스 민법은 취득시효와 소멸시효를 통일적으로 규정하고 있다. 한국의 구민법은 프랑스 민법에 따랐으나, 현행 민법(제245조, 제246조, 제248조)은 독일 민법례를 채택하고 있다. 이 시효에 의하여 취득하는 권리는 이전의 소유자의 권리를 계승한 승계취득이 아니라 원시취득이다.

경우에는, 상속인은 절도를 범한 것이 아니다. 또한 여자노예의 용익권을 가지는 사람이 여자노예의 자녀까지도 자신에게 속한다고 믿고 매각하거나 증여한 경우에도 그 사람은 절도를 범한 것이 아니다. 왜냐하면 절도는 물건을 훔칠 의사(意思)가 없으면 범할 수 없기 때문이다. 기타 방법으로도 어느 사람이 절도의 악의 없이 타인의 물건을 제3자에게 이전하여, 그로 인해 점유자로 하여금 사용취득하게 되는 경우가 발생하기도 한다.

51. 혹은 소유자의 태만에서, 혹은 소유자가 상속인 없이 사망하거나, 또는 장기간 부재이기 때문에 아무도 점유(占有; possessio)하고 있지 않는 타인 토지의 점유에 관해서도 어느 사람이 폭력에 의하지 않고 이것을 취득하는 경우가 있다. 이 사람이 점유를 다른 선의의 수령자(受領者)에게 이전한 경우 그 점유자는 사용취득할 수 있다. 또한 설령 아무도 점유하고 있지 않은 토지의 점유를 취득한 사람 자신이 그 토지가 타인의 것임을 알고 있다 하더라도 이것이 선의의 점유자의 사용취득을 결코 방해하는 것은 아니다. 왜 그러냐 하면 토지는 도품이 될 수 있다고 생각해 온 사람들의 견해가 부인되고 있기 때문이다.

상속인으로서의 점유와 사용취득

52. 이에 대하여 반대로 타인의 물건이라는 것을 알면서 스스로 점유한 사람이 사용취득하는 경우가 있다. 예를 들면 상속인이 아직 점유를 취득하고 있지 않은 상속재산에 속하는 물건을 어느 사람이 점유한 경우이다. 결국 그것의 사용취득이 허용되는 물건이라고 하면 이 사람이 사용취득하는 것이 인정된다. 이러한 종류의 점유와 사용취득은 상속인으로서의 점유와 사용취득이라고 부른다.

53. 그리고 이 사용취득은 토지도 1년으로 사용취득된다고 하게까지 되었다.[46]

54. 그런데 왜 이 경우에 토지의 사용취득도 1년이라고 했던 것인가? 그 이유는 다음과 같다. 즉 이전에는 상속재산에 속한 물건의 점유에 의하여 마치 상속재산 자체가 명확하게 1년으로 사용취득된다고 생각하고 있었다고 하는 점이다. 왜냐하면 12표법은 토지에 관해서는 2년, 기타 물건에 관해서는 1년으로 사용취득된다고 규정했기 때문이다. 그러므로 상속재산은 토지에 속하지 않고 유체물에도 속하지 않으므로 기타 물건에 포함된다고 여겼던 것이다. 그리고 후에는 상속재산 자체에 관하여는 사용취득할 수 없다고 생각하였던 것이지만, 상속재산에 속하는 각각의 물건에 관해서는 설령 그것에 토지가 포함되어 있더라도 그에 관계없이 1년의 사용취득이 그대로 이어져 왔다.

55. 그런데 이처럼 너무나도 지나친 점유(占有)와 사용취득(使用取得)이 왜 인정되었던 것인가? 그 이유는 다음과 같다. 즉 각 시대 당시에 아주 존엄하게 받들어 모시던 제사(祭祀)를 모시는 사람을 끊어지지 않도록, 또한 채권자가 그의 재산을 취득할 수 있는 상대방이 이어지도록 고법학자(古法學者)들은 상속재산이 즉시 상속되는 것을 원했다고 하는 점이다.

56. 여기에 이러한 종류의 점유와 사용취득은 이득의 점유와 사용취득이라고도 부른다. 왜 그러냐 하면 각각 타인의 물건이라는 것

---

46) 12표법시대 이후 취득시효기간은 토지는 2년, 동산은 1년이었다. 그러나 유스티니아누스(Justinianus) 황제시대 이후 취득시효기간은 동산은 3년, 부동산은 현재자의 경우 10년, 부재자의 경우에는 20년으로 바뀌었다.

을 알면서 그것에서 이득을 취하게 되기 때문이다.

57. 그렇지만 작금에는 그것은 더 이상 이득의 점유와 사용취득이 아니다. 왜 그러냐 하면 하드리아누스(Hadrian)의 제안에 근거하여 원로원의결이 이루어지고 나서는 이러한 사용취득은 폐지되었기 때문이다. 그러므로 상속재산반환의 소를 제기함으로써 상속인은 물건을 사용취득한 사람으로부터 마치 그것이 사용취득되지 않았던 것처럼 돌려받을 수 있다.

58. 그러나 필연상속인(必然相續人)이 있는 경우에는 결코 법상 당연히 상속인으로서의 사용취득은 있을 수 없다.

사용재취득

59. 게다가 다른 원인에 근거하여 어느 사람이 타인의 물건인 것을 알면서 사용취득하는 경우가 있다. 즉 어느 사람에게 신탁을 원인으로 하여 물건의 소유권(mancipium)을 넘겨주거나, 또는 법정양도한 사람이 직접 동일한 물건을 점유한 경우에는 그것이 토지의 경우까지도 명확하게 1년으로 사용취득할 수 있다. 그리고 이러한 사용취득은 이전에 소유하고 있던 것을 사용취득으로 다시 한 번 손에 넣게 된 것이기 때문에 사용재취득(使用再取得; usureceptio)이라고 한다.

60. 그렇지만 신탁(信託; fiducia)은 채권자와의 사이에서 질입(質入)의 법에 따라서 혹은 친구와의 사이에서 어느 개인의 물건을 그의 지배 아래 좀 더 안전하게 하기 위하여 체결된다. 그리고 친구와의 사이에 신탁이 체결된 때는 어떠한 경우에도 틀림없이 사용재취득이 성립한다. 이와 달리 채권자와의 사이에 체결된 때에는, 금전이 변제된 후라면 사용재취득은 언제든지 성립하지만, 아직 변제되지

않았으면 채무자가 채권자로부터 그 물건을 임차한 것도 아니고, 또한 그 물건을 점유하는 것을 허가해 달라고 간청(懇請)하지도 않은 경우(precario)에만 성립한다. 이 경우에는 이득의 사용재취득이 성립하는 것이다.

61. 마찬가지로 로마국민이 자신에게 담보로 제공한 물건을 매각하고, 그 물건의 소유자가 그것을 점유하는 경우에도 사용재취득이 인정된다. 그렇지만 이 경우 토지는 2년으로 사용재취득된다. 그리고 이것이 토지경매(土地競買)에 의하여 점유가 사용재취득된다고 일반적으로 말하는 경우이다. 왜 그러냐 하면 국민으로부터 매수한 자는 토지경매인(土地競買人)이라고 부르기 때문이다.

양도권

62. 소유자가 물건을 양도할 권력을 갖지 않는 경우, 또한 소유자가 아닌 사람이 양도할 수 있는 경우가 있다.

가자에 대한 남편의 양도

63. 즉 가자(嫁資)인 토지가 혼인밑천을 원인으로 하여, 혹은 악취행위에 의하여 양도되어, 혹은 법정양도(法廷讓渡)되거나, 혹은 사용취득에 의하여 남편 자신의 것이 되더라도 남편이 처의 의사에 반하여 이것을 양도하는 것은 율리우스 법(lex Julia)47)에 의하여 금지되어 있다. 이 법이 이탈리아의 토지에 관하여만 적합한 것인지 속주의 토지에도 적합한 것인지는 의심스럽다.

---

47) 기원전 18년에 제정된 「간통에 관한 율리우스 법(lex Julia de adulteriis)」을 말한다.

정신착란자의 물건에 대한 보좌인의 양도

64. 이와 반대로 정신착란자의 종족원인 보좌인(保佐人)은 12표법에 근거하여 정신착란자의 물건을 양도할 수 있다. 마찬가지로 위탁사무관리인(委託事務管理人)도 ………………………………… 양도할 수 있다. 또한 채권자는 설령 이 물건이 그의 것이 아니라 하더라도 특약에 근거하여 질물(質物)을 양도할 수 있다. 그렇지만 이것은 아마도 다음과 같은 이유에 의해 행해지는 것으로 생각된다. 즉 질물(質物)이 채무자의 의사에 의해 양도되는 것이고, 그 사람은 미리 금전이 변제되지 않는 경우에는 채권자가 질물을 매각할 수 있는 것으로 약속하고 있었다고 이해된다.

자연법상의 취득

미성년자의 물건의 양도

65. 그러므로 앞에서 설명한 사실에서 다음과 같은 것이 명확하다. 즉 어느 물건은 자연법(自然法)에 의해 양도된다. 예를 들면 인도(引渡)에 의하여 양도할 수 있게 되는 물건이 그것이다. 또한 어느 물건은 시민법(市民法)에 의하여 양도된다. 왜냐하면 악취행위와 법정양도와 사용취득에 관한 법은 로마인들에게 고유한 것이 되어 왔기 때문이다.

선점에 의한 소유권취득

66. 그렇지만 인도에 의하여 사람들의 것으로 되는 물건만이 자연의 이치(理致)에 의해 사람들에게 취득되는 것은 아니고, 종래 어느 누구에게도 귀속하지 않았던 것을 이유로 ………………… 선점(先占; occupatio)에 의해서도 ………………… 사람들은 취득한다. 예를 들면 지상(地上), 해상(海上), 공중(空中)에서 포획되는

물건 모두가 그러하다.

무주물선점

67. 따라서 사람들이 야수 또는 조류 또는 물고기를 ………
…………… 이치(理致)에 의해 사람들에게 취득되는 것은 아니고,
그것보다도 이전에 어느 누구의 것도 아니었다는 점을 이유로
……………… 선점(先占)에 의해서도 ………………… 경
우 ………… 포획된 …………………………………………
그것이 사람들의 관리하에 있는 한, …………… 사람들의 것이라고
이해된다. 이에 대하여 사람들의 관리에서 벗어나 자연상태로 돌아
간 경우, 그것은 어느 사람의 것도 아니기 때문에 다시 선점자(先占
者)의 것으로 된다. 그런데 우리의 시계(視界)에서 사라지거나 시계
안에 있더라도 그 추급이 곤란한 경우, 그것은 자연상태로 돌아간 것
으로 치게 된다.

귀소본능을 지닌 동물에 대한 무주물선점

68. 그런데 습성에 의하여 날아갔다가 되돌아오는 것을 습관으
로 하는 동물, 예를 들면 비둘기나 꿀벌의 경우, 마찬가지로 숲속에
들어갔다 돌아오는 것을 버릇으로 하는 수사슴의 경우에도, 그러한
것들이 돌아오는 의사를 갖지 못하게 되면, 어느 사람의 것임은 끝나
고 선점자의 것으로 된다고 하는 예로부터의 규칙이 있다. 그런데
돌아오는 의사(意思)는 돌아오는 습성을 떨쳐버리는 때에 잃게 되는
것으로 본다.

전리품의 무주물선점

69. 적(敵)으로부터 약탈한 물건도 또한 자연의 이치(理致)에 의
하여 어느 사람의 것으로 된다.

부동산에의 부합

70. 첨착작용(添着作用)에 의하여 부가되는 물건도 같은 법에 의해 각 사람에게 귀속한다. 여기에 물 흐름이 어느 사람의 토지에 조금씩 옮겨 나르는 물건, 즉 어느 한 시점에서는 얼마만큼이나 부가되는지에 관하여 판단할 수 없을 정도로 조금씩 덧붙여지는 물건은 첨착작용에 의해 부가된다고 생각한다. 이것이 눈에 띄지 않을 정도로 조금씩 부가되는 물건이 첨착작용에 의해 부가된다고 일반적으로 말하는 경우이다.

71. 따라서 물 흐름이 상대방 토지의 일부를 무너뜨려, 어느 개인의 토지로 옮겨온 경우 그 부분은 그대로 상대방의 것이다.

72. 그렇지만 만일 강(江) 중앙부에서 섬이 생긴 경우에 이것은 강 양 쪽으로 강변에 접하여 토지를 점유하는 모든 사람의 공유이다. 이에 대하여 강의 중앙부에 생기지 않은 경우, 가장 가까운 부분에서 강변에 접하여 토지를 가진 사람에게 귀속한다.[48]

---

48) 로마법상 부동산과 부동산의 부합에 관한 처리를 보면 다음과 같다. 첫째, 퇴적토(alluvio)의 부합으로, 내륙의 유수작용으로 형성된 해안과 하천 연안의 완만한 토지증가로 연안토지소유자는 부합된 퇴적지의 소유권을 취득했다. 둘째, 충적토(avulsio)의 부합으로, 급류작용으로 하천연안의 토지가 분리되어 하류연안토지에 부합된 토지는 연안토지소유자가 증가한 토지의 소유권을 취득했다. 셋째, 지각변동(crusta lapsa)의 부합으로, 산사태나 지진 등으로 토지의 일부가 분리되어 타인의 토지에 부합된 경우 이 토지소유자는 부합된 토지의 소유권을 취득했다. 넷째, 하천 중앙에 생긴 섬(insula in flumina nata)으로, 하천의 물이 줄어들거나 충적현상 등으로 하천 정중앙에 섬이 생긴 경우에는 양쪽의 하천토지소유자가 공유로 하며, 정중앙이 아닌 경우에는 인접된 하천토지소유자가 섬을 취득했다. 다섯째, 수로변경(alveus derelictus)으로, 유수작용으로 하천 바닥이 변경되어 새로이 하천 바닥이 형성된 경우 인접된 하천토지소유자는 그의 토지경계에서 중앙수직선에 이르기까지 토지소유권을 취득했다.

타인의 토지에 건축한 경우의 소유권

73. 여기서 다시 어느 사람이 여러 사람의 토지에 건축한 물건은 그 사람이 자신의 명의로 건축하였다 하더라도 자연법(自然法)에 의해 여러 사람의 것으로 된다. 왜냐하면 지상물(地上物)은 토지에 따르기 때문이다(Quia superficies solo cedit).

타인의 토지에 나무를 심은 경우의 소유권

74. 이러한 것은 어느 사람이 여러 사람의 토지에 묘목을 심어 그것이 뿌리내린 경우에도 자주 발생한다.

타인의 토지에 경작물을 재배한 경우의 소유권

75. 어느 사람이 여러 사람의 토지에 씨앗을 뿌린 곡물에 관해서도 동일한 일이 발생한다.

76. 그렇지만 우리가 토지 또는 건물을 이 사람에게 청구하는데 건물, 묘목의 식수 또는 파종에 들어간 비용을 돌려주는 것조차 그가 바라지 않는 경우에는, 그 사람이 적어도 선의의 점유자인 한, 우리를 악의의 항변(exceptio doli)으로 배척할 수 있다.

다른 사람의 종이나 양피지에 글을 쓴 경우의 소유권

77. 같은 이유에서 어느 사람이 다른 어느 개인의 종이[紙]나 양피지에 쓴 것은 설령 금(金)의 문자로 썼더라도 그 개인의 것이라고 인정되었다. 왜냐하면 문자(文字)는 종이 혹은 양피지에 따르기 때문이다(Quia litterae cartulis siue membranis cedunt). 그러므로 글자를 쓴 비용을 보상하지 않고 어느 개인이 이 책과 양피지를 청구하게 되면 악의의 항변으로 배척된다.

다른 사람의 판에 그림을 그린 경우의 소유권

78. 그렇지만 어느 사람이 다른 개인의 판(板)에, 예를 들어 초상화를 그린 경우에는, 반대의 것이 인정된다. 왜냐하면 도리어 판은 그림에 따른다고 하기 때문이다(Magis enim dicitur tabulam picturae cedere). 이 차이에 관하여 그럴듯한 이유는 거의 찾아볼 수 없다. 틀림없이 어느 개인이 점유하고 있는 경우, 이 준칙에 따라 판은 상대방의 것이라고 상대방이 청구하면서 판의 대금을 지불하지 않으면 상대방은 악의의 항변에 의해 배척된다. 이에 대하여 상대방이 점유하고 있는 경우에는, 상대방을 상대로 하는 준소권(準訴權; actio utilis)[49]이 이 개인에게 부여되지 않으면 안 되고, 이것은 이치에 합당하다. 이 경우 어느 개인이 그림의 비용을 지불하지 않으면, 상대방이 선의의 점유자인 한, 상대방은 악의의 항변에 의해 어느 개인을 배척할 수 있다. 상대방 혹은 다른 사람이 판을 절취한 경우, 어느 개인에게 절도소권(竊盜訴權)이 성립하는 것은 그대로 명백하다.

가 공

79. 기타의 사례에서도 자연의 이치가 요구된다. 그러므로 상대방이 어느 개인의 포도나무 혹은 올리브 나무 혹은 이삭으로부터 포도주 혹은 올리브기름 혹은 곡물을 거둔 경우, 그 술 혹은 올리브기름 혹은 곡물은 어느 개인의 것인지, 그렇지 않으면 상대방의 것인지가 문제된다. 상대방이 어느 개인의 금(金)이나 은(銀)으로 어떤 용기(容器)를 만든 경우, 또는 상대방이 어느 개인의 널빤지로 배 혹은 찬장 혹은 의자를 만든 경우도 마찬가지다. 상대방이 어느 개인의 양모로 의복을 만든 경우, 상대방이 어느 개인의 포도주와 벌꿀로 벌꿀

---

49) 시민법상의 소송방식서를 법률상 보호대상이 아닌 법률관계의 당사자에게까지 부여한 경우이다.

주를 만든 경우, 다시 상대방이 어느 개인의 연고(軟膏)로 반창고(絆創膏) 혹은 안연고(眼軟膏)를 만든 경우도 마찬가지로 어느 개인의 물건으로 상대방이 만든 물건이 상대방의 것인지 그렇지 않으면 어느 개인의 것인지가 의문이다. 어느 사람들은 재료가 중요하다고 생각한다. 즉 만들어진 물건은 재료의 소유자에게 속하는 것으로 간주하는데, 주로 사비누스(Sabinus)와 카시우스(Cassius)가 이 입장을 취했다. 이에 대하여 다른 사람들은 물건은 만든 사람에게 속한다고 생각한다. 주로 반대학파의 여러 학자들이 이 견해를 취했다. 그렇지만 그들은 재료의 소유자였던 사람은 훔쳐간 사람을 상대로 하여 절도소권(竊盜訴權)을 가지고, 그리고 다시 후자를 상대로 하여 부당이득반환청구소권(不當利得返還請求訴權; condictio)이 성립한다고 생각했다. 왜 그러냐 하면 소멸해 버린 물건은 회복할 수 없지만, 그래도 여전히 절도범과 기타의 일정한 점유자에 대하여 부당이득의 반환을 청구할 수는 있기 때문이다.

피후견인의 취득

80. 게다가 다음 사항을 주의하지 않으면 안 된다. 즉 여성도 미성숙자도 후견인의 호후설정 없이는 수중물을 양도할 수 없다. 이에 대하여 여성은 비수중물을 양도할 수 있지만 미성숙자는 양도할 수 없다.

81. 그러므로 성숙한 여성이 후견인의 호후설정 없이 타인에게 소비대차(消費貸借)에 의하여 금전을 건네준 경우, 금전은 틀림없이 비수중물이기 때문에 수령자의 것으로 되므로 채권채무관계가 성립한다.

82. 그렇지만 미성숙자가 같은 일을 행한 경우 …………

···················· 수령자의 것으로 되지 않기 때문에 채권채무관계
는 성립하지 않는다. 그러므로 미성숙자는 그 금전이 수령자의 장
악 하에 있게 되면 자기 금전의 반환을 청구할 수 있다. 즉 퀴리테
스(Quirites)권에 의해 그것이 자기의 것이라고 청구할 수 있고
··
··· 그러므로 미성숙자에 관해서는
····························· 소비대차(消費貸借)에 의하여 넘겨준 금전
을 수령자가 ····················· 경우 ·································
····························· 소권(訴權)에 의하여 그것을 추구할 수 있는
지 어떤지가 문제된다.

83. 이에 대하여 수중물, 비수중물을 묻지 않고, 후견인의 호후설
정이 없더라도 여성 및 미성숙자에게 지급하는 것은 가능하다. 왜
그러냐 하면 그들이 각자의 지위를 보다 양호하게 하는 것은 후견인
의 호후설정이 없더라도 할 수 있게 인정되어 있기 때문이다.

84. 그러므로 채무자가 미성숙자에게 금전을 지급하는 경우, 금
전은 미성숙자의 것으로 되는 것은 확실하지만, 채무자 자신이 채무
를 면하게 되지는 않는다. 미성숙자는 후견인의 호후설정이 없더라
도 어떠한 채권채무관계도 소멸시킬 수 없게 되어 있으므로, 어찌되
었든 후견인의 호후설정이 없이는 어떠한 물건의 양도도 허용되어
있지 않기 때문이다. 그렇기는 해도 미성숙자가 그 금전에 의해 이
익을 얻고, 그에 결부하여 소를 제기하면 채무자는 악의의 항변에 의
해서 이를 배척할 수 있다.

85. 이에 대하여 후견인의 호후설정(護後設定)이 없더라도 여성에
게는 유효하게 변제할 수 있다. 즉 앞에서 설명한 바와 같이 여성은

후견인의 호후설정이 없더라도 스스로 비수중물(非手中物)을 처분할 수 있기 때문에 변제한 사람은 채무를 면한다. 그렇기는 하지만 그것은 여성이 금전을 수령하는 경우에 한정된다. 그러나 여성이 수령하지 않았음에도 불구하고 수령했다고 말하고 수령문답계약(受領問答契約)에 의하여 후견인의 호후설정 없이 채무자를 면제(免除; acceptilatio)시키려 한다 하더라도 면제할 수 없다.

권력에 종속되어 있는 사람의 취득

86. 그런데 우리는 각자의 행위에 의해서만이 아니라, 각자의 권력 또는 부권(夫權) 또는 소유권 아래에 있는 사람들을 통해서도 재산을 취득한다. 용익권(用益權)을 가지고 있는 노예를 통해서도 마찬가지이고, 선의로 점유하고 있는 자유인이나 타인의 노예를 통해서도 마찬가지이다. 이러한 사람에 관하여 각각 자세하게 살펴보고자 한다.

87. 그러므로 각 사람의 권력 아래에 있는 비속(卑屬)이나 각 사람의 노예가 악취행위(握取行爲)에 의하여 받거나, 또는 인도에 의하여 취득하는 것 또는 문답계약에 의하여 취득하는 것 또는 다른 원인에 의하여 취득하는 것은 각 사람이 취득하는 것이 된다. 왜냐하면 각 사람의 권력 아래에 있는 사람 본인은 자신의 것을 가질 수 없기 때문이다. 그러므로 비속과 노예가 상속인으로 지정된 경우, 그들은 각 사람의 승인이 없는 한 상속할 수 없다. 또한 각 사람이 명령(命令)에 의하여 상속하게 되면, 우리 자신이 상속인으로 지정된 것처럼 우리가 상속하는 것이 된다. 마찬가지로 유증(遺贈; legatum)이 그들을 통하여 각 사람을 위하여 취득하게 되는 것은 명확하다.

노예가 취득한 재산에 대한 소유권

88. 그러나 다음과 같은 것을 알아야 한다. 즉 어느 사람의 재산에 속해 있는 노예가 퀴리테스(Quirites)권에 의해 다른 사람에게 귀속하는 경우, 노예가 취득한 재산은 어떠한 경우에도 노예를 재산으로 가지는 사람에게 속한다는 점이다.

타인의 행위에 의한 사용취득

89. 그런가 하면 우리는 소유권뿐만 아니라 점유(占有)도 각 사람의 권력 아래에 있는 사람을 통하여 각 사람에게 취득된다. 왜냐하면 그들이 점유를 취득한 재산은 각 사람이 점유하고 있는 것으로 여기게 되기 때문이다. 따라서 그들을 통해서도 사용취득이 성립한다.

90. 이에 대하여 권력 아래에 있는 사람을 통하여 소유권을 취득하는 것과 마찬가지로 각 사람의 부권(夫權)과 소유권 아래에 있는 사람을 통하여 각 사람은 모든 경우에 소유권(mancipium)을 취득한다. 그렇지만 점유가 취득되는지 여부는 언제나 별도의 문제가 된다. 왜 그러냐 하면 각 사람은 이러한 사람 자신을 점유하고 있지는 않기 때문이다.

91. 그런데 각 사람이 용익권(用益權)만을 가지고 있는 노예에 관하여는 다음과 같이 규정되어 있다. 즉 노예들이 각 사람의 물건에 근거하거나 자신의 노무에 근거하여 취득하는 것은 그것이 무엇이든지 간에 각 사람을 위하여 취득하는 것이 된다. 이에 대하여 이외의 원인으로 취득하는 재산은 그 노예의 주인에게 귀속한다. 따라서 그 노예가 상속인으로 지정되거나 또는 어떠한 유증이 그들에게 수여되는 경우에도 각 사람이 아니라 주인을 위하여 취득된다.

92. 선의로 점유하고 있는 사람에 관해서도 그가 자유인(自由人)이든지 혹은 타인의 노예(奴隷)이든지 같은 것이 규정되어 있다. 왜냐하면 용익권자(用益權者)에 관하여 정해진 것은 점유자(占有者)에 관해서도 인정되기 때문이다. 그러므로 이들 두 가지 방법에 의하지 않고 취득하는 것은 자유인이라면 그 사람에게 귀속하고, 노예로 있다면 주인에게 귀속하게 된다.

93. 그렇지만 선의의 점유자가 노예를 사용취득(使用取得)하는 경우, 그에 의하여 소유자가 되는 것이므로, 그는 모든 경우에 노예를 통하여 자신을 위하여 취득할 수 있게 된다. 이에 대하여 용익권자는 사용취득 할 수 없다. 왜 그러냐 하면 무엇보다 용익권자는 점유하게 되어 있지 않으면서 사용권능(使用權能)과 수익권능(受益權能)만을 가지기 때문이다. 게다가 노예가 타인 소유라는 것을 알고 있기 때문이다.

94. 각 사람이 용익권(用益權)을 가지는 노예를 통하여 타인의 물건을 점유하면서 동시에 사용취득할 수 있는지 어떤지가 문제된다. 왜 그러냐 하면 각 사람은 노예 그 자체를 점유하고 있지는 않기 때문이다. 이에 대하여 각 사람은 선의로 점유하는 사람을 통하여 명확하게 점유하면서 동시에 사용취득할 수 있다. 앞에서 서술한 것은 어느 경우에도, 그 이전에 설명한 정의, 즉 노예가 각 사람의 물건에 의거하여, 혹은 그 자신의 노무에 기초하여 취득하는 물건은 각 사람을 위하여 취득된다고 말하는 것에 그대로 따르는 것이다.

아무것도 취득하지 못하는 경우
95. 이상의 설명으로 각 사람의 권력에 따르지 않고, 또한 각 사람이 선의로 점유하지도 않는 자유인을 통하여, 그리고 용익권을 가

지고 있지도 않고 적법한 점유도 하고 있지 않은 타인의 노예를 통하여, 각 사람은 어떠한 경우에도 아무것도 취득할 수 없음은 그대로 명확하다. 그리고 이것을 일러 각 사람이 제3자를 통하여 아무것도 취득할 수 없다(Quod uulgo dicitur per extraneam personam nobis adquiri non posse)고 일반적으로 말한다. 다만 점유에 관해서만은 제3자를 통해서 각 사람이 취득하는지 어떤지가 문제된다.

96. 마지막으로 권력 또는 부권(夫權) 또는 소유권(mancipium) 아래에 있는 사람에게는 어떠한 물건도 법정양도(法廷讓渡)할 수 없다는 것을 알아야만 한다. 왜냐하면 이러한 사람들은 어떠한 물건도 자신의 것으로 할 수 없으므로 법정에서 자신의 것이라고 주장할 수 없기 때문이다.

물건의 포괄취득

97. 이제까지는 각각의 물건이 어떻게 하여 우리에게 취득되는지에 관해서 서술하였으며, 그 나름 이상으로 충분하다. 마찬가지로 각각의 물건을 각 사람이 취득하는 유증(遺贈)의 법은 다른 곳에서 서술하는 것이 적당할 것이다. 이에 따라 여기에서는 물건이 어떤 방법으로 우리에게 포괄취득(包括取得; per universitatem)되는지에 관해 살펴보기로 한다.

98. 각 사람이 어느 사람의 상속인으로 지정된 경우, 혹은 어느 사람의 유산점유(遺産占有)를 청구한 경우, 혹은 어느 사람의 파산재산(破産財産)을 매입한 경우, 혹은 어느 사람을 입양한 경우, 혹은 어느 사람을 처로서 부권(夫權) 아래에 둔 경우, 이러한 사람들의 물건은 경우에 따라 각 사람에게 이전한다.

상속과 유산점유

유 언

상속방식

99. 이제 여기에서 상속재산에 관하여 고찰해 보자. 상속방식에
는 두 가지가 있다. 첫째는 상속재산은 유언(遺言)으로, 다른 하나는
무유언(無遺言)으로 각 사람에게 귀속한다.

유언상속

100. 우선 유언에 근거하여(ex testamento) 각 사람의 것으로 되는
물건에 관해 고찰해 보고자 한다.

유언의 종류

101. 본래 유언(遺言; testamentum)의 종류에는 두 가지가 있다.
즉 하나는 민회(民會)를 소집하여 유언을 작성하는 경우이고, 이 민
회는 유언을 작성하기 위하여 1년에 2회 소집된다. 다른 하나는 무
장(武裝)을 정비하여(in procinctu), 즉 전투를 위하여 무기를 갖추고
작성하는 경우이다. 왜 그러냐 하면 "procinctus"라 함은 전투 전에
무장한 군대이기 때문이다. 따라서 전자는 평화 시에 조용히 작성하
고, 후자는 전투가 발발하려고 하는 경우에 작성하는 것이다.[50)]

---

50) 유언은 유언자의 사후에 문제가 발생하기 때문에 본인의 진의(眞意)를
   확인할 수 없고, 효력에 이의를 제기할 수 없게 된다. 따라서 민법은 유언
   의 방식을 엄격히 정하여, 이 방식에 따르지 않은 유언은 무효로 하고 있
   다. 유언의 방식에는 자필증서에 의한 유언(제1066조), 녹음에 의한 유언
   (제1072조 제1항), 공정증서에 의한 유언(제1068조), 비밀증서에 의한 유
   언(제1069조), 구수증서에 의한 유언(제1070조)이 있다.

동형기식 유언

102. 그 후 구리[銅]와 저울에 의하여 행해지는 제3의 유언이 추가되었다. 소집된 민회에서도 군대에서도 유언을 작성하지 않은 사람은 돌연사에 닥치게 되는 경우, 자신의 가산(家産) 즉 자신의 재산을 친구의 소유권(mancipium)으로 넘겨주고, 그리고 자신의 사후 자신이 아끼는 물건을 자신이 희망하는 사람에게 건네주도록 그 친구에게 의뢰했다. 이것을 구리와 저울에 의한 유언(per aes et libram)이라고 지칭하는 것은 명확하게 유언이 악취행위(握取行爲)에 의해서 행해지기 때문이다.

103. 그러나 앞의 두 종류의 유언은 없어지게 되고, 이에 대하여 구리[銅]와 저울에 의하여 하게 되는 것만이 계속 사용되어 왔다. 물론 작금 이 유언은 전에 행해졌던 것과는 다른 방법으로 행해지고 있다. 이전에 가산(家産)의 매수인, 즉 유언자로부터 가산을 소유권에 의거하여 넘겨받는 사람은 상속인과 같은 지위를 취득하고, 그 때문에 유언자는 자신의 사후에 어느 것을 누구에게 넘겨주기를 바란다고 매수인으로 명하였다. 이에 대하여 작금에는 어느 사람이 유언에 의하여 상속인으로 지정되고, 거기에 다시 유증의 부담이 과해진다. 이에 다른 사람이 형식적으로 옛날 법[古法]을 모방하여 가산의 매수인으로 추가되었다.

동형기식 유언의 절차

104. 이 절차는 다음과 같이 행해진다. 즉 유언을 작성하는 사람은 다른 악취행위와 마찬가지로, 5명의 성숙한 로마시민의 증인과 1명의 저울소지인의 입회하에 유언서를 작성한 후에, 형식상 자신의 가산(家産)을 악취행위에 의하여 양도한다. 이 절차에서 가산의 매수인은 "상대방의 가산 및 재산은 어느 개인의 수임 및 보관 하에 있고,

당신이 일반 법률에 기하여 유효하게 유언을 작성할 수 있도록 이 동편(銅片)에 의하여 —어느 사람은 "구리의 저울에 의하여"를 추가할 수 있다— 어느 사람에게 사게 한 것으로 해라"라고 문구를 기재한다. 다음에 동편으로 저울을 치고 그 동편을 마치 대가(代價)처럼 유언자에게 넘겨준다. 게다가 유언자는 유언서를 가지고 "이러한 것을, 이 유언서 및 밀랍판[蠟板]에 작성된 것처럼 넘겨주고, 유증하고, 유언한다. 그리고 그와 같이 당신에게 퀴리테스(Quirites)인 것이요, 어느 개인을 위하여 증언하는 것임"이라고 말한다. 이것을 언명(言明; nuncupatio)이라고 한다. 왜냐하면 언명하는 것은 공연하게 선언하는 것이고, 유언자는 분명히 유언서에 자세하게 작성한 것을 일반적인 표현으로 선언하고, 동시에 확인하는 것으로 쳐 넘기기 때문이다.

105. 그런데 가산(家産)의 매수인이나 유언자 자신의 권력 아래에 있는 사람은 증인자격이 없다. 왜냐하면 옛날 법[古法]에 따라 유언작성을 행하기 위한 모든 절차는 가산의 매수인과 유언자와의 사이에서 행해진다고 믿기 때문이다. 앞에서 명백하게 서술한 바와 같이 유언자의 가산을 소유권에 의거하여 받아들인 사람은 이전에는 상속인과 같은 지위에 있었다. 따라서 이것에 관하여 가(家)에 속하는 사람의 증언은 허용되지 않는다.51)

106. 따라서 아버지의 권력 아래에 있는 사람이 다른 어느 누구

---

51) 현행법상 유언에 관한 유언에 있어서 증인결격자는 법정결격자와 사실상 결격자로 나뉘는데, 법정결격자에는 미성년자, 피성년후견인, 피한정후견인, 유언으로 이익을 얻을 사람, 그의 배우자와 직계혈족(제1072조 제1항)과 공증인법상 증인결격자(공증인법 제33조 제3항)가 있다. 또한 사실상 결격자는 성년후견이나 한정후견 개시선고를 받지 않은 사람 가운데 의사능력, 청취능력, 문자해독능력, 필기능력이 없는 경우에는 증인이 될 수 없다.

의 가산의 매수인으로 된 경우에도, 그 사람의 아버지는 증인이 될 수 없다. 동일한 권력 아래에 있는 사람 예를 들면 그 사람의 형제도 그러하다. 아들이 군대를 퇴역한 후에 군영특유재산(軍營特有財産; peculium castense)에 관하여 유언을 작성한 경우도, 그 사람의 아버지나 아버지의 권력 아래에 있는 사람은 유효한 증인이 되지 못한다.

107. 증인(證人)에 관하여 서술한 것은 저울소지에 관해서도 적합하다고 이해할 수 있다. 왜 그러냐 하면 이 사람도 증인에 속하기 때문이다.

108. 이에 대하여 상속인의 권력이나 수유자(受遺者)의 권력 아래에 있는 사람 또는 상속인 자신이나 수유자를 권력 아래에 두고 있는 사람 또는 상속인 혹은 수유자와 동일한 권력 아래에 있는 사람은 상속인 자신 혹은 수유자 자신이 증인 및 저울소지인이 될 수 있는 것과 마찬가지로 적법하게 증인 및 저울소지인이 될 수 있다. 그렇지만 상속인 또는 상속인의 권력 아래에 있는 사람 또는 상속인을 권력 아래에 두게 되는 사람에 관하여는 이 법을 적용하지 않는 것으로 하지 않으면 안 된다.

병사(兵士)의 유언

109. 그렇지만 병사가 유언을 작성하는 경우, 법에 관한 형편없는 무지를 고려하여 이러한 형식을 엄격하게 준수해야 하는 것은 원수의 칙법에 의하여 면제된다. 즉 법이 정하는 수의 증인을 입회하지 않고, 가산(家産)을 매각하지 않고, 유언을 언명(言明)하지 않더라도 병사의 유언은 유효하다.

상속재산과 유증재산취득능력

110. 게다가 병사에게는 외인과 라틴인을 상속인으로 지정하는 것, 혹은 외인과 라틴인에게 유증하는 것이 인정되었다. 병사 이외의 경우에는 외인은 시민법(市民法)의 원리에 의하여 상속재산과 유증을 취득하는 것이 금지되고, 라틴인도 유니우스 법(lex Junia)에 의하여 금지되었다.

미혼자의 상속능력과 수유능력

111. 미혼자(未婚者; caelibes)도 율리우스 법(lex Junia)에 의하여 상속재산(相續財産)과 유증(遺贈)을 취득하는 것이 금지되어 있다. 오르부스(orbus), 즉 자녀가 없는 사람도 또 ………………………… ………………………… (베로나 사본에서는 48행 판독불능) … ………………………………………………………………………… …………… 방해되어 ……………………………………………… (베로나 사본에서는 6행 판독불능) ………………………………… ………………………………………………………………………… ………………………………………………………………………… ………………………………………………………………………… 30세 ………………………………………………………………… …………………………………………… (베로나 사본에서는 8행 판독불능) ………………………………………………………………… ……………………………… 물건 ……………………………… ……………………………… (베로나 사본에서는 2행 판독불능) … ………………………………………………………………………… …………………………………… .

여성의 유언능력

112. ····························· 하드리아누스(Hadriani) 황제의 제안에 근거하여 원로원의결이 이루어졌다. 이에 의하면 ··· ····························· 여성이 12세 이상이면 그녀에게는 코엠푸티오(coemptio)에 의하지 않더라도 유언을 작성하는 것이 ··· ····················· 허용되었다. 다만 후견이 면제되지 않은 여성은 후견인이 호후설정(護後設定)하여 유언을 하지 않으면 안 되는 것은 명확하다.

여성과 남성의 유언능력의 비교

113. 따라서 여성은 남성보다도 더 나은 법적 지위에 있다. 즉 14세 미만의 남성은 후견인의 호후설정에 의하여 유언을 하려고 해도 유언을 할 수 없다. 이와 달리 여성은 12세에 달하면 유언능력을 취득한다.

유언의 실질적 성립요건

114. 그러므로 유언이 유효한지의 여부가 문제 되는 경우에는 우선 유언을 작성한 사람에게 유언능력(遺言能力; testamenti factio)이 있는지 여부를 검토해야 한다.[52] 그 다음에 그 사람에게 유언능력이 있는 경우, 그 사람이 시민법(市民法)의 규정에 따라서 유언을 하였

---

52) 우리 민법상 유언능력에 관해서는 만 17세 이상의 미성년자, 피한정후견인, 피성년후견인은 법정대리인의 동의를 받지 않고 모든 유언과 유언의 철회를 할 수 있고, 단독으로 유언하여도 이를 이유로 취소하지 못한다(제1061조, 제1062조). 특히 피한정후견인은 아무 제한 없이 유언 등의 신분행위를 할 수 있다. 제한능력자에 관한 규정은 유언에는 적용되지 않기 때문이다. 그리고 피성년후견인은 의사능력이 회복된 때에만 유언을 할 수 있으나, 이 경우에는 의사가 심신회복의 상태를 유언서에 부기(附記)하고 서명날인하여야 한다(제1063조).

는지 여부를 고찰한다. 이 경우 병사(兵士)에 관해서는 이를 제외한다. 병사는 앞에서 서술한 것처럼 법에 관한 형편없는 무지(無知) 때문에 자신이 바라는 방법으로 혹은 자신이 할 수 있는 방법으로 유언을 하는 것이 허용되고 있다.

115. 그러나 유언이 시민법상 유효하기 위해서는 가산(家産)의 매각, 증인, 언명(言明)에 관하여 앞에서 설명한 것을 준수하는 것만으로는 충분하지 못하다.

상속인지정

116. 무엇보다도 우선 상속인지정(相續人指定)이 정식의 방법에 따라 이루어졌는지 여부를 확인하여야 한다. 왜 그러냐 하면 이 지정을 다른 방법으로 잘못 하게 되면, 앞에서 이미 서술한 것과 같이 유언자의 가산(家産)을 매각하는 것과 유언을 언명(言明)하는 것은 아무런 효력을 가질 수 없기 때문이다.

상속인지정의 방식

117. 그런데 정식의 지정은 다음과 같은 것이다. 즉 "티티우스(Titius)는 나의 상속인이다"라고. 그러나 다음의 방식도 그대로 인정되는 것으로 친다. 즉 "나는 티티우스를 상속인으로 명한다"라고. 이에 대하여 다음과 같은 것은 인정되지 않는다. 즉 "나는 티티우스를 상속인이 되길 바란다"라고. 그런가 하면 다음의 방식도 대부분의 사람들로부터 인정되지 않는다. 즉 "나는 티티우스를 상속인으로 지정한다"라고. 그리고 "나는 티티우스를 상속인으로 한다"고 하는 것도 마찬가지이다.

118. 또한 다음의 것이 준수되지 않으면 안 된다. 즉 후견 아래에

있는 여성이 유언을 작성하는 경우 후견인의 호후설정에 의하여 작성되지 않으면 안 된다. 그렇지 않으면 그 유언은 시민법상 무효로 된다.

119. 법무관은 증인 7명의 인장(印章)53)에 의하여 유언서가 봉인된 경우에는 지정된 상속인에게 유언서에 따라서 유산점유(bonorum possession)를 약속한다. 또한 정규의 법에 의해서 무유언(無遺言)으로 상속재산을 취득한 사람, 예를 들면 같은 아버지로부터 태어난 형제, 혹은 아버지 쪽의 백숙부 혹은 형제의 자식이 아무도 없는 경우, 지정된 상속인은 상속재산을 견지(堅持)할 수 있다. 유언이 다른 원인에 근거하여, 예를 들면 가산(家産)이 매각되지 않았기 때문에, 혹은 유언자가 언명(言明)의 문언을 쓰지 않았기 때문에 무효로 된 경우에도 같은 법이 적용된다.

120. 그런데 형제 혹은 아버지 쪽의 백숙부가 있는 경우에도, 지정된 상속인은 그들보다 우월하다고 보아야 할 것인지 여부에 관하여 검토하기로 한다. 왜냐하면 법에 의하지 않고서 작성되었던 유언서(遺言書)에 따라서 유산점유(遺産占有)를 요구하는 사람은 무유언

---

53) 로마법상 유언은 그 시기마다 조금씩 변화하여, 민회유언(testamentum calatis comitiis)과 군인의 출정유언(testamentum in procintu)을 제도화하였으나, 후에 법무관법의 유언까지 인정하게 되었다. 그 후 고전후기 칙법상 유언으로는 구술유언(testamentum per nuncupationem)과 서면유언(testamentum per holigraham scripturam)만을 인정하였다. 우리 민법상 유언은 유언의 자유를 확실하게 인정하고 있으면서 각 필요에 따른 정례화(整例化)된 특색이 매우 짙다. 그리고 그 방식에서도 자필증서(自筆證書)·녹음(錄音)·공정증서(公正證書)·비밀증서(秘密證書)·구수증서(口授證書)에 의한 유언 이외에는 인정되지 않는다(제1065조). 또한 유언의 작성에 곁들이는 증인의 수, 유언자의 서명·날인, 작성일자 등이 엄격하게 지켜져야 할 사항으로 되어 있음은 주의할 필요가 있다.

상속(無遺言相續)에 의해 상속재산의 반환을 주장하는 사람에 관하여는 악의(惡意)의 항변에 의해 대항할 수 있다고 하는 것이 안토니누스(Antoninus) 황제의 칙답에서 밝혀지고 있기 때문이다.

121. 그것이 남성의 유언에 적용되는 것은 확실하다. 또한 가산(家産)을 매각하지 않아서, 혹은 언명의 문언(文言)을 끼워 넣지 않아서 유효하게 작성되지 못했던 여성의 유언에 적용되는 것도 확실하다. 이 칙법이 후견인의 호후설정 없이 작성된 여성의 유언에 관해서도 적용되는지 여부는 검토해 보아야 할 사항이다.

122. 그런데 지금 서술하고 있는 것은 당연히 존속(尊屬) 또는 보호자(保護者)의 법정후견(法定後見) 아래에 있는 경우가 아니라 의사에 반해서까지 호후설정인(護後設定人)이 되도록 강제하는 다른 종류의 후견을 두고 있는 여성의 일이다. 존속이나 보호자의 호후설정 없이 유언이 작성된 경우에는 존속과 보호자가 그 유언에 의하여 폐제(廢除)되지 않는 것은 확실하다.

123. 또한 아들을 권력 아래에 두고 있는 유언자는 이 사람을 상속인으로 지정하든지 또는 이름을 표시하여 상속으로부터 폐제하게끔 배려하지 않으면 안 된다. 그렇지 않고 이 사람을 그대로 간과하게 되면 유언은 무효로 된다. 가령 아버지의 생존 중에 아들이 사망하더라도, 상속인지정은 처음부터 되어 있지 않았기 때문에, 이 유언에 의하여 당연히 어느 누구도 상속인이 될 수 없다고 우리 학파의 여러 학자들은 생각하는 정도이다. 그러나 반대학파의 여러 학자들은 아들이 아버지의 사망 시에 생존하고 있다면, 그가 지정된 상속인을 배제하고 무유언으로 상속인으로 되는 것을 승인한다. 그러나 아버지가 사망하기 전에 자식이 사망하면, 아들은 더 이상 어떠한 장애

(障碍)에도 해당되지 않기 때문에 유언에 의한 상속이 행해지게 된다고 생각한다. 왜 그러냐 하면 다 지나간 것으로 치고 아들을 무시하더라도 유언은 처음부터 곧바로 무효로 되지 않는다고 생각하게 되기 때문이다.

124. 이에 대하여 그 밖의 비속(卑屬)을 묵과한 유언자의 유언은 유효하다. 다만 묵과된 사람은 그가 자권상속인(自權相續人; sui heredes)인 경우에는 각자의 비율로, 가외상속인(家外相續人)인 경우에는 2분의 1의 비율로 지정된 상속인에 덧붙여진다. 즉 예를 들면 어떤 사람이 세 명의 아들을 상속인으로 지정하고 딸을 묵과한 경우에는, 딸은 4분의 1의 비율로 덧붙여져 상속인이 된다. 이렇게 하여 아버지가 무유언으로 사망한 경우에 딸이 얻게 되는 몫과 동일한 딸의 몫이 생겨나게 된다. 이에 대하여 유언자가 가외자(家外者)를 상속인으로 지정하고 딸을 묵과한 경우에는, 딸은 2분의 1의 비율로 덧붙여져 상속인으로 된다. 딸에 관하여 서술한 것과 동일한 것이 손자에 관해서도 또 남성이든 여성이든 모두의 비속에 관해서도 적합하다고 이해할 수 있다.

125. 그렇다면 어떻게 되는 것인가? 지금까지 설명한 바에 의하면 이러한 사람들은 지정된 상속인으로부터 2분의 1을 빼앗는 식이 되는 것임에도 불구하고, 법무관(法務官)은 유언서에 반하여 이러한 사람들에게 유산점유(遺産占有)를 보증한다(contra tabulas bonorum possession). 그 때문에 가외상속인은 상속재산 전부에서 제외되었더라도 실질(實質)이 없는 상속인(sine re heredes)이 된다.

126. 그리고 여성과 남성을 구별하지 않고 이 법을 적용했다. 그렇지만 최근 안토니누스(Antoninus) 황제는 칙답(勅答)에서 이러한

여성은 첨가권(添加權; ius adcrescendi)에 의하여 받을 수 있는 것보다 더 많은 몫을 유산점유로 취득할 수 없는 것으로 규정했다. 이것은 가부권면제(家父權免除)를 받은 여성에 대해서도 그대로 준수해야 하는 것으로 되어 있다. 즉 이러한 여성도 가부권 아래에 있다면 첨가권에 의하여 취득하게 되는 몫만을 유산점유에 의하여 취득한다.

상속의 폐제

127. 그렇지만 아들이 아버지로부터 확실하게 폐제(廢除)됨에는 이름을 표시하여 폐제되어야 할 필요가 있다. 그렇지 않으면 그는 폐제되었다고 볼 수 없다. 그러면서 이름을 표시하여 폐제되는 것으로 간주되는 것은 "나의 자식 티티우스(Titius)는 폐제된 사람이다"이라고 하여 폐제하는 경우이든지, 혹은 고유 이름을 부가하지 않고 "나의 자식은 폐제된 사람이다"라는 경우의 어느 것이다.

128. 이에 대하여 그 밖의 비속(卑屬)에 관하여는 여성이든 남성이든 일괄하여 폐제하게 되면 그것으로 충분하다. 즉 "그 밖의 모든 사람은 상속으로부터 폐제된 사람이다"라는 문언에 의하여 하게 된다. 그리고 이 문언은 상속인지정의 ……………………… 후에 덧붙여지는 것이 관례이다.

129. 그렇지만 이것은 이와 같이 ……………………………… …………………………………………………………………………………… ……………………………………………………… 즉 법무관은 모든 남성비속(男性卑屬)인 손자 및 증손자도 또 …………………… …………………………………………………………………………………… …………………………………………………………………………………… ………………………………………………………………….

130. 후생자(後生子; postumi)도 상속인으로 지정하거나, 아니면 상속에서 폐제되지 않으면 안 된다.

유언의 무효

131. 모든 자권상속인(自權相續人)은 다음과 같은 점에서 동일한 지위에 있다. 나중에 태어날 자식이 있더라도, 그 이외의 남성 또는 여성인 비속이 누구이든지, 이러한 사람이 묵과되고 있더라도 유언은 그대로 유효하지만, 그 후 남성 또는 여성의 후생자가 출생함으로써 유언은 파괴되고, 이와 함께 유언 전체가 무효로 된다. 그러므로 남성 또는 여성인 후생자의 출산이 예정되어 있던 처가 유산한 경우, 지정된 상속인이 상속을 승인함에는 아무런 장애가 없는 것으로 된다.

132. 그렇지만 여성인 후생자는 이름을 표시하고 폐제되거나, 아니면 일괄하여 폐제되는 것이 관례이다. 그러나 일괄하여 폐제된 때에는 그녀들이 잊혀져 버리고 말았다고 보지 않고, 그녀들에게 어떠한 것이 유증된 경우에 한하게 된다. 이에 대하여 남성인 후생자는 이름을 표시하여 폐제된 경우 이외에는 적법하게 폐제된 것이 아니라고 통상 생각한다. 즉 그것은 "나에게 자식이 태어나기는 했지만 그는 폐제된 사람임"이라고 하는 방법으로 행해지고 …………
…………………………………….

132a. …………………………………………………………………
…………………………………………………………………………
…………………………………………………………………………
(베로나 사본에서는 4행 판독불능) ……………………………………
…………………………………………………………………………
…………………………………………………………………………

....

....　.

133. 그런데 자권상속인(自權相續人)의 지위를 승계하고, 후생자에 준하여 존속의 자권상속인이 되는 사람도 후생자의 지위에 놓이게 된다. 예를 들면 어느 개인이 자녀 및 그 출생자인 손자 또는 손녀를 권력 아래에 두고 있다고 하자. 자녀는 이 개인에게 더 가까운 순위이기 때문에 설령 손자 또는 손녀가 어느 개인의 권력에 따르고 있다 하더라도, 자녀만이 자권상속인의 권력을 가진다. 그렇지만 어느 개인의 생존 중에 그 자식이 사망하고, 또한 다른 이유에서 그의 권력을 이탈하게 되면, 손자나 손녀는 그의 지위를 승계하고, 이에 의하여 자권상속인의 출생에 준하여 자권상속인의 권리를 취득한다.

134. 따라서 이러한 방법으로 유언이 파괴되는 것을 방지하기 위하여, 어느 개인은 작성한 유언이 부적법한 것으로 되지 않도록 아들 자신을 상속인으로 지정하거나, 혹은 상속에서 폐제되지 않으면 안되는 것과 같게 하여 아들로부터 태어난 손자나 손녀라도 상속인으로 지정하거나, 아니면 상속에서 폐제하고, 어느 개인의 생존 중에 아들이 사망하고 그 지위를 손자나 손녀가 계승함으로써 마치 자권상속인이 새로이 출생한 것 같이 뜻하지 않게 유언이 파괴되지 않도록 할 필요가 있다. 그리고 이것은 유니우스 벨라에우스 법(lex Iunia Vellaea)[54]에 의하여 규정되어 있다. 또한 동법은 이와 함께 상속에서 폐제하는 방법에 관해서도 다음과 같이 정하고 있다. 즉 남성의 후생자는 이름을 표시하여, 여성의 후생자는 이름을 표시하거나 혹

---

54) 후생자의 교육 및 규율에 관한 몇 가지 규칙을 도입한 법률로, 기원후 26년에 제정된 것으로 추정된다.

은 일괄적으로 폐제하지 않으면 안 되지만, 일괄하여 폐제한 사람에 관해서는 반드시 무엇인가가 유증되지 않으면 안 된다.

135. 시민법상 가부권면제(家父權免除)를 받은 비속을 상속인으로 지정하거나 폐제해야 할 필요는 없다. 왜 그러냐 하면 그들이 자권상속인은 아니기 때문이다. 그렇지만 법무관은 그들이 상속인으로 지정되어 있지 않은 경우에는 남성이나 여성 모두, 남성의 경우에는 이름을 표시하고, 여성의 경우는 일괄하여 상속인으로부터 폐제시킬 것을 명하게 되어 있다. 상속인으로 지정되지 않았거나 앞에서 서술한 바와 같은 방법을 사용하여 상속인으로부터 폐제되지 않은 경우에는, 법무관은 유언서(遺言書)에 반하여 그들에게 유산의 점유를 약속하여야 한다.

135a. 아버지와 함께 로마시민권을 부여받은 사람은 로마시민권을 취득하는 때에 아버지가 그 사람을 권력 아래에 둔다는 것을 신청하지 않았거나 신청했지만 성취되지 않은 경우에는, 아버지의 권력 아래에 놓이게 되지 않는다. 왜 그러냐 하면 황제에 의하여 아버지의 권력에 복종하게 되는 사람은 ……… 와 조금도 다르지 않기 때문이다.

136. 양자인 아들은, 양자인 한, 친생자와 같은 지위에 있다.[55] 이에 대하여 양부(養父)로부터 가부권면제를 받은 사람은 시민법(市民法)에서나 법무관의 고시(告示)에서도 비속에 포함되지 않는다.

---

55) 우리 민법상 양자는 입양신고의 날로부터 양친과 양자 사이에는 친자관계가 발생하며, 양자는 양친의 혼인 중의 출생자의 신분을 취득한다(제772조 제1항, 제908조의3 제1항).

137. 이러한 이유에서 반대로 다음의 것이 생겨난다. 친생부(親生父) 쪽에서 보면 그들이 양가(養家)에 있는 동안은 가외자(家外者)로 인정된다. 이에 대하여 양부(養父)로부터 가부권면제를 받게 되면, 그들은 친생부 자신으로부터 가부권면제를 받은 경우와 동일한 상황에 놓이게 된다.

138. 어느 사람이 유언작성 후에 민회(民會)에서 자권자(自權者)를 양자로 하거나 법무관의 면전에서 존속의 권력 아래에 있는 사람을 양자로 삼은 경우, 어떠한 경우에도 동일인의 유언은 자권상속인이 태어난 경우와 마찬가지로 파괴된다.

139. 유언 작성 후에 처가 유언자의 부권(夫權)에 들어오거나 혹은 신탁을 원인으로 한 코엠푸티오(coemptio)를 하고나서 부권(夫權) 아래에 있게 된 여성이 유언자와 혼인한 경우에도 같은 법이 적용된다. 왜 그러냐 하면 이 방법으로 처는 딸과 같은 지위를 차지하고 자권상속인처럼 되기 때문이다.

140. 이러한 여성이나 양자가 그 유언에서 상속인으로 지정되어 있더라도, 그것은 유언의 파괴를 막는 데는 아무런 영향을 미치지 못한다. 왜 그러냐 하면 그 사람은 유언 작성 시에는 자권상속인에 속하지 않았으므로 그 사람의 상속인폐제를 문제 삼는 것은 의미가 없다고 보아야 하기 때문이다.

141. 1회 및 2회의 악취행위(握取行爲)에 의거하여 해방된 아들도 아버지의 권력 아래에 복귀하게 되고 이전에 한 유언을 파괴한다. 비록 그 유언에 있어서 이 아들이 상속인으로 지정되었거나 폐제되었더라도 이것은 유언의 파괴를 막는 데는 아무런 역할도 하지 못한다.

142. 원로원의결에 근거하여 착오의 원인(原因)이 밝혀진 사람에 관해서는 이전에 유사한 법이 있었다. 왜 그러냐 하면 아마 남편의 착오로 마치 로마인인 것처럼 하여 처로 되었던 외인 또는 라틴인의 여성에게서 아들이 태어난 경우가 있을 수 있었기 때문이다. 실제로 그 사람이 존속에 의하여 상속인으로 지정된 것이든지, 폐제된 것이든지, 혹은 아버지의 생존 중에 원인이 밝혀진 것이든지 아버지의 사망 후에 원인이 밝혀지든지, 어느 것에 의해서든지 자권상속인이 출생한 것으로 간주되어 유언을 파괴했다(testamentum ruptum).

143. 그렇지만 작금 하드리아누스 황제의 제안에 의하여 가결된 새로운 원로원의결에 의하면 다음과 같이 되어 있다. 아버지의 생존 중에 원인이 밝혀지게 되면 이전과 마찬가지로 모든 경우에 유언을 파괴한다. 이에 대하여 아버지의 사망 후에 원인이 밝혀지면, 간과된 사람은 유언을 파괴하지만 유언에서 상속인으로 지정되어 있거나 폐제되어 있는 경우는 그 사람은 유언을 파괴하지 않는다. 그것은 틀림없이 꼼꼼히 작성된 유언을 다시 작성할 수 없는 경우에는 그것을 무효로 하지 않기 위함에서였다.

144. 적법하게 작성된 후의 유언에 의해서도 이전의 유언은 파괴된다.[56] 유언에 의하여 어느 사람이 상속인으로 되었거나 또는 되지 않았음은 문제되지 않는다. 왜냐하면 이 경우에는 다만 생존해 있는

---

56) 우리 민법에서는 유언의 철회에 관하여 자유로운 철회를 보장하고 있다(제1108조 제1항). 그러므로 유효한 유언을 한 후 생전에 언제든지 유언을 철회할 수 있다. 또한 전후의 유언이 저촉하는 경우에는 저촉되는 전 유언은 철회하는 것으로 보는가 하면(제1109조 전단), 유언자의 유언파훼에 따른 파훼부분, 목적물의 파훼에 따른 파훼부분도 법률이 정하는 바에 따라 철회한 것으로 본다. 이 임의철회와 법정철회는 각 사항에 따라 엄격하게 해석되어야 할 것으로 본다.

사람이 상속인으로 될 수 있는지 여부만이 판단사항이기 때문이다. 그러므로 적법하게 작성된 후의 유언에 의하여 지정된 사람이 상속인으로 되는 것을 바라지 않는 경우, 혹은 유언자의 생존 중이나 그의 사후 상속을 승인하기 전에 사망한 경우, 혹은 숙려결정기간(熟慮決定期間)이 지나서 상속에서 제외된 경우, 혹은 상속인지정을 위한 조건을 흠결한 경우, 혹은 독신이기 때문에 율리우스 법에 의하여 상속에서 제외된 경우에는 가부(家父)는 무유언(無遺言)으로 사망한 것으로 된다. 왜 그러냐 하면 나중의 유언에 의하여 파괴된 이전의 유언도 무효이고, 나중의 유언도 그것에 의하여 아무도 상속인으로 되지 못하여 효력을 가질 수 없기 때문이다.

유언의 실효

145. 적법하게 작성된 유언은 다른 방법에 의해서도 무효로 된다. 예를 들면 유언을 작성한 사람이 인격소감(人格消減)이 된 경우이다. 인격소감이 어떻게 발생하는지에 대해서는 제1권에서 서술하였다.

146. 이 경우 유언은 무효라고 할 수 있다. 이에 덧붙여 파괴된 유언도 무효로 되고(testamentum irritum), 맨 처음부터 부적법하게 작성된 유언도 무효이다. 그렇지만 적법하게 작성되고 후에 자격소멸에 의해 무효로 된 유언에 관해서도 역시 이것을 파괴된 유언이라고 말할 수 있다. 그렇지만 개별적인 호칭방법(呼稱方法)으로 각각의 경우를 구별하는 것이 사실상 보다 더 적절하므로, 어떤 종류의 유언은 부적법하게 작성되었다고 말하게 되고, 적법하게 작성된 어떤 종류의 유언은 파괴되거나 또는 무효로 된다고 말하게 된다.

147. 그러나 맨 처음부터 부적법하게 작성되었거나 또는 적법하

게 작성되었으면서 후에 무효로 되거나 또는 파괴된 유언이라고 해
도, 그 전부가 소용없는 것은 아니다. 즉 증인 7인의 인장(印章)에 의
하여 유언이 봉인된 경우, 만일 사망한 유언자가 로마시민이고 또한
사망 시에 자권자(自權者)였다면, 지정된 상속인은 유언서에 근거하
여 유산점유(遺産占有)를 신청할 수 있다. 이에 대하여 예를 들면 유
언자가 시민권 또는 자유까지도 상실하였거나, 혹은 자신이 양자로
되어 아울러 사망 시에 양부(養父)의 권력에 따르고 있었다는 이유로
유언이 무효로 된 경우에는, 지정된 상속인은 유언서에 근거하여 유
산점유를 신청할 수 없다(secundum tabula sbonorum possession).

148. 따라서 맨 처음부터 부적법하게 작성되었거나 또는 적법하
게 작성되었지만 후에 파괴되든지 무효로 된 유언서에 근거하여 유
산점유를 인수한 사람은 유산을 차지해 가질 수 있는 경우에는 실질
적인 유산점유(遺産占有)를 하는 것으로 된다. 이에 대하여 유산이 그
사람에게서 빼앗겨 잃게 될 가능성이 있는 경우에는 실질이 없는 유
산점유를 하는 것으로 된다.

149. 즉 어느 사람이 시민법상 최초의 유언 또는 이후의 유언에
의하여 상속인으로 지정되거나 또는 무유언으로 시민법상 상속인으
로 된 경우에는 유산점유자(遺産占有者)로부터 상속재산을 탈취해 지
닐 수 있다. 이에 대하여 시민법상 상속인이 아무도 없는 경우에는
유산점유자 자신이 상속재산을 차지해 가질 수 있고, 시민법상 권한
이 없는 혈족은 그것에 대하여 아무런 권리도 갖지 못한다.

149a. 그렇지만 앞에서도 설명한 바와 같이 지정상속인이 법정
상속인 보다 우월하다고 간주되는 수도 있다. 예를 들면 가산(家産)
이 매각되지 않았거나 또는 유언자가 언명(言明)의 문언을 드러내 나

타내지 않았기 때문에 유언이 적법하게 작성되지 못한 경우이다.
·················· 종족원(宗族員)이 상속재산을 청구하고 ···········
······················ 칙법(勅法)에 근거하여 ·················.

150. ················· 점유자는 ················· 율리우스 법에 의하
여 ···
············ 사망자 때문에 누구도 ·································
·············· 없는 경우에는 ··
동법에 의하여 유산은 소유자가 없는 것으로 되고, 국민에게 귀속한
다고 규정되어 있다.

151. 적법하게 행해진 유언이면서도 유언자의 반대의 의사에 의
하여 무효로 되는 경우가 있다(infirmentur). 그러나 나중에 유언자가
유언이 유효일 것을 바라지 않는다는 이유만으로 유언이 무효로 되
지 않는 것은 분명하고, 유언자가 유언서의 맨끈[紐]을 절단한 경우
에도 유언은 시민법상 유효하다. 게다가 유언내용을 지워버리거나
또는 유언서를 소각한 경우까지도, 유언서에 쓰여 있던 것은 그 증명
이 곤란하기는 하지만, 그냥 그대로 유효하다.

151a. 그렇다면 어떻게 해야 할 것인가? 어느 사람이 무유언상속
인(無遺言相續人)으로 유산점유를 신청하고, 유언에 의하여 상속인으
로 되는 사람이 상속재산을 청구할 경우 ·····························
상속재산이 귀속하는 ···
············ 이상의 것은 안토니누스(Antoninus) 황제의 칙법에 의하여
규정되어 있는 바 그대로다.

상속인

필연상속인

152. 그런데 상속인은 필연상속인(必然相續人; heredes necessarii),
혹은 자권(自權)이자 필연상속인(必然相續人; heredes sui et necessarii),
혹은 가외상속인(家外相續人; heredes extranei) 중 하나에 속한다.

153. 필연상속인이라 함은 자유부여를 덧붙여 상속인으로 지정
된 노예이다. 이렇게 불렸던 것은 노예가 바라든지 어떻든지 관계없
이 유언자의 사망 후 곧바로 자유인으로 되고, 동시에 상속인으로 되
기 때문이다.

154. 그러므로 자신의 자력(資力)을 염려하는 사람은 그 노예를
첫 번째 또는 두 번째로, 혹은 그 이하의 순위로 자유인이 되게 하고
동시에 상속인으로 지정해서, 채권자가 만족스럽게 건네받지 못하
는 경우 유언자 자신의 재산만이 아니라 상속인의 재산까지 매각하
게 하여, 즉 전 재산의 매각에 의하여 발생하는 오명(汚名)이 유언자
자신에게가 아니라 상속인에게 걸리게 하도록 하는 것이 관례이다.
그러나 푸피디우스(Fufidius)[57]의 저작에 의하면 사비누스(Sabinus)[58]
는 상속인은 자신의 과오가 아니고 법의 필요에 의하여 재산의 매각
을 하는 것이므로 오명으로부터 벗어날 수 있게 해야 한다고 생각했
다. 그렇지만 우리는 다른 내용의 법을 적용해 오고 있다.

---

57) 원수정(元首政) 초기의 법학자이다.
58) 기원후 1세기의 저명한 법학자로 사비누스학파(Sabiniani)의 창시자이
  다. 후세의 법학자에 의하여「사비누스 주해(Ad Sabinum)」의 표제로 해
  설된 광범위하며 체계적인 시민법론을 저술했다. 로마의 시민법을 상속
  법·인법(人法)·채무법·물법(物法)으로 나누어 체계화한 저서「시민법
  에 관한 3서(Libri tres iuris civilis)」를 펴내기도 하였다.

155. 그러나 이러한 불이익(不利益)에 대하여 필연상속인에게는 다음과 같은 이익, 즉 그가 보호자 때문에 취득한 재산은 전 재산 매각의 전후를 묻지 않고 직접 차지해 갖는다고 하는 이익이 주어진다. 그리고 상속재산이 채무의 일부를 위하여 매각된 경우에도, 그 사람이 취득한 재산은 상속을 원인으로 하여 다시 매각되지는 않는다. 다만 그가 상속을 원인으로 하여 어떠한 물건을 취득한 경우, 예를 들면 사망한 라틴인(Latinus)[59]이 취득하고 있던 것에 의거하여 이익을 받은 경우는 그렇지 않다. 이에 대하여 그 밖의 사람들이 재산을, 채무의 일부를 위하여 매각하고 그 후 다른 물건을 취득하였으면, 그 사람들의 재산은 몇 번이라도 매각할 수 있는 것이 관례이다.

156. 그런데 자권(自權)이면서 필연상속인(必然相續人)이라 함은 예를 들면 아들 혹은 딸, 아들 쪽의 손자 혹은 손녀 및 기타의 직계비속이고, 그것도 이들이 가부(家父)의 사망 시에 그 권력 아래 있었던 경우에 한정된다. 그렇지만 손자 혹은 손녀가 자권상속인이 되기 위해서는 그 사람이 조부(祖父)의 사망 시에 조부의 권력 아래 있었던 것만으로는 충분하지 않고, 조부의 생존 중에 그 사람의 아버지가 사망하였다거나, 혹은 다른 방법으로 권력에서 해방되어 자권상속인으로 되어 있지 않을 것이 필요하다. 왜냐하면 이 경우 손자 혹은 손녀는 아버지에 갈음하여 상속하는 것이기 때문이다.[60]

---

59) 율리우스 법상의 라틴인을 지칭한다.

60) 대습상속이란 추정상속인(推定相續人)이 상속의 개시 전에 사망 또는 결격으로 인하여 상속권을 상실한 경우에 그 사람의 직계비속이 상속하는 제도를 말한다. 우리 민법에서는 재산상속에 있어서 제1순위자인 직계비속이나 제3순위자인 형제자매가 상속개시 전에 사망 또는 결격된 경우에 그 직계비속이 있는 때에는 그 직계비속이 사망 또는 결격된 사람의 순위에 갈음하여 상속인이 되며(제1001조), 상속개시 전에 사망 또는 결격된 사람의 배우자는 피상속인의 직계비속 또는 직계존속이 있는 경우에는 그

157. 이들이 자권상속인이라고 불리는 것은 틀림없이 이들이 가내상속인이고, 그리고 존속(尊屬)의 생존 중에도 어느 정도는 소유자로 여겨지고 있었기 때문이다. 이러한 점에서 어느 사람이 무유언(無遺言)으로 사망한 경우 상속의 제1순위는 역시 비속(卑屬)이 차지한다. 이에 대하여 이들을 필연상속인이라고 말하는 것은 이들이 바라는지 여부를 묻지 않고, 무유언에 의하든 유언에 의하든지 항상 상속인이 되기 때문이다.

158. 그렇지만 법무관은 유산을 존속의 유산으로 매각시키기 위하여 비속이 상속을 거부하는 것을 인정하고 있다.

159. 부권(夫權) 아래에 있는 처의 경우도 그 사람이 딸과 같은 지위에 있기 때문에, 또한 아들의 부권(夫權) 아래에 있는 며느리의 경우도 그 사람이 손녀와 같은 지위에 있기 때문에, 어느 경우에나 같은 법이 적용된다.

160. 그 위에 법무관은 마찬가지로 소유권 아래 있는 사람이 노예처럼 자유부여를 수반하면서 상속인으로 지정되는 경우, 자권상속인(自權相續人)이 아니라 필연상속인(必然相續人)이 되는 것임에도 불구하고 이들에게 거부할 수 있는 권한을 주고 있다.

상속인과 동순위로 공동상속인이 되고, 그 상속인이 없는 때에는 단독상속인이 된다(제1003조 제2항). 또한 대습상속인이 수인(數人)인 경우에는 본위상속(本位相續)에 있어서의 순위에 따르고 대습상속의 상속분은 사망 또는 결격된 사람의 상속분의 한도에서 본위상속에 있어서의 상속분에 의한다(제1010조 제2항). 로마법의 규정내용이나 유럽 각국의 그것과 똑같지는 않지만, 일정한 재산이 동족 안에서 승계·유지되도록 한다는 점에서는 그 제도적 맥락을 같이한다고 할 수 있다.

가외상속인

161. 유언자의 권력에 복종하지 않는 기타의 상속인을 가외상속인(家外相續人)이라고 부른다. 따라서 어느 개인의 권력에 복종하지도 않고, 어느 개인의 비속도 아님에도 어느 개인이 상속인으로 지정된 경우는 가외상속인처럼 여겨진다. 그러므로 어머니에 의하여 상속인으로 지정된 사람도 가외상속인이다. 왜 그러냐 하면 여성은 비속을 권력 아래에 둘 수 없기 때문이다. 자유부여를 수반시켜 상속인으로 지정받고, 이후에 주인에 의하여 해방된 노예도 가외상속인으로 간주된다.

가외상속인의 상속승인권

162. 그런데 가외상속인에게는 상속을 승인할 것인지 어떤지에 관하여 숙려할 권한이 부여되어 있다.

상속포기의 제한

163. 그렇지만 상속을 거부할 권한을 가진 사람이 스스로 상속재산의 관리에 간섭한 때, 상속승인의 숙려를 필요로 하는 사람이 승인한 때에는 그 후 상속을 포기할 수 없다. 다만 25세 미만자의 경우는 제외된다. 즉 다른 모든 기망의 경우와 마찬가지로 경솔하게 채무를 초과한 상속재산을 인수한 경우에도 25세 미만자에게 법무관이 구제를 해 주고 있기 때문이다. 더구나 상속승인 후에 상속승인 당시에는 모르고 있던 다액의 부채가 확인된 때에는, 25세 이상의 사람에게도 하드리아누스 황제가 은혜를 베풀어 주었던 것을 우리는 알고 있다.

가외상속인에 대한 통상숙려결정기간의 부여

164. 가외상속인(家外相續人)에게는 통상 숙려결정기간(熟慮決定

期間; cretio) 즉 숙려기한이 주어진다. 그 결과 가외상속인은 일정기간 내에 상속을 승인하든지, 혹은 승인하지 않으면 기간의 종료에 의하여 상속에서 제외되는 것으로 된다. 그런데 숙려결정기간이라고 불렸던 것은 케르네레(cernere)라는 단어가 숙려하여 결정하게 한다(decernere)라고 하는 의미이기 때문이다.

165. 따라서 "티티우스는 상속인이다"라고 지정된 경우에는, "당신이 알고, 또한 할 수 있는 날로부터 100일 이내에 숙려결정하시오. 만약 이렇게 숙려결정하지 않으면 당신은 폐제된 사람이 된다"라고 덧붙여야 하는 것으로 해야 한다.

166. 이렇게 상속인으로 지정된 사람은 그가 상속인이 되는 것을 바라는 경우에는 숙려결정기간 내에 숙려결정을 하여야 한다. 즉 그는 다음과 같은 문언, 곧 "푸블리우스 메우이우스(Publius Maevius)가 그 유언에 의해 본인을 상속인으로 지정한 것으로 본인은 이 상속을 승인하고, 또한 숙려결정한다"라고 표명하지 않으면 안 된다. 그가 이렇게 숙려결정하지 않은 경우에는, 숙려결정기간이 종료한 때 그는 상속에서 제외되고 만다. 따라서 설령 그가 상속인으로서 행동하더라도(pro herede), 즉 마치 상속인인 것처럼 상속재산을 사용하더라도 그것은 아무런 효과도 발생시키지 않는다.

167. 이에 대하여 숙려결정기간의 정함이 없이 상속인으로 지정된 사람 혹은 시민법상 무유언으로 상속에 소환된 사람은 숙려결정을 함으로써, 혹은 상속인으로 행동함으로써, 혹은 상속을 승계한다는 단순한 의사에 의해서까지도 상속인으로 될 수 있다. 그리고 이 사람은 자기 편의대로 상속을 승인할 자유가 있다. 그렇지만 상속재산에 대한 채권자의 신청에 의하여 법무관이 기한을 정하는 것이 관

레이다. 그리고 그가 바라는 경우 그 기간 내에 상속을 승인할 수 있고, 그가 그렇게 하지 않으면 채권자가 상속재산을 매각(bonorum vendiito)하더라도 괜찮게 된다.

168. 그런데 숙려결정기간부(熟慮決定期間附)로 상속인으로 지정되어야 하는 사람은 상속을 숙려결정하지 않으면 상속인이 되지 못하는 것과 마찬가지로 숙려결정기간이 종료하기까지 숙려결정하지 않은 경우가 아니고서는 상속에서 제외되지는 않는다. 따라서 숙려결정기간의 마감 전에 상속을 승인하지 않기로 결의했더라도, 이 결의를 달리하는 경우에는 숙려결정기간의 남은 기간에 숙려결정함으로써 상속인이 될 수 있다.

169. 이에 대하여 숙려결정기간의 정함이 없이 상속인으로 지정된 사람, 혹은 법률에 의하여 무유언으로 상속에 소환된 사람은 단순한 의사에 의하여 상속인으로 되는 것과 마찬가지로 반대의 의사에 의해서도 즉시 상속에서 배제되기도 한다.

170. 그런데 모든 숙려결정에는 일정한 기간의 제약이 있다. 그 적당한 기간은 100일인 것으로 하고 있다. 그럼에도 불구하고 시민법상 보다 장기간(長期間) 혹은 보다 단기간(短期間)으로 정할 수 있게 되어 있다. 그렇지만 법무관은 너무 긴 기간을 단축할 수 있다.

숙려결정기간

171. 모든 숙려결정기간은 일정한 기간으로 한정시키고 있지만, 그 어느 것은 통상숙려결정기간(通常熟慮決定期間)이라고 부르고, 어느 것은 기일확정숙려결정기간(期日確定熟慮決定期間; certorum)이라고 부른다. 통상숙려결정기간은 앞에서 서술한 바 있다. 즉 "알고 또

한 할 수 있는 때로부터"라는 문언이 덧붙여져 있는 셈이다. 기일확
정고려기간은 이러한 문언을 빼버리고 다른 문언이 기재된 것이다.

172. 이들 숙려결정기간에는 크나큰 차이점이 있다. 즉 통상숙
려결정기간이 붙여진 경우에는 각기 자신이 상속인으로 지정된 것
을 알고 숙려결정할 수 있는 기간만이 계산된다. 이에 대하여 기일
확정숙려결정기간이 붙여진 경우에는 자신이 상속인으로 지정된 것
을 모르는 사람에게까지도 기간의 계산은 계속적으로 진행된다. 마
찬가지로 어떠한 원인으로 숙려결정할 수 없는 사람과 조건부로 상
속인으로 지정된 사람에게도 기한이 개시된다. 따라서 통상숙려결
정기간을 사용하는 쪽이 보다 편리하고 더욱 적합하다.

173. 이 기일확정숙려결정기간은 기간의 산정(算定)이 지속적으
로 진행되므로 계속숙려결정기간(繼續熟慮決定期間; continua)이라고
부른다. 그러나 이 숙려결정기간은 지나치게 엄밀하므로, 다른 하나
의 숙려결정기일이 일반적으로 사용된다. 이것을 통상숙려결정기간
이라고 부른다.

보충지정

174. [보충지정에 관하여] 다음과 같은 방법으로 두 사람 혹은 그 이
상의 상속인의 순서를 정할 수 있다. 즉 "루키우스 티티우스(Lucius
Titius)는 상속인이 된다. 그리고 당신이 알고 있고 또한 할 수 있는
날로부터 100일 이내에 숙려결정해야 한다. 만약 이렇게 하여 숙려
결정하지 않으면 당신은 폐제된 사람이 된다. 이때에는 메우이우스
(Maevius)가 상속인이고 100일 이내에 숙려결정해야 한다. 운운". 그
리고 각 개인은 다시 바라는 대로 보충지정할 수 있다.

175. 또한 각 개인에게는 1인의 상속인에, 1인 내지 2인 이상을 보충 지정하는 것(substitutus) 또는 반대로 복수의 상속인에 1인 내지 2인 이상을 보충지정하는 것이 허용된다.

176. 제1순위로 지정된 상속인은 상속을 숙려결정한다면 상속인으로 되고, 보충상속인은 제외된다. 지정상속인은 상속을 숙려결정하지 않으면 비록 상속인으로 행동하더라도 상속에서 배제되고 보충상속인이 지정상속인의 지위를 승계한다. 게다가 복수의 순위가 있는 경우, 그 각각의 순위에 관하여 마찬가지 방법으로 동일한 승계가 이어진다.

177. 그렇지만 숙려결정기간이 상속에서 폐제하는 문언 없이 붙여진 경우, 즉 "만약 당신이 숙려결정하지 않으면 푸블리우스 메우이우스(Publius Maevius)가 상속인이 된다"라는 문언으로 된 경우에는 다음과 같은 차이가 있다. 즉 제1순위로 지정된 상속인이 숙려결정하지 않고 상속인으로 행동했다면, 그 사람은 보충상속인의 지분(持分)을 인정하고, 양자는 평등한 지분을 갖는 상속인이 된다. 그렇지만 제1순위로 지정된 상속인이 숙려결정도 하지 않고 상속인으로 행동하지도 않는다면, 그 사람은 완전하게 배제되고 보충상속인이 상속재산 전부를 상속한다.

178. 그렇지만 사비누스(Sabinus)의 견해로는, 제1순위로 지정된 상속인이 숙려결정하고, 상속인이 될 수 있는 동안은 비록 상속인으로 행동했다 하더라도 보충상속인의 상속은 인정되지 않는다. 한편 숙려결정기간이 종료한 경우에는, 제1순위로 지정된 상속인이 상속인으로 행동했으면 보충상속인의 상속은 인정된다. 그렇지만 다른 견해에서는 숙려결정기간 중이더라도 제1순위로 지정된 상속인이

상속인으로 행동했다면 상속재산의 일부에 관해 보충상속인이 상속
하는 것을 인정하지 않으면 안 되고, 더 이상 숙려결정을 할 수 없게
된다.

미성숙자를 위한 보충지정

179. 앞에서 이미 서술한 바와 같이, 권력 아래에 있는 미성숙한
비속(卑屬)이 상속인으로 되지 못하는 경우에는 다른 사람이 상속인
으로 되도록 보충지정을 할 수 있다. 더구나 이들 비속이 상속인으
로 되고, 그리고 미성숙인 채 사망한 경우에도 다른 사람이 그 미성
숙자의 상속인으로 되도록 보충지정할 수 있다. 예를 들면 "나의 자
식 티티우스(Titius)는 나의 상속인이 된다. 나의 자식이 나의 상속인
으로 되지 못한 때, 혹은 나의 상속인이고, 그리고 후견에 따르고 있
는 동안에 사망한 때에는 세이우스(Seius)가 상속인이 된다"라는 방
법으로 행한다.

180. 이 경우 아들이 상속인으로 되지 못하는 경우에는 보충상속
인이 아버지의 상속인이 된다. 이에 대하여 아들이 상속인이 되고
성숙하게 되기 전에 사망한 경우에는, 보충상속인은 아들 자신의 상
속인이 된다. 따라서 어떤 의미에서 유언은 두 가지가 있다고 할 수
있다. 즉 하나는 아버지의 유언이고, 다른 하나는 아들의 유언인데,
후자는 마치 아들 자신이 자신을 위하여 상속을 지정하는 것과 같은
것이다. 어쨌든 확실한 것은 두 가지의 상속재산에 관하여 유언은
하나로 하게 되어 있다는 점이다.

181. 그 밖에 존속(尊屬)의 사망 후에 미성숙자(未成熟者)가 속임
을 당하게 되는 위험에 노출되지 않게 하려는 생각에서 통상 보충지
정(補充指定; substitutio vulgaris)을 분명히 하고자, 즉 미성숙자를 상

속인으로 지정하는 몇몇 경우에 행하는 것이 관례이다. 왜 그러냐 하면 통상 보충지정은 미성숙자가 상속인으로 되지 못하는 경우에, 보충상속인을 상속에 소환하여 하게 되기 때문이다. 이것이 발생하는 것은 미성숙자가 존속의 생존 중에 사망하는 경우이다. 이 경우 당연한 것이지만 유언서에 기재되어 있는 것은 모두 유언자의 생존 중에는 알려지지 않은 것이기 때문에 보충상속인의 비행(非行)을 조금도 의심할 바 아니다. 이에 대하여 미성숙자가 상속인이 되고 동시에 미성숙인 동안에 사망한 경우이더라도, 보충상속인을 소환하는 보충지정을 별개의 사항으로 후의 유언서에 기재하고 유언서를 각각 끈과 밀랍으로 봉인하고, 앞의 유언서에서, 그 다음의 유언서를 아들이 생존하고 아직 미성숙인 동안에는 개봉하지 않도록 정한다. 그러나 두 가지 종류의 보충지정이기는 하지만 이와 별개로 조금 후의 유언서에서 봉인시키는 방법이 훨씬 안전하다. 왜냐하면 서술한 바처럼 보충지정이 봉인하게 하고 혹은 별개로 되어 있는 경우, 조금 앞의 보충지정에 의거하여 다른 일방의 보충지정에 있어서도 같은 인물이 보충지정될 수 있음을 추정할 수 있기 때문이다.

182. 그런데 상속인에게 지정된 미성숙한 비속이 성숙하기 전에 사망한 경우에는, 각 개인이 바라는 사람이 상속인으로 되도록 보충지정 할 수 있을 뿐만 아니라 상속에서 폐제된 비속에 대해서도 그렇게 할 수 있다. 따라서 이 경우에는 근친자(近親者)로부터의 상속(相續), 유증(遺贈), 증여(贈與; donatio propinquorum)에 근거하여 무엇인가를 미성숙자가 취득하는 것으로 되면, 그것은 모두 보충상속인에게 귀속하게 된다.

183. 상속인으로 지정되거나 혹은 상속에서 폐제된 미성숙한 비속의 보충지정에 관해서 앞에서 서술한 것은 후생자에 관해서도 그

대로 타당한 것으로 이해할 수 있다.

184. 이에 대하여 상속인으로 지정된 가외자(家外者)에 관하여, 이 사람이 상속인이 되고, 그리고 일정 기간 내에 사망한 경우에는, 다른 사람이 그 상속인이 되도록 보충지정 할 수는 없다. 다만 그 가 외자(家外者)에 대하여 신탁유증(信託遺贈)에 의하여 그 상속재산을 전부 또는 일부에 관하여 제3자에게 반환하도록 의무를 지게 할 수 있을 뿐이다. 이 법이 어떠한 것인가에 관해서는 해당되는 곳에서 설명하기로 한다.

지정상속인으로서의 노예

185. 그런데 자유인과 마찬가지로 노예도 어느 특정한 사람에게 속해 있든지 다른 사람에 속해 있든지 상속인으로 지정될 수 있다.

186. 그러나 이 경우 각자의 노예는 자유인이자 상속인이라고 명 령되지 않으면 안 된다. 즉, 다음과 같은 방식으로 해야 한다. 즉, "나의 노예 스티쿠스(Stichus)는 자유인이고 상속인이 된다" 혹은 "상 속인이고 자유인이 된다"라는 방법으로 해야 한다.

187. 즉 노예가 자유부여를 수반하지 못한 채 상속인으로 지정되 었다면, 설령 후에 주인으로부터 해방되더라도 상속인이 될 수 없 다. 왜 그러냐 하면 이 상속인지정은 지정됨에 걸맞지 않은 지위를 가진 사람에게 행해졌기 때문이다. 그러므로 비록 그가 양도된 경우 에 새로운 주인의 명령이 있다 하더라도 상속을 숙려결정할 수 없다 (cerne heredidatum).

188. 이에 대하여 자유부여를 수반하고 상속인으로 지정된 노예

가 동일한 상태 그대로 있는 경우, 유언에 의하여 자유인이 되고, 이와 함께 그에 따라 필연상속인이 된다. 한편 노예가 유언자 자신에 의하여 해방된 경우에는 자기의 판단으로 상속을 승인할 수 있다. 그렇지만 노예가 양도된 경우에는 새로운 주인의 명령이 있게 되면 상속을 승인하지 않으면 안 된다. 이렇게 하여 새로운 주인이 노예를 통하여 상속인으로 된다. 왜 그러냐 하면 노예 자신은 상속인으로도 자유인으로도 될 수 없기 때문이다.

189. 상속인으로 지정된 타인의 노예도 동일한 상태 그대로 있으면서 주인의 명령이 있게 되면 상속을 승인하지 않으면 안 된다(adire hereditatum). 이에 대하여 그 노예가 유언자의 생존 중 또는 그 사망 후, 숙려결정하기 전에 주인에 의하여 양도된 경우, 새로운 주인의 명령이 있게 되면 숙려결정하지 않으면 안 된다. 그렇지만 그 노예가 해방된 경우 그 사람은 자신의 판단으로 상속을 승인할 수 있다.

190. 그런데 타인의 노예가 통상숙려결정기간(通常熟慮決定期間)을 덧붙여 상속인으로 지정된 경우에는, 노예 자신이 스스로 상속인으로 지정된 것을 알고 또한 주인에게 확실히 전해 줌에 아무런 장애(障碍)도 없게 되면, 숙려결정기간이 개시되는 것으로 해석하고 주인의 명령이 있으면 숙려결정할 수 있다.

유 증

191. 다음으로 유증(遺贈; legatum)에 관하여 살펴보기로 한다. 어떻게 보든지 법의 이 부분은 이제까지 다뤄 온 주제에서 벗어난 것처럼 보인다. 왜 그러냐 하면 우리는 물건이 포괄적으로(per universitatem) 각 사람에게 취득되는 법적 방법에 관하여 서술해 왔

기 때문이다. 그렇지만 어쨌든 우리는 유언에 관하여, 또한 유언에 의하여 지정된 상속인에 관해 서술해 왔으므로 충분한 이유를 가지고 이 법의 문제를 이하에서 다룰 수 있을 것이다.

유증의 방식

192. 유증(遺贈)에는 네 가지 종류가 있다. 즉 물권유증(物權遺贈; legatum per rindicationem), 채권유증(債權遺贈; legatum per damnationem), 허용유증(許容遺贈; legatum sinendi modo), 선취유증(先取遺贈; legatum per praeceptionen)이 그것이다.

직접유증

193. 물권유증은 다음과 같이 한다. 예를 들면 "나는 루키우스 티티우스(Lucius Titius)에게 노예 스티쿠스(Stichus)를 주는 것으로 유증한다". 그렇지만 예를 들면 "나는 준다" 또는 "나는 유증한다" 가운데 어느 것이 기재되어 있는 경우에도 마찬가지로 물권유증이 행해지게 된다. 또한 통설에 의하면 "취득하게 한다" 혹은 "자기를 위하여 소지해라" 혹은 "획득하라"라는 식으로 유증한 경우에도 그대로 물권유증이 된다.

194. 그런데 이 유증을 물권유증이라고 부르는 이유는 그 물건이 상속승인 후 바로 퀴리테스(Quirites)권에 근거하여 수유자(受遺者; legatarii)에게 귀속하게 되기 때문이다. 그런데 수유자가 그 물건의 반환을 상속인에게 혹은 그것을 점유하는 다른 어느 사람에게 청구하는 경우, 그는 소유물반환청구(所有物返還請求; vidicare), 즉 그 물건은 퀴리테스권에 근거하여 자신의 소유물이라고 주장해야 한다.

195. 법학자들은 다음과 같은 점에서는 견해를 달리한다. 즉 사

비누스(Sabinus), 카시우스(Cassius)[61] 기타의 우리 학파의 여러 학자
들은 수유자(受遺者)가 비록 자신에게 유증(遺贈)이 된 것을 알지 못
했다 하더라도 그렇게 함으로써 유증된 물건은 상속 후 바로 수유자
에게 귀속하는 것으로 되지만, 수유자가 유증을 알고, 또한 포기한
때에는 마치 유증이 행해지지 않았던 것과 같이 생각한다. 이에 대
하여 네르바(Nerva), 프로쿨루스(Proculus), 그 밖의 반대학파의 여러
학자들의 경우 수유자가 물건이 자신에게 귀속하는 것을 원해야만
비로소 물건은 수유자에게 귀속하는 것으로 생각한다. 그렇기는 하
지만 작금의 현실에서는 안토니누스 피우스(Antoninus Pius)의 칙법
에 의하여 프로쿨루스의 학설을 일반적으로 법으로 적용하고 있다
고 생각한다. 왜 그러냐 하면 이 칙법에서 황제는 라틴인이 식민시
(植民市)를 위하여 물권유증을 한 경우에는 시참사회(市參事會)는 마
치 1인을 위하여 유증한 것처럼 라틴인이 식민시에 귀속하는 것을
바라는지 어떤지 숙려해야 하는 것으로 천명하고 있기 때문이다.

196. 그런데 퀴리테스(Quirites)권에 근거하여 유언자 자신에게
귀속하는 물건만이 유효하게 물권유증을 성립시킨다. 그러면서도
굳이 예를 들면 포도주, 기름, 곡물, 현금처럼 무게, 수, 양으로 정해
지게 되어 있는 물건에 관해서는 사망 시에 퀴리테스권에 근거하여
유언자에게 귀속하고 있으면 그것으로 충분하다고 규정되어 있다.
이에 대하여 기타의 물건에 관해서는 두 시점에서, 즉 유언을 작성한
때나 사망한 때나 퀴리테스권에 근거하여 유언자에게 귀속해 있지
않으면 안 되는 것으로 규정되어 있다. 그렇지 않은 경우 유증은 무
효이다.

---

61) Caius Cassius Longinus로 기원후 1세기의 법학자이면서 사비누스학파
   의 일원이다.

네로 황제의 제안에 의한 원로원의결

197. 그렇지만 물론 이것은 시민법에 규정된 것이다. 이에 대하여 후에 네로(Nero) 황제의 제안에 의하여 원로원의결(senatus consultum Neronianum)이 가결된 바 있다.[62] 이에 의하면 어느 누군가와 전혀 그에게 귀속되어 있지 않은 물건을 유증한 경우에도, 마치 최고의 법에 의하여 행해진 것처럼 유증은 유효하다고 규정되어 있다. 여기에서 최고의 법이란 채권유증(債權遺贈)의 법이다. 후에 분명하게 된 것처럼 이러한 유증에 의하여 타인의 물건까지 유증할 수 있는 것으로 되었다.

198. 그렇지만 어느 사람이 자신의 물건을 유증하고, 뒤이어 유언작성 후에 양도한 경우에는 유증은 시민법상 무효일 뿐만 아니라 원로원의결에 의해서도 유효하지 않다고 많은 사람들은 생각하게 되었다. 이렇게 말하는 것은 다음과 같은 이유에서이다. 즉 어느 사람이 자신의 물건을 채권유증하고, 후에 그것을 양도한 경우에도 비록 법상으로는 당연히 유증이 유효하지만 수유자가 사망자의 의사에 반하여 청구하려고 하는 때에는, 이 역시 악의의 항변에 의하여 배척되어야 한다고 많은 사람들은 생각하고 있기 때문이다.

199. 같은 물건이 2인 또는 그 이상의 사람들에게 일괄적으로나 (coniumctim) 혹은 개별적으로(disiunctim) 물권유증(物權遺贈)이 되고, 그리고 모든 사람이 그 유증을 받은 경우에는 각 지분(持分)은 개별 수유자에게 귀속하고, 또한 수취되지 않은 수유자의 지분은 공동수유자에게 첨가하게 된다고 정해져 있다. 일괄적 유증은 "나는 티티

---

62) 기원후 60년부터 64년에 제정된 「유증에 관한 네로 원로원의결(senatus consultum Neronianum de legatis)」을 말한다.

우스(Titius) 및 세이우스(Seius)에게 노예 스티쿠스(Stichus)를 주는 유
증을 한다"라는 방식으로 행한다. 개별적 유증은 "나는 티티우스에
게 노예 스티쿠스를 주는 유증을 한다", "나는 세이우스(Seius)에게
동일한 노예를 주는 유증을 한다"라는 방식으로 행한다.

200. 조건부로(sub condicione) 물권유증이 된 물건이 조건성취가
되지 않은 동안은 누구에게 귀속하게 되는지, 이에 관한 다툼이 있
다. 우리 학파의 여러 학자들은 후보자유인(候補自由人), 즉 유언에
의하여 어떠한 조건부로 자유라고 명해진 노예를 예로 들어 상속인
에게 귀속한다고 생각한다. 이러한 사람은 조건이 성취하지 않고 있
는 동안은 상속인의 노예라고 정해지게 된다. 그렇지만 반대학파의
여러 학자들은 그동안 유증된 물건은 어느 누구에게도 귀속하지 않
는다고 생각한다. 그리고 다시 수유자가 그 유증을 승인하기 이전에
는 조건을 붙이지 않고 유증된 물건에 관해서도 누구에게도 귀속하
지 않는다고 서술하고 있다.

채권유증

201. 채권유증(債權遺贈)은 "나의 상속인은 나의 노예 스티쿠스
(Stichus)를 넘겨주는 책임을 부담한다"라는 방법으로 한다. 그러나
"주어야 함"이라고 기재된 경우에도 채권유증은 행해지는 것으로 본
친다.

202. 그리고 이러한 종류의 유증에 의하면 타인의 물건까지도 유
증할 수 있다.[63] 상속인은 물건을 매수하여 넘겨주거나 혹은 그 물

---

63) 우리 민법상 유증은 유언으로 재산을 타인에게 증여하는 단독행위이며,
    재산의 처분행위이므로 조건이나 기한을 붙일 수 있고 시기나 종기를 정
    할 수도 있다. 그리고 유증의 목적물은 유증자의 일신전속하는 것을 제외

건의 평가액을 건네주지 않으면 안 된다.

203. 지금 당장은 없지만 장래에 존재하게 되는 물건도 채권유증
(債權遺贈)할 수 있다. 예를 들면 "특정한 토지에서 산출하는 과실"
또는 "특정한 여자 노예로부터 출생하는 자녀"같은 것이다.

204. 이렇게 유증된 물건은 설령 그것이 조건 없이 유증되었다
하더라도 상속승인(相續承認)을 한 다음에는 물권유증처럼 직접 수유
자가 취득하는 것이 아니라 상속인에게 귀속된다. 따라서 수유자는
대인소송(對人訴訟)을 제기하여야 한다. 즉 상속인이 자신에게 그 물
건을 넘겨주는 것을 요구한다고 주장해야 한다. 이 경우 상속인은
수중물(手中物)이라면 소유권으로 넘겨주든지 혹은 법정양도를 하여
점유를 이전하여야 한다. 비수중물(非手中物)이면 인도하는 것으로
충분하다. 이에 대하여 상속인이 수중물을 인도하기만 하고 악취행
위로 양도하지 않았으면, 그 물건은 사용취득(使用取得)에 의하여 법
상 완전하게 수유자에게 귀속하게 된다. 다른 곳에서 이미 설명한
바와 같이 사용취득이 완성하는 것은 동산에 관해서는 1년, 부동산
에 관해서는 2년이다.

205. 이 유증(遺贈)과 물권유증(物權遺贈)의 사이에는 다음과 같은
차이가 있다. 즉 동일한 물건이 2인 또는 그 이상의 사람에게 채권유

하고 유증자의 재산은 그 객체가 되며, 예외적으로 유증자의 소유에 속하
지 아니하는 물건도 유증의 의사를 명백히 표시한 경우에는 유효하다(제
1087조 제1항). 여기서 유증자의 소유에 속하지 않는 물건도 유증의 목적
물이 될 수 있음을 주의해야 한다. 계약의 낙성적 특성과 함께 근대시민생
활이 실제적 여건에 묶여서가 아니라 의사에 의해 도모되도록 짜여지는
것임을 잘 보여 주는 것이라 하겠다.

증된 경우 포괄적으로 유증되었다면 물권유증처럼 명확하게 각 수유자에게 그 지분(持分)이 넘어간다. 이에 대하여 개별적으로 유증되었으면 그 하나하나가 각 수유자에게 귀속한다. 이렇게 상속인은 당연히 한편으로는 물건을 넘겨주지 않으면 안 되고, 다른 한편으로는 물건의 평가액을 건네주지 않으면 안 된다. 또한 포괄적으로 유증되었다면 수취되지 않은 수유자의 지분은 공동수유자(共同受遺者)에게 귀속하는 것으로 되지 않고 상속재산으로 남게 된다.

206. 그런데 수취되지 않은 수유자의 지분은 채권유증에 있어서는 상속재산 중에 남게 되고, 물권유증에 있어서는 공동수유자에게 첨가된다고 서술한 바 있는데, 그것은 파피우스 법(lex Papia)[64] 이전에 시민법에서 그렇게 되어 왔다고 하는 점에 주의하지 않으면 안 된다. 그렇지만 파피우스 법 이후에는 수취되지 않은 수유자의 지분은 소유자(所有者)가 없는 물건이 되고, 그 유언에 있어서 지정된 사람 가운데 비속을 두고 있는 사람에게 귀속하게 된다.

207. 그리고 비록 소유자가 없는 재산을 반환청구하는 때, 제1순위는 상속인 중 비속(卑屬)인 사람이고, 상속인이 비속을 두고 있지 않으면, 그 순위가 수유자 중에 비속이 있는 사람에게 넘어가게 되지만, 일괄된 공동수유자가 비속을 두고 있는 경우에는 설령 상속인이 비속을 두고 있는 경우에도 상속인에 우선한다고 파피우스 법(lex Papia)에 규정되어 있다.

208. 그렇지만 다수의 학자에 의하면 파피우스 법(lex Papia)에 의

---

64) 기원후 9년에 제정된 「파피우스 포파에우스 법(lex Papia Poppaea)」을 말한다.

하여 일괄된 공동수유자(共同受遺者)를 위하여 정해진 권리에 관해서는 물권유증인가 채권유증인가는 중요하지 않다.

허용유증

209. 허용유증(許容遺贈; legatum sinendi modo)은 "나의 상속인은 루키우스 티티우스(Lucius Titius)가 노예 스티쿠스(Stichus)를 수취하고, 그리고 티티우스 자신을 위하여 소지하는 것을 허용할 의무를 부담한다"라는 방식으로 행한다.

간접유증

210. 이러한 종류의 유증은 물권유증(物權遺贈)에 비교한다면 넓지만 채권유증(債權遺贈)에 비하면 좁다. 즉 이들 각 유증에 의하면 유언자는 자신의 물건뿐만 아니라 그의 상속인의 물건도 유효하게 유증할 수 있다. 왜 그러냐 하면 물권유증에 의하면 자신의 물건밖에 유증할 수 없음에 반하여 채권유증에 의하면 어느 사람이든지 타인의 물건도 유증할 수 있기 때문이다.

211. 그렇지만 유언자의 사망 시에 물건이 유언자 자신 또는 그의 상속인에게 귀속하는 것이라면, 유언 작성의 시점에서 이 양자에게 귀속하지 않았더라도 허용유언은 그대로 유효하다.

212. 또한 이 물건이 유언자의 사망 후에 비로소 상속인에게 귀속하게 되는 경우 허용유증(許容遺贈)이 유효인지 여부가 문제이다. 여기에 이 유증의 대다수는 무효라고 생각한다. 그러면 어떻게 되는가? 어느 사람이 그 사람에게 귀속돼 있지 않고, 그리고 후에 그 사람의 상속인에게 귀속하는 것으로도 되지 않는 물건을 유증한 경우에까지 네로(Nero) 원로원의결에 의하면 마치 채권유증이 행해진 것

처럼 간주된다.

213. 채권유증된 물건은 상속승인 후 바로 수유자(受遺者)에게 귀속하게 되는 것이 아니고, 상속인이 인도(引渡)하거나, 혹은 악취행위(握取行爲) 혹은 법정양도(法廷讓渡)에 의하여 그 물건이 수유자에게 귀속하게 되기까지는 상속인 아래에 남아 있게 된다. 이와 같은 것은 허용유증에도 그대로 적합하다. 따라서 이러한 종류의 유증을 원인으로 하는 대인소송(對人訴訟)은 "상속인이 유언에 근거하여 주어야 하고, 해야 하는 것으로 요구하는 것은 어떠어떠한 것임"이라는 방식으로 행하게 된다.

214. 그렇지만 이렇게 한 유언에 의하여 상속인은 악취행위로 양도하든지, 혹은 법정양도를 하든지, 혹은 인도를 하든지의 의무를 부담하는 것으로 간주하게 되지 않고, 수유자가 물건을 수취(受取)하는 것을 인정하는 것만으로 충분하다고 생각하는 사람들이 있다. 이렇게 생각하는 것은 유언자는 상속인에게 수유자가 자신을 위하여 그 물건을 소지(所持)하는 것을 허용하는, 결국 인정하는 것 이상의 것은 아무것도 명하지 않았기 때문이다.

215. 동일물(同一物)을 2인 또는 그 이상의 사람에게 개별적으로 허용유증한 경우, 이 유증에 관해서는 더욱 크나큰 논쟁이 발생한다. 즉 어떤 사람들은 물권유증처럼 각자에게 그 전부가 넘겨진다고 생각한다. 어떤 사람들은 보다 유리한 조건이 선점자(先占者)에게 있다고 생각한다. 왜냐하면 이러한 종류의 유증에 있어서 상속인은 수유자가 물건을 소지하는 것을 인정할 의무를 부담하게 되고, 그 결과 상속인이 그 물건을 맨 먼저 취득하게 될 사람을 인정하고, 그가 물건을 수취하고 나면 상속인은 유증을 청구하는 사람에게 대항할 수

있기 때문이다. 왜 그러냐 하면 상속인은 유증을 청구하는 사람이
같은 물건을 수취하는 것을 인정하기 위하여 물건을 소지하는 것도
아니고, 또한 악의로 청구하는 사람으로 하여금 물건을 소지시키지
않기 위하여 소지하는 것도 아니기 때문이다.

선취유증

216. 선취유증(先取遺贈; legatum per praeceptionem)은 "루키우스
티티우스(Lucius Titius)는 노예 스티쿠스(Stichus)를 선취해라"라는 방
식으로 한다.

217. 그렇지만 우리 학파의 여러 학자들은 이 방법에 의해서는
어느 부분의 상속인으로 기재된 사람 이외에는 유증을 할 수 없다고
생각한다. 왜냐하면 선취한다는 것은 우선하여 수취하는 것이기 때
문이다. 이것이 어떤 부분의 상속인으로 지정된 사람에게만 발생하
는 것은 이 사람이 상속분(相續分) 이외에 우선하여 유증을 받을 수
있게 되어 있기 때문이다.

218. 그러므로 상속인이 아닌 사람에 대하여 선취유증(先取遺贈)
시키고 있는 경우에는 그 유증은 무효이다. 사비누스(Sabinus)가 네
로(Nero) 원로원에 의하여도 뒤집을 수 없다고 판단한 정도였다. 즉
이 원로원의결에서 인정하고 있는 것은 문언(文言)의 하자(verborum
vitio)에 의하여 시민법상 유효하지 않은 유증이고, 수유자의 인적 하
자(人的 瑕疵)로 인하여 무효로 되는 유증은 아니기 때문이라고 사비
누스는 서술하고 있다. 그러나 율리아누스(Julian)[65]와 섹스투스

---

65) Salvius Julianus(기원후 110년-170년)로, 기원후 2세기의 저명한 법학자
  이자 공직자, 정치가로, 하드리아누스 황제(기원후 117년-138년), 안토니
  누스 비오(기원후 138년-161년), 마커스 아우렐리우스(기원후 161년-180

(Sextus)[66]는 이 경우에도 원로원의결에 근거하여 유증이 인정된다고 생각하고 있다. 왜 그러냐 하면 이 경우에도 문언에 의하여 시민법상 유증은 무효라는 결과가 발생하고, 이 때문에 동일한 사람에게 다른 문언으로 예를 들면 물권유증(物權遺贈), 채권유증(債權遺贈), 허용유증(許容遺贈)에 의하여 정당하게 유증될 수 있는 것은 확실하기 때문이다. 그런데 어떠한 방법에 의해서도 유증을 받은 수 없는 사람, 예를 들면 유언에 의하여 취득할 능력을 가지지 못하는 외인에 대하여 유증이 된 때에는 인적 하자에 의하여 유증은 유효하게 되지 못한다. 이러한 경우 물론 원로원의결이 적용될 여지도 없다.

선취유증

219. 마찬가지로 우리 학파의 여러 학자들에 의하면 이 방법으로 유증을 받은 사람은 상속인 사이에서 상속재산을 분할하기 위하여 즉 분배하기 위하여 통상 사용되는 가산분할소송(家産分割訴訟; actio familiae erciscundae) 이외의 어떠한 수단에 의해서도 이렇게 유증된 물건을 수취할 수 없다. 왜냐하면 선취유증된 물건을 그 사람에게 재정부여(裁定附與)하는 것은 심판인(審判人)의 직무에 속하기 때문이다.

220. 따라서 물건이 유언자에게 귀속하고 있지 않은 경우 우리 학파의 여러 학자들의 견해에 의하면 어떠한 물건도 선취유증할 수 없다는 것으로 이해해야 한다. 왜냐하면 상속재산 이외의 물건은 이

년)의 통치기간 동안에 활동했다.
66) 섹스투스 폼포니우스(Sextus Pomponius), 섹스투스 페디우스(Sextus Pedius; 기원후 50년-120년), 섹스투스 카이킬리우스 아프리카누스(Sextus Caecilius Africanus)를 말한다.

소송의 대상이 되지 않기 때문이다. 따라서 자신에게 귀속하고 있지 않은 물건을 유언자가 이 방법으로 유증한 경우, 시민법상 그 유증은 무효이지만 원로원의결에 의하면 유효한 것으로 인정된다. 그렇지만 우리 학파의 여러 학자들은 타인의 물건도 어느 경우에는 선취유증할 수 있다고 인정한다. 예를 들면 신탁(信託)을 원인으로 하여 채권자의 소유권(mancipium)으로 넘겨준 물건을 유증한 경우이다. 즉 금전을 변제함으로써 그 물건을 회복할 수 있도록 심판인의 직무에 근거하여 공동상속인을 강제할 수 있고, 그 결과 이렇게 유증받은 사람이 우선적으로 취득할 수 있다고 우리 학파의 여러 학자들은 생각한다.

221. 그렇지만 반대학파의 여러 학자들은 "먼저"라는 접두사가 붙어 있는 것은 말할 나위도 없이, 마치 "티티우스(Titius)가 노예 스티쿠스(Stichus)를 취하는 것으로 함"이라고 기재되어 있는 것처럼, 상속인 이외의 사람에게도 선취유증할 수 있다고 생각한다. 따라서 그 물건이 물권유증된다고 간주한다. 이 견해는 하드리아누스(Hadrian) 황제의 칙법에 의하여 인정되었다고 전해지고 있다.

222. 따라서 이 견해에 의하면 그 물건이 퀴리테스(Quirites)권에 근거하여 사망자에게 귀속하고 있는 경우에는, 수유자가 상속인 중의 1인이든지, 상속인 이외의 사람이든지 그는 물건의 반환청구를 할 수 있다. 또한 그것이 단지 유언자의 재산 중에 있었던 경우에는 분명히 유증은 원로원의결에 의거하여 상속인 이외의 사람에게는 유효한 것으로 되겠지만, 상속인에게는 가산분할소송(家産分割訴訟)의 심판인의 직무에 의해서 급부되는 것으로 된다. 어떠한 법에 있어서나 그것이 유언자에게 귀속하지 않는 경우에는 유증(遺贈)은 원로원의결에 근거하여 상속인에게도 상속인 이외의 사람에게도 유효

한 것으로 된다.

223. 우리의 견해에 의하면 상속인에게, 혹은 반대학파의 견해에 의하면, 상속인 이외의 사람에게도 같은 물건이 2인 또는 그 이상의 사람들에게, 일괄하여 혹은 개별적으로 유증되는 경우, 각 사람은 각각의 지분을 가져야 하는 것으로 된다.

유증의 제한

224. [팔키디우스 법 주해(AD LEGEM FALCIDIAM)] 그렇지만 이전에는 모든 재산을 유증 및 노예해방에 의하여 소비해 버리고 상속인(相續人)에게는 상속인이라는 실속 없는 이름 이외에는 아무것도 남기지 않는 것도 허용되어 있다. 그리고 이것은 12표법이 인정하고 있었던 것으로 여기고 있다. 동법에서는 "자신의 물건에 대하여 유증한 것처럼 그대로 법인 것으로 함"이라는 문언으로 규정되어 있다. 즉 각자가 자신의 물건에 관하여 유언을 한 것은 유효하다고 규정하고 있다. 그 결과 지정상속인인 사람은 상속을 거절하였으며, 그로 말미암아 다수의 사람들은 무유언(無遺言)으로 사망한 것으로 되었다.

퓨리우스 법

225. 여기에 퓨리우스 법(lex Furia)[67]이 제정되었다. 동법에서는 약간의 사람을 제외하고 유언에 의하여 혹은 사망을 원인으로 하여 1000아스보다 더 많이 취득하는 것이 허용되지 않았다. 그렇지만 이 법률도 그 의도하는 바를 달성하지는 못했다. 왜냐하면 예를 들어 5000아스의 재산을 가지고 있는 사람은 5인의 사람에게 각각 1000

---

67) 기원전 169년부터 140년 사이에 제정된 「유언에 관한 퓨리우스 법(lex Furia testamentaria)」을 말한다.

아스씩을 유증함으로써 모든 재산을 소비할 수 있었기 때문이다.

보코니우스 법

226. 그러므로 그 후 보코니우스 법(lex Voconia; 기원전 169년 제정)이 제정되었다. 동법에는 수유자(受遺者)는 유증(遺贈) 혹은 사망(死亡)을 원인으로 하여 상속인보다 많이 취득해서는 안 된다고 규정되어 있다. 이 법률에 의하면 상속인은 어떠한 경우에도 확실히 얼마만큼은 취득한다고 생각할 수 있다. 그러나 거의 마찬가지의 결함이 발생한다. 왜 그러냐 하면 다수의 수유자에게 재산을 분배하게 되더라도 유언자는 상속인에게 최소의 재산을 남길 수 있게 되고, 이 최소의 이익을 위하여 모든 상속재산의 부담을 인수하는 것은 상속인에게 이익이 되지 않을 것이기 때문이다.

팔키디우스 법

227. 이에 팔키디우스 법(lex Falcidia; 기원전 40년 제정)이 제정되었다. 동법에는 수유자에게 4분의 3을 넘어 유증해서는 안 된다고 규정되어 있다. 따라서 상속인에게 상속재산의 4분의 1을 남기지 않으면 안 된다. 작금 이 법이 적용되고 있다.

푸피우스 카니니스 법

228. 자유부여(自由附與)에 관해서도 푸피우스 카니니스 법(lex Fufia Caninia)은 지나친 방종을 억제하였다. 이에 관해서는 제1권에서 설명한 바 있다.

유언의 성립요건

229. [무효인 유증에 관해서] 상속인지정(相續人指定; heredis institutio) 전에 한 유증은 무효이다. 왜 그러냐 하면 명확하게 유언은 상속인

지정에 의하여 효력을 가지게 되기 때문이다. 그러므로 상속인지정
은 유언 전체의 그야말로 핵심이면서 기초(基礎)이다.

230. 같은 이유에서 상속인지정 이전에는 자유부여를 할 수 없
다.

231. 우리 학파의 여러 학자들은 상속인 지정 이전에 후견인(後
見人)을 덧붙일 수 없다고 생각한다. 그렇지만 라베오(Labeo)와 프로
쿨루스(Proculus)는 후견인을 덧붙이더라도 상속재산은 조금도 감소
하지 않기 때문에 후견인을 덧붙일 수 있다고 생각한다.

232. 상속인의 사망 후에 효력을 발생하도록 하는 유증 즉 "나의
상속인이 사망한 때 나는 넘겨주고, 유증한다", 혹은 "주기로 한다"
고 하는 것 같은 유증도 마찬가지로 무효이다. 그러나 다음과 같은
유증 즉 "나의 상속인이 사망한 때에는"이라고 하는 유증은 유효이
다. 왜냐하면 상속인의 사후에는 유증되지 않고 사망 시에 유증되기
때문이다. 이에 대하여 "나의 상속인이 사망 전날에"와 같이 하는 유
증은 할 수 없다. 왜 그러냐 하면 그것은 충분한 이유에서 지정했다
고 간주할 수 없기 때문이다.

233. 자유부여에 관해서도 같은 정례(定例)가 적합하다고 할 수
있을 것이다.

234. 이에 대하여 상속인 사망 후에 후견인을 덧붙일 수 있는지
여부를 문제 삼는 사람에게는 아마 상속인지정 전에 덧붙여진 후견
인에 관하여 논의된 것과 똑같은 문제가 발생할 것이다.

그 밖의 특수유증

징벌을 위한 유증

235. [징벌을 위한 유증에 대하여] 징벌(懲罰)을 위한 유증도 무효이다.[68] 여기서 상속인을 징벌하기 위하여 상속인에게 무엇인가를 시키거나 혹은 시키지 않도록 하기 위하여 하는 유증이 징벌을 위한 유증이다. 예를 들면 "나의 상속인이 그의 딸을 티티우스(Titius)와 혼인시키게 되면 10000세스테르티우스(sesterces)를 세이우스(Seius)에게 준다" 혹은 "당신이 딸을 티티우스와 혼인시키지 않는다면 10000세스테르티우스를 세이우스에게 준다"고 유증하는 경우이다. 또한 예를 들어 상속인이 2년 이내에 유언자를 위하여 묘비를 만들지 않는다면 티티우스에게 10000세스테르티우스를 넘겨준다고 명하는 경우도 징벌을 위한 유증이다. 요컨대 그야말로 앞의 정의에 맞추어 찾으면 다수의 유사한 사례를 찾아볼 수 있다.

236. 징벌을 위해서라도 자유를 부여할 수는 없다. 다만 이에 관해서는 문제되는 점이 있다.

237. 이에 대하여 후견인에 관하여는 문제될 만한 것이 없다. 왜 그러냐 하면 후견인을 덧붙임에 의하여 상속인에게 무엇인가를 하게 하거나 혹은 무엇인가를 하지 못하도록 강제할 수는 없기 때문이다. 따라서 ……………………… 덧붙이고 ……………………… 징벌을 위하여 후견인이 덧붙여졌고 ……………………… 그것은 징벌을 하기 위해서라기보다는 도리어 조건부로 덧붙여진 것으로 보아야 하는

---

68) 로마시대에서는 상속인을 징벌하기 위하여 유증을 하는 경우가 논의되었으나, 현행 민법에서 이러한 내용을 위한 유증은 그 특성과 성질상 허용될 수 없다.

것이 된다.

불특정인에 대한 유증

238. 불특정인(incerta persona)을 위하여 한 유증은 무효이다. 여기서 불특정적인 사람으로 보아야 되는 것은 유언자가 그 의식상 확정적인 형상을 그려 지니지 못하는 사람이다. 예를 들어 "나의 장례식에 최초로 온 사람에게 내 상속인은 10000세스테르티우스를 주어라"라고 유증하는 경우이다. "누구든지 나의 장례식에 온 사람"이라든지 일반적으로 모든 사람에게 유증하는 경우도 동일한 법이 들어맞는다. 또한 "누구든지 그 딸을 나의 자식에게 시집보내는 사람에게 나의 상속인은 10000세스테르티우스를 주는 것으로 함"이라고 하는 유증도 마찬가지이다. 즉 "유언작성 후에 최초로 집정관에 선출된 사람에게" 유증한 경우도 마찬가지이고, 그에 따라 그대로 불특정인 사람에게 유증한 것으로 간주하게 된다. 요컨대 이러한 종류의 사례는 이 외에도 많이 있다. 이에 대하여 일정한 지시 하에서 불특정인 사람을 위하여 한 유증은 유효하다. 예를 들어 "생존하고 있는 나의 혈족 중에 나의 장례식에 최초로 온 사람에게 나의 상속인은 1000세스테르티우스를 주는 것으로 함"과 같이 하는 경우이다.

239. 자유도 또한 불특정적인 사람에게 줄 수 있는 것으로는 볼 수 없다. 왜 그러냐 하면 푸피우스 카니니스 법(lex Fufia Caninia)은 이름을 적시하고 노예를 해방하도록 명하고 있기 때문이다.

신탁유증

240. 후견인으로 덧붙여지는 사람도 확정되어 있지 않으면 안 된다. 가외후생자(家外後生子)에게 유증하는 것도 무효이다.

241. 그런데 가외후생자라 함은 출생하더라도 유언자의 자권상속인(自權相續人)으로 되지 못하는 사람이다. 따라서 가부권면제된 아들에 의하여 포태된 손자도 가외후생자이다. 마찬가지로 시민법상 처로 볼 수 없는 여성이 포태하고 있는 태아도 아버지의 가외자가 된다.

242. 또한 가외후생자를 상속인으로 지정할 수도 없다. 왜냐하면 가외출생자는 불특정적인 사람(incerta persona)이기 때문이다.

243. 그런데 앞에서 서술한 바 이외의 것은 본래 유증에 관계되어 있는 사항이다. 징벌을 위하여 상속인을 지정할 수 없다고 생각하는 사람도 있지만, 이것은 이유가 없는 것은 아니다. 왜냐하면 어느 것을 할 수 있거나 혹은 할 수 없게 하는 것이라면 유증을 하려고 하는 상속인으로 명하는 것이나 공동상속인을 그에게 덧붙이는 것도 다르지 않기 때문이다. 왜 그러냐 하면 공동상속인의 덧붙임에 의하거나 유증의 부여에 의해서도 상속인은 스스로의 의사에 반하여 어느 것을 하거나 혹은 하지 못하도록 강제되기 때문이다.

244. 상속인으로 지정하는 사람의 권력에 따르는 사람에게 유효하게 유증을 할 수 있는지 여부가 문제된다. 세르비우스(Servius)는 다음과 같이 생각한다. 즉 그러한 유증은 유효하지만 유증의 효력발생일이 도래하는 시점에 그 사람이 그대로 권력 아래에 있게 되는 경우에는 유증은 무효이다. 따라서 조건을 붙이지 않고 유증(遺贈; pure legatum)한 경우에는, 유언자의 생존 중에 상속인의 권력에서 이탈한 때, 또는 조건부로 유증한 경우에는 그 조건성취 이전에 상속인의 권력에서 이탈한 때에 상속인은 유증의 의무를 부담한다. 사비누스(Sabinus)와 카시우스(Cassius)는 조건부의 유증은 유효이지만 무

조건의 유증은 무효라고 생각한다. 왜냐하면 이 사람들은 유언자의 생존 중에 상속인의 권력에서 이탈하였더라도 유언자가 유언작성 후 즉시 사망했다면 아무런 효력도 발생하지 않았을 텐데, 유언자가 그대로 생존하고 있기 때문에 유효로 되는 것은 적합하지 못하다는 이유에서 유증은 차라리 무효라고 이해하는 것이 당연하다고 생각하기 때문이다. 그러나 반대학파의 여러 학자들은 조건부의 유증도 유효하지 않다고 생각한다. 왜 그러냐 하면 어느 사람이든지 그의 권력 아래에 있는 사람에게 조건부로나 무조건으로나 채무를 부담하게 할 수 없기 때문이다.

245. 반대로 상대방의 권력 아래에 있는 사람이 상속인으로 지정되고, 이 사람이 상대방에게 유증하게 된 것이 유효하다는 것은 더 말할 나위도 없다. 그렇지만 상대방이 그 사람을 통하여 상속인으로 되었으면 유증은 무효이다. 왜 그러냐 하면 상대방은 그 자신에게 유증의 의무를 부담할 수는 없기 때문이다. 이에 대하여 자식이 가부권면제가 되거나, 혹은 노예가 해방되거나 또는 타인에게 양도되어 그 사람 자신이 상속인이 되거나 타인을 상속인으로 되게 하였으면, 상속인은 유증의 의무를 부담한다.

246. 이제 신탁유증(信託遺贈; fideicommissum)으로 눈을 옮겨 보기로 하자.

247. 우선 상속재산(相續財産)에 관해서 살펴보기로 한다.

상속재산의 신탁유증

248. 여기에서 특히 알아 두어야 할 것은 어느 사람을 상속인으로 적법하게 지정하고 그 상속재산이 제3자에게 인도되도록 하려면,

상속인의 신의(信義)에 맞추어 위임할 필요가 있다고 하는 점이다. 대체로 보아서 어느 누구도 적법하게 상속인으로 지정되어 있지 않은 유언은 무효이기 때문이다.

249. 그런데 신탁유증(信託遺贈)에 적기되는 문언으로는 "나는 청구한다", "나는 청탁한다", "나는 바란다", "나는 신의로 위임한다"가 유효하게 널리 사용되고 있다고 할 수 있다. 이러한 문언은 하나하나 사용되거나 일괄적으로 사용되거나 그대로 유효하다.

250. 따라서 우리가 "루키우스 티티우스는 상속인이어야 한다"라고 기재한 때에는 "루키우스 티티우스여, 나는 당신에게 청탁하고 청구한다. 당신이 나의 상속재산을 상속하게 되면 당신은 즉시 가이우스 세이우스(Gaius Seius)에게 넘겨주고 인도하도록"이라고 덧붙일 수 있다. 그런데 우리는 상속재산의 일부(一部)를 인도하는 것에 관해서도 청탁할 수 있다. 또한 조건을 붙여서, 혹은 조건을 붙이지 않고, 혹은 기일을 확정한 후에 신탁유증할 수도 있다.

251. 그런데 상속재산을 인도한 후에도 인도한 사람은 그대로 상속인(相續人)이다. 이에 대하여 상속재산을 수취한 사람은 어느 경우에는 상속인과 같은 지위에 있고, 어느 경우에는 수유자와 같은 지위에 있게 된다.

252. 그렇지만 상속재산을 수취한 사람은 이전에는 상속인과 같은 지위에도, 수유자와 같은 지위에도 있지 않았고, 오히려 매수인과 같은 지위에 있었다. 왜냐하면 이 당시 상속재산의 인도를 받게 되어 있는 사람에게 1누무스(nummus)를 들여서 이 상속재산을 형식적으로 매각하는 것이 관례로 되어 있었기 때문이다. 그리고 상속재산

의 매도인과 매수인 사이에 주고받는 것이 관례인 문답계약(問答契約)과 똑같은 것이 상속인과 상속재산의 인도를 넘겨받게 되어 있는 사람 사이에 오고갔다. 결국 그것은 다음과 같은 방법으로 행해진다. 상속인은 상속재산의 인도를 받게 되는 사람에게 상속의 명목으로 유책판결(有責判決)을 받고 얼마쯤 변제했더라도, 혹은 다른 방법을 통해서 선의로 무엇인가를 넘겨주었더라도, 상속재산을 인도받는 사람이 그로 인하여 피해를 입지 않을 것이며, 그리고 어느 사람이 상속의 명목으로 상속재산의 인도를 받는 사람과 다투는 경우에는 일반적으로 유효하게 방어할 수 있다고 낙약(諾約)하게 된다. 이에 대하여 상속재산을 수취하게 되어 있는 사람 쪽에서는 어느 물건이 상속에 의거하여 상속인에게 귀속하게 되면, 그것은 자신에게 인도된 것, 그리고 상속재산의 인도를 받은 사람이 상속상의 소송을 위탁사무관리인 또는 소송대리인의 명의로 수행하는 것을 허용한다고 하여 약정을 끝맺는다.

253. 그렇지만 트레벨리우스 막시무스(Trebellius Maximus)[69]와 안나에우스 세네카(Annaeus Seneca)[70]가 집정관(執政官)이었을 때 원로원의결(元老院議決)이 가결된 바 있고,[71] 이 의결은 다음과 같이 규정하고 있다. 즉 어느 사람에게 상속재산이 신탁유증(信託遺贈)을 원인으로 하여 인도되었다면, 시민법상 상속인이 원고로도 피고로도 될 수 있는 소권(訴權)이 신탁유증에 근거하여 상속재산을 인도 받게 될 사람을 원고로나 피고로 하여 넘겨주게 된다. 이 원로원의결에

---

69) Marcus Trebellius Maximus로, 기원후 55년에 집정관, 61년에는 인구조사와 세금평가 개정위원회에 재직하였다.

70) Lucius Annaeus Seneca(기원후 4년-65년) 기원후 56년에 집정관이었다.

71) 기원후 56년에 제정된 「트레벨리우스 원로원의결(Senatus consultum Trebellianum)」을 말한다.

의해서 앞에 서술한 바와 같은 약관은 쓸모없게 된다. 왜냐하면 법무관은 마치 상속인처럼 상속재산을 수취한 사람을 원고로나 피고로 하여 준소권(準訴權)을 줄 수 있게 되고, 그리고 이 준소권은 고시 (告示)에 의해 공시되게 되어 있기 때문이다.

254. 그렇지만 이에 대하여 지정상속인이 모든 상속재산을, 혹은 거의 모든 상속재산을 인도하도록 요구할 수 있는 경우에 이익이 없거나 혹은 거의 없다는 이유로 상속을 승인하는 것을 거절하고, 그렇게 되면 신탁유증이 무효로 되어 버리고 말게 되는데, 그 후 페가수스(Pegasus)와 푸시오(Pusio)가 집정관이었던 때에 원로원은 다음과 같이 의결하였다.72) 즉 상속재산을 인도하도록 요구하는 사람에 대하여는 팔키디우스 법(lex Falcidia)에 의하여 유증에서 유보하는 것이 허용되어 있는 것과 똑같이 상속재산의 4분의 1을 유보하는 것이 허용된다(신탁유증에 의하여 남아 있는 각개의 물건도 같은 유보가 인정된다). 이 원로원의결에 의하여 상속인 자신은 상속재산의 부담도 인수하게 된다. 이에 대하여 신탁유증에 의하여 상속재산의 남은 부분을 수취한 사람은 부분적 수유자와 같은 지위를 차지하게 된다. 즉 재산의 일부가 유증된 수유자의 지위이다. 이러한 종류의 유증이 분할유증(分割遺贈)으로 불리는 것은 수유자가 상속재산을 상속인과 함께 분할하기 때문이다. 그 결과 상속인과 부분수유자와의 사이에 체결되는 것이 관례인 문답계약(問答契約)과 같은 계약이 신탁유증을 원인으로 하여 상속재산을 수취한 사람과의 사이에 체결된다. 결국 상속재산의 이익이나 손해(lucrum et damnum hereditarium)도 일정한 비율로 그들 사이에 공유하게 되는 셈이다.

---

72) 기원후 73년에 제정된 「페가수스 원로원의결(Senatus consultum Pegasianum)」 을 말한다.

255. 따라서 지정상속인이 상속재산의 4분의 3을 초과하지 않는 분량을 인도하도록 청탁하였으면 트레벨리우스(Trebellian) 원로원의 결에 의하여 상속재산은 인도되고, 상속재산에 관한 소권(訴權)은 각자의 지분에 응하여 이 양자를 피고로 하여, 다만 상속인을 피고로 하는 때에는 시민법에 의하여, 이와 달리 상속재산을 수취한 사람을 피고로 하는 때에는 트레벨리우스(Trebellian) 원로원의결에 의하여 부여된다. 그렇다고 하더라도 상속인은 인도한 부분에 관해서도 상속인으로 그대로 남아 있으면서, 원고로나 피고로 되는 상속재산에 관해 모든 소권을 가지게 된다. 그렇지만 그에게 남아 있는 상속재산의 이익을 넘어서 의무를 부담하게 되는 것은 아니고, 소권이 부여되는 것도 아니다.

256. 이에 대하여 어떤 사람이 상속재산의 4분의 3을 넘어서, 혹은 그 전부를 인도하도록 청탁하게 되면 페가수스(Pegasus) 원로원의 결이 적용된다.

257. 그러나 일단 상속을 승인한 사람은 자신의 의사로 승인한 것이면, 4분의 1을 유보하는 것만으로도, 유보하는 것을 바라지 않더라도 상속재산에 관해 모든 부담은 그 자신이 인수한다. 그렇지만 4분의 1이 유보된 경우에는 부분적 수유자와 상속인 사이에서처럼 부분에 관하여 문답계약(問答契約)이 그 비율에 응하여 체결되어야 한다. 이에 대하여 모든 상속재산이 인도된 경우에는 상속재산의 매매에 따라 문답계약이 짜여지지 않으면 안 된다.

258. 그렇지만 지정상속인이 상속재산은 자신에게는 손실이 되는 것이 아닌지 의문이 든다고 적시하고 상속승인을 거절하고자 하는 경우에 맞추어, 페가수스(Pegasus) 원로원의결은 다음과 같이 규

정하고 있다. 즉 상속재산을 인도하도록 청탁받은 사람이 거절을 하려고 한다면, 법무관의 명령에 의해 상속을 승인하고, 상속재산을 인도하고, 그리고 트레벨리우스(Trebellian) 원로원의결에 규정되어 있는 바와 같이 상속재산을 수취하는 사람을 원고로 또는 피고로 하여 소권이 주어진다. 이 경우에는 어떠한 문답계약도 필요로 하지 않는다. 왜냐하면 상속재산을 인도하는 사람에게는 보호조치가 강구되고, 동시에 또한 상속재산을 수취하는 사람을 원고로 하거나 또는 피고로 하여 상속재산에 관한 소권이 옮겨지기 때문이다.

259. 그런데 어떤 사람이 상속재산의 전부(全部)에 관하여 상속인으로 지정되고, 상속재산의 전부 또는 일부에 관하여 인도하도록 청탁받은 경우와, 상속재산의 일부에 관하여 상속인으로 지정되고, 그 일부의 전부에 관하여 또는 일부의 일부에 관하여 인도하도록 청탁받은 경우는 차이가 없다. 왜냐하면 후자의 경우에도 페가수스(Pegasus) 원로원의결에 의하여 상속재산의 일부 중 4분의 1에 관하여 계산을 하게 되는 것이 관례이기 때문이다.

개별 물건의 신탁유증

260. 그런데 어느 누구든지 개개의 물건(res singulas) 예를 들면 토지, 노예, 의복, 은그릇[銀器], 금전(金錢)을 신탁유증할 수 있고, 상속인 자신 혹은 수유자로 하여금 어느 사람에게 인도하도록 청탁할 수 있다. 다만 수유자를 통하여 유증할 수는 없다.

261. 마찬가지로 유언자가 소유하는 물건뿐만 아니라 상속인, 수유자, 다른 사람 누구든지 그가 소유하는 물건을 신탁유증할 수 있다. 따라서 수유자도 또한 자신에게 유증된 물건을 타인에게 인도하도록 청탁받을 수 있을 뿐만 아니라 수유자 자신 혹은 타인에게 귀

속하는 물건에 관해서도 인도하도록 청탁받을 수 있다. 그렇지만 어느 누구도 자신이 유언에 의하여 취득한 것을 초과하여 타인에게 인도하도록 청탁받게 되지 않는다고 하는 점만은 주의하지 않으면 안 된다. 왜 그러냐 하면 유증분(遺贈分)을 넘는 청탁은 무효이기 때문이다.

262. 그런데 타인의 물건을 신탁유증한 때에는 청탁받은 사람은 물건 자체를 매수하여 급부하거나 그 물건의 평가액을 지급하지 않으면 안 되는데, 이것은 타인의 물건이 채권유증된 경우와 마찬가지이다. 그러나 어떤 사람들은 신탁유증된 물건을 소유자가 매각하지 않는 경우에는 신탁유증은 소멸하지만, 채권유증(債權遺贈)의 경우는 이와 다른 것으로 생각한다.

신탁유증에 의한 해방
263. 자유(自由)도 신탁유증에 의하여 노예에게 부여할 수 있다. 이렇게 함에는 상속인 혹은 수유자가 해방하도록 하는 청탁이 있어야 한다.

264. 유언자(遺言者)가 자신이 소유하는 노예에 관하여 청탁하는 것이든지 상속인 자신 또는 수유자 또는 기타의 사람이 소유하는 노예에 관하여 청탁하는 것이든지에 관하여는 차이가 없다.

265. 따라서 타인의 노예도 매수하여 해방시켜야 한다. 소유자가 노예를 매각하지 않으면 신탁유증에 의한 자유가 소멸하게 되는 것은 확실하다. 왜 그러냐 하면 이 경우에는 대금의 계산을 할 수 없기 때문이다.

266. 그런데 신탁유증에 의하여 해방된 사람은 설령 유언자의 노예라 하더라도 유언자의 해방자유인(解放自由人)으로 되는 것이 아니라 해방하는 사람의 해방자유인이 된다.

267. 이에 대하여 직접, 유언에 의하여 예를 들면 "나의 노에 스티쿠스(Stichus)는 자유인 것으로 함" 혹은 "나의 노에 스티쿠스가 자유라고 나는 명한다"라는 방식에 의하여 자유인 것으로 명명된 사람은 유언자 자신의 해방자유인으로 된다. 그러나 유언서를 작성한 때와 사망한 때의 어느 시점에서나 퀴리테스(Quirites)권에 근거하여 유언자에게 속해 있던 사람 이외의 사람은 결코 유언에 의하여 직접 자유를 취득할 수 없다.

신탁유증과 유증의 구별

268. 그런데 신탁(信託)에 의한 유증은 법상 직접적으로 하는 유증과는 크게 다르다.[73]

신탁유증과 유증의 이동(異同)

269. 즉 우선 상속인의 ·············· 으로도 신탁유증할 수 있다. 이에 대하여 ·············· 유증은 무효로 된다.

270. 또한 유언을 하지 않고 사망한 사람은 그 사람의 재산이 귀속하게 되어 있는 사람을 통하여 타인에게 신탁유증할 수 있다. 이

---

73) 로마법상 신탁유증이란 유언자가 상대방에게 그의 사망 시 유산의 일부를 특정한 제3자에게 증여할 것을 위탁한 사인처분으로, 유언자가 상속능력이 없거나 외인 또는 법률상 상속재산취득과 수증능력이 제한된 미혼자, 독신자와 자녀가 없는 기혼자에게 수탁자인 상대방을 통하여 유산의 일부를 간접적으로 취득시키는 제도이다.

에 대하여 이 사람을 통하여 유증할 수는 없다.

270a. 또한 유언보충서(遺言補充書; codicilli)로 행한 유증은 유언자에 의하여 확인되지 않으면, 즉 유언자가 유언서(遺言書)에서 유언보충서에 쓰여 있는 것을 유효하다고 적기하지 않는 한, 유효하지 않다. 이에 대하여 유언보충서가 확인되지 않더라도 신탁유증은 할 수 있다.

271. 또한 수유자(受遺者)를 통하여 유증을 할 수는 없다. 그렇지만 신탁유증은 할 수 있다. 그뿐만 아니라 신탁유증의 수익자로 된 사람을 통해서라도 다시 타인을 위하여 신탁유증할 수 있다.

272. 또한 타인의 노예에게 직접 자유를 부여할 수는 없지만, 신탁유증에 의하여 부여할 수는 있다.

273. 또한 유언보충서가 유언에 의하여 확인되더라도 그것에 의하여 어느 누구가 상속인으로 지정되는 것도 아니고, 또한 폐제되는 것도 아니다. 이에 대하여 설령 유언에 의하여 유언보충서가 확인되지 않더라도 유언자는 유언에 의하여 상속인으로 지정된 사람에게 그 상속재산의 전부 또는 일부를 타인에게 인도하도록 하는 것을 유언보충서에 의하여 청탁할 수는 있다.

보코니우스 법

274. 또한 여성은 보코니우스 법(lex Voconia)에 의해 10만 아스의 재산이 있다고 호구조사로 등록된 사람의 상속인으로 지정될 수는 없지만, 자신에게 신탁유증된 상속재산을 취득할 수는 있다.

유니우스 법

275. 라틴인도 또한 유니우스 법(lex Junia)에 의해 법상 직접적으로 상속재산 및 유증을 취득하는 것은 금지되어 있지만, 신탁유증에 의하여 취득할 수는 있다.

276. 또한 원로원의결에 의해, 자기가 소유하는 30세 미만의 노예에게 자유를 부여하고, 상속인으로 지정하는 것은 금지되어 있지만, 다수의 견해에 의하면 노예가 30세가 된 때에는 자유인(自由人)이 되는 것으로 명하고 상속재산을 그 사람에게 인도하도록 청탁할 수는 있다.

277. 또한 설령 우리는 각자의 상속인으로 될 사람의 사망 후 이 사람에 갈음하여 다른 상속인을 지정할 수 없다 하더라도, 그런데도 그 상속인이 그대로 사망하게 되면 타인에게 이 상속재산의 전부 또는 일부를 인도하도록 청탁해 놓을 수는 있다. 여기에 상속인의 사망 후에도 신탁유증의 의무를 부담시킬 수 있기 때문에, 다음과 같이, 즉 "나의 상속인 티티우스가 사망하게 되면 나는 내 상속재산이 푸블리우스 메우이우스(Publius Maevius)에게 귀속하는 것을 바란다"라고 쓰는 경우에도 동일한 효력을 발생시킬 수 있다. 이렇게 하여 전자와 후자 중 어떤 방법에 의하더라도 티티우스는 자신의 상속인에게 신탁유증의 의무를 부담시킬 수 있게 되는 셈이다.

278. 여기에 다시 유증에 관해서는 방식서(方式書)를 통하여 청구하지만 신탁유증(信託遺贈; fideicommissa)에 관해서는 로마시에서는 집정관(執政官)의 면전에서나 또는 특히 신탁유증을 관할하는 법무관(法務官)의 면전에서, 혹은 속주에서는 속주장관의 면전에서 추구한다.

279. 또한 로마시에서는 신탁유증에 관해서는 언제든지, 유증에 대해서는 개정일(開廷日)에만 재판이 거행된다.

280. 또한 신탁유증의 의무를 부담하는 사람이 이행지체(履行遲滯)한 경우에는 신탁유증의 이자(利子)와 과실(果實)을 부담하지 않으면 안 된다. 이에 대하여 유증에 관해서는 이자의 책임은 부담하지 않는다. 이것은 하드리아누스(Hadriani) 황제의 칙답에 규정되어 있다. 그렇지만 각 개인은 허용유증된 경우에는 신탁유증과 동일한 법이 적합하다고 하는 율리아누스(Julianus)의 견해를 알고 있다. 작금에도 이 견해가 통설이라고 각 개인은 생각하고 있다.

281. 또한 그리스어로 쓴 유증(遺贈)은 무효이다. 그렇지만 신탁유증(信託遺贈)은 유효하다.

282. 또한 채권유증을 한 것을 상속인이 부인한다면 이 사람을 상대방으로 하여 2배액의 소송이 제기된다. 이에 대하여 신탁유증을 이유로 하여 하게 되는 추구(追求)는 항상 1배액이다.

283. 또한 신탁유증에 근거하여 잘못으로 의무분(義務分)을 넘어서 이행한 것에 관해서는 어느 누구라도 이것을 회복할 수 있다. 이에 대하여 잘못으로 채권유증의 의무분을 넘어서 이행한 것은 회복할 수 없다. 전자의 경우에나 후자의 경우에 채무가 없는 것을 잘못 이행한 경우 유증에 관해서는 명확하게 같은 법이 적용된다.

284. 이전에는 구분의 차이가 있었지만 작금에는 없다.

285. 그런데 외인도 이전에는 신탁유증을 취득할 수 있었고, 아

마 이것이 신탁유증의 기원일지도 모른다. 그렇지만 얼마 후에 이것은 금지되었다. 작금에는 하드리아누스(Hadriani) 황제의 발의에 의한 원로원의결이 가결된 이래, 그에 따라 이러한 신탁유증은 국고(國庫)로 몰수되는 것으로 바뀌었다.

286. 독신자(獨身者; caelibes)도 율리우스 법(lex Julia)에 의해 상속재산 및 유증을 취득하는 것이 금지되어 있지만, 이전에는 신탁유증을 취득할 수 있었던 것으로 요해된다.

286a. 또한 자녀(子女)가 없는 사람(orbus)도 파피우스 법(lex Papia)에 의해 자녀가 없는 것을 이유로 하여 상속재산 및 유증의 절반을 잃게 되어 있지만, 이전에는 신탁유증의 전부를 취득할 수 있었던 것으로 취급되어 있다. 그렇지만 후에 페가수스(Pegasus) 원로원의결에 의하여 유증 및 상속재산과 마찬가지로 신탁유증을 취득하는 것도 금지되었다. 자녀가 없는 사람이 취득할 수 없는 부분은 그 유언으로 지정되어 있는 자녀가 있는 사람에게로 이전된다. 또한 자녀가 있는 사람이 없으면 국고로 이전되었다. 이것은 유증 및 상속재산의 경우에 같은 혹은 유사한 원인으로 무주(無主)의 것으로 되는 것과 동일한 법에 속한다.

287. 또한 이전에는 불특정인 또는 타인의 후생자를 상속인으로 지정하는 것과 함께, 이 사람에게 유증하는 것도 할 수 없었지만 신탁유증은 할 수 있었다. 그러나 하드리아누스(Hadriani) 황제의 제안에 의하여 가결된 원로원의결에 의하여 유증 및 상속재산에 정해져 있었던 것과 똑같은 사항이 신탁유증에서도 정해지게 되었다.

288. 또한 징벌(懲罰)을 이유로 하여 신탁유증을 할 수 없는 것은

더 이상 의심할 바 없다.

289. 그렇지만 신탁유증이 된 경우 많은 법의 부분에서 직접적으로 유증된 경우보다 훨씬 광범위하게, 또한 양자는 몇몇 부분에서 같은 효력을 갖게 되어 있지만, 후견인을 덧붙일 수 있는 것은 직접 유언에 의해서만 가능하다. 예를 들어 "티티우스(Titius)는 나의 비속의 후견인임" 혹은 "나는 티티우스를 나의 비속의 후견인으로 삼는 것으로 함"이라고 하여 할 수 있다. 이에 대하여 신탁유증에 의해서는 후견인을 덧붙일 수 없다.

제 3 권

물物에 관한 법 II

자권상속인

12표법상 1순위 상속인

1. 12표법에 의하면 유언(遺言)을 하지 않고 사망한 사람의 상속재산(相續財産)은 맨 먼저 자권상속인(自權相續人; heredes sui)에게 귀속한다.[74]

자권상속인에 해당하는 자

2. 그런데 자권상속인이라 함은 사망자의 권력 아래에 있었던 비속(卑屬)을 지칭하는 것으로, 예를 들면 자식 또는 딸, 자식이 낳은

---

74) 우리 민법상 법정상속순위는 피상속인(사망한 자)을 기준으로 직계비속, 직계존속, 형제자매, 4촌 이내의 방계혈족 순으로 상속이 이루어 진다(제1000조 제1항). 그리고 배우자는 직계비속, 직계존속의 상속인이 있는 경우에는 그 상속인과 동순위로 상속인이 되며 직계비속, 직계존속이 없는 경우에는 단독상속인이 된다(제1003조 제1항). 또한 우리 민법은 동순위의 상속인이 수인 있는 때에는 그 상속분은 균분하는 것을 원칙으로 한다(제1009조 제1항).

손자 또는 손녀, 자식으로부터 태어난 손자가 낳은 증손자 또는 증손
녀 및 그 이하의 남녀이다. 친생자(親生子)인지 양자인지는 관계가
없다. 그러나 손자 또는 손녀와 증손자 또는 증손녀는 선순위인 사
람이 사망한 채로 태어났거나, 혹은 예를 들면 가부권면제(家父權免
除)와 같은 이 밖의 이유에 의해서 존속의 권력에 따르지 않게 된 경
우에 한하여 자권상속인이 된다. 왜 그러냐 하면 어느 사람이 사망
한 때에, 아들이 그 사람의 권력 아래에 있으면 아들이 낳은 손자녀
는 자권상속인이 될 수 없기 때문이다. 그리고 그 밖의 이하 다른 비
속의 경우에도 동일한 것으로 생각할 수 있다.[75]

3. 남편의 부권(夫權) 아래에 있는 처도 또한 그 자권상속인이다.
왜 그러냐 하면 이 사람은 딸과 같은 지위에 있기 때문이다. 아들의
부권(夫權) 아래에 있는 처도 마찬가지이다. 왜 그러냐 하면 이 사람
은 손녀와 같은 지위에 있기 때문이다. 그렇지만 이 사람이 자권상
속인이 되는 것은 이 사람에 대하여 부권(夫權)을 가지고 있던 아들
이 그 아버지의 사망 시에 그의 권력에 따르고 있지 않은 경우에 한
한다. 혼인을 원인으로 하여 손자의 부권(夫權) 아래에 있게 된 사람
에 관해서도 마찬가지라고 말할 수 있다. 왜 그러냐 하면 이 사람은
증손녀와 같은 지위에 있기 때문이다.

4. 존속(尊屬)의 생존 중에 태어나게 되면 그의 권력 아래에 있게
되는 후생자(後生子)도 또한 자권상속인이다.

5. 아에리우스 센티우스 법(lex Aelia Sentia)에 의해서, 혹은 원로

---

75) 우리 민법의 상속인에 관한 규정의 해석·적용에도 그 대비적인 필요성
    이 있는 것으로 생각한다. 왜냐하면 우리 사회의 인적 연결에는 지나치게
    혈족성을 드러내는 경향이 있기 때문이다.

원의결(元老院議決)에 의해서 아버지의 사망 후 그 원인이 밝혀진 사람들에 관해서도 같은 법이 적용된다. 왜 그러냐 하면 이러한 사람들도 아버지의 생존 중에 그 원인이 밝혀졌으면 아버지의 권력 아래에 있었을 것이기 때문이다.

6. 첫 번째 혹은 두 번째의 악취행위 후, 아버지의 사망 후 해방된 아들에 관해서도 같은 식으로 이해해야 한다.

7. 따라서 아들 또는 딸, 그리고 다른 아들의 1인이 낳은 손자 또는 손녀가 있는 경우 이들은 동일하게 상속에 참여하게 된다. 촌수(寸數; gradu)에서 가까운 사람이 그보다 먼 사람을 배척하게 되어 있지 않다. 왜냐하면 손자 또는 손녀는 자신의 그 아버지의 지위(地位)와 상속분(相續分)을 대습하는 것이 형평(衡平)에 들어맞는다고 여겨지기 때문이다. 같은 이유로 아들이 손자 또는 손녀를 두고 있고, 다시 손자가 낳은 증손자 또는 증손녀가 있는 경우에, 이러한 사람들은 동시에 상속에 참여하게 된다.

8. 이렇게 손자 또는 손녀, 마찬가지로 증손자 또는 증손녀는 그 존속의 지위에 대습하는 것이 인정되고 있기 때문에, 상속재산은 사람 수에 응하지(in capita) 않고 친위(親位)에 응하여(in stirpes) 분배되는 것이 타당하다고 보게 되었다. 즉 한 아들은 상속재산의 2분의 1을, 다른 1인의 아들이 낳은 2인 혹은 그보다 많은 손자녀는 남은 2분의 1을 취득한다. 또한 2인의 아들이 낳은 손자녀가 수인인 경우, 예를 들면 한 아들이 낳은 손자녀가 1인 혹은 2인이고 다른 아들이 낳은 손자녀가 3인 또는 4인이면, 상속재산의 2분의 1은 1인 또는 2인의 손자녀에게, 남은 2분의 1은 3인 또는 4인의 손자녀에게 귀속하게 된다.

종족원

9. 자권상속인이 없으면 상속재산은 12표법의 같은 규정에 의해 종족원(宗族員; agnati)에게 귀속하게 된다.

10. 그것과는 달리 법정혈연관계(法定血緣關係; legitima cognatio)로 결합된 사람들을 종족원(宗族員)이라고 한다. 법정의 혈연관계란 남성을 통하여 결합된 사람의 연결이다. 따라서 같은 아버지로부터 태어난 형제들은 서로 종족관계가 있다. 그들은 동부형제(同父兄弟; consangunei)라고 불리며 어머니도 동일할 것까지는 필요치 않다. 마찬가지로 아버지 쪽의 백숙부(伯叔父)는 형제의 아들에 걸쳐서, 반대로 후자는 전자에 걸쳐서 종족관계가 있다. 아버지 쪽의 백숙부의 아들들, 즉 2인의 형제들로부터 태어난 사람들도 동일하게 상호 종족관계에 있게 된다. 대개의 사람들은 이 사람들을 종형제(從兄弟)라고 부른다. 이러한 원칙에 의하여 당연히 종족관계의 먼 촌수에까지 달할 수 있게 된다.

11. 그러나 12표법은 상속재산을 모든 종족원(宗族員)에게 동시에 주는 것은 아니고, 어느 사람이 유언을 하지 않고 사망한 것이 확정된 그 때에 촌수가 가장 가까운(proximo gradu) 종족원에게 나누어 주게 된다.

12. 이 법에는 대습(代襲)이 없다. 따라서 가장 가까운 종족원이 상속재산을 포기하든지 또는 상속재산을 취득하기 전에 사망하게 되면 그 비속에게는 법률에 의거하여 귀속하는 권리는 없게 된다.

13. 그런데 어느 누가 가장 가까운 종족원인지를 찾아 정하는 것은 사망 시점이 아니라, 그 사람이 유언을 하지 않고 사망한 것이 확

정된 시점이다. 왜 그러냐 하면 어느 사람이 유언을 작성하고 사망
했다면 어느 누구도 그 유언에 의해 상속인이 되지 않는 것이 틀림
없이 확정된 때에, 가장 가까운 종족원을 찾아내는 것이 보다 적절하
다고 여겨지기 때문이다.

종족원으로서의 여성의 한계

14. 여성에 관해서는 이 법에 의하여 한편으로는 여성 자신의 상
속재산을 취득하는 경우, 다른 한편으로는 타인의 재산을 취득하는
경우가 인정되고 있다. 즉 여성의 상속재산은 남성의 그것과 마찬가
지로 종족원의 권리에 의해 각 개인의 것이 된다. 이에 대하여 상속
재산은 동부자매(同父姉妹; consanguinei)의 촌수를 넘는 여성에게는
주어지지 않는다. 따라서 자매는 형제 또는 자매끼리의 법정상속인
(法定相續人)은 되지만, 아버지의 자매 및 형제의 딸은 법정상속인이
될 수 없다. 각 개인의 아버지의 부권(夫權)에의 귀입(歸入)에 의하여
아버지의 딸의 권리를 취득한 여성은 친생모(親生母)이든 계모(繼母)
이든 자매와 같은 지위에 있게 된다.

15. 사망자에게 형제와 그리고 다른 형제의 아들이 있는 경우에
는 앞에 서술한 것에서 알 수 있는 바와 같이 형제가 우선한다. 왜 그
러냐 하면 형제 쪽이 촌수에서 가깝기 때문이다. 그렇지만 자권상속
인 상호 간에는 법의 해석이 일치하지 않는다.

16. 사망자의 형제는 아무도 없지만 형제의 아들들이 있는 경우
에는, 상속재산은 직접 이들의 아들 모두에게 귀속하게 된다. 그렇
지만 이들의 아들들이 한 형제에서는 1인 혹은 2인, 다른 한 형제에
서는 3인 혹은 4인과 같이 태어난 아들의 수가 제각기 다르면, 상속
재산은 친위(親位)에 응하여 분할해야 하는지, 혹은 자권상속인처럼

그대로 사람 수(數)에 응하여 분할해야 되는지가 문제된다. 그러나 이제까지는 상속재산은 사람 수에 응하여 분할해야 하는 것으로 인정되어 왔다. 따라서 상속재산은 각 형제에게서 태어난 아들의 수만큼 균등하게 분할되고, 이렇게 하여 각자 자기의 지분을 취득한다.

씨족원

17. 종족원이 아무도 없는 경우에는 12표법의 동일한 규정은 씨족원(氏族員; gentiles)을 상속에 참여하게 한다. 그런데 어떤 사람이 씨족원인지에 관해서는 제1권에서 살펴본 바 그대로이다. 그리고 거기에서 씨족원에 관한 법은 모두 적용되지는 않는다고 지적했기 때문에 여기에서 이에 관해 또 다시 자세히 논하는 것은 생략하기로 한다.

법률적 불평등

18. 12표법에 의하면 무유언상속(無遺言相續; intestatorum hereditates)의 규정은 이것으로 끝난다. 이 법이 얼마만큼이나 엄격했는지는 확실하게 이해할 수 있다.

19. 왜냐하면 가부권면제(家父權免除)를 받은 비속은 자권상속인이 아니었으므로, 직접 이 법률에 의해 존속의 상속재산에 대해 아무런 권리도 갖게 되어 있지 않았던 것은 바로 그 때문이다.

20. 비속이 아버지와 함께 로마시민권을 받게는 되어 있었지만, 아직 황제에 의하여 아버지의 권력에 따르게 되어 있지는 않았는데, 비속이 아버지의 권력 아래에 있지 않는데도 같은 법이 그대로 적용된다.

21. 마찬가지로 자격소멸(資格消滅)을 받은 종족원도 이 법률에 의하여 상속에 참여하는 것은 허용되지 않는다. 왜 그러냐 하면 자격소멸에 의하여 종족원의 지위가 박탈되기 때문이다.

22. 마찬가지로 가장 가까운 종족원이 상속하지 않은 경우에는 다음 순위의 사람은 법의 규정에 따라서 상속에 참여하는 것이 결코 허용되지 않는다.

23. 마찬가지로 동부자매(同父姉妹)의 촌수를 넘는 여성종족원은 어느 누구도 법률에 근거하여 일정한 권리를 갖지 못하게 되어 있다.

24. 마찬가지로 여성을 통하여 친족관계로 연결되어 있는 혈족도 상속에 참여하는 것이 허용되지 않는다. 어머니와 아들 또는 딸 사이에서조차 서로 상속재산을 취득할 권리는 성립하지 않는다. 다만 부권(夫權)에의 귀입(歸入)에 의하여 그들 사이에 동부형제자매(同父兄弟姉妹)의 권리가 발생한 경우에는 그러하지 아니하다.

법무관고시에 의한 수정

25. 그러나 이들 법의 부적절한 점은 법무관(法務官)의 고시(告示)에 의해 시정되었다.

26. 왜 그러냐 하면 법무관은, 법률상의 권리를 갖지 못하는 모든 비속을, 그들만의 경우이든지, 혹은 자권상속인(自權相續人) 즉 아버지의 권력 아래에 있었던 사람들도 있는 경우이든지, 마치 그 비속이 존속의 사망 시에 그 권력 아래에 있었던 것처럼 상속에 참여하게 하기 때문이다.

27. 그런데 법무관은 자격소멸을 받은 종족원을 자권상속인의 다음 제2순위로, 즉 자격소멸을 받지 않았더라면 법률에 의하여 참여하는 순위로는 참여시키지 못하지만, 근친의 제3순위로 참여하게는 한다. 왜냐하면 자격소멸에 의하여 법률상 권리를 잃게 되더라도 혈족관계의 권리는 그대로 견지하기 때문이다. 따라서 종족관계의 완전한 권리를 가지고 있는 사람이 별도로 있으면, 그 사람은 설령 촌수가 좀 더 멀더라도 우선하게 된다.

28. 어느 사람들의 생각으로는 가까운 종족원이 상속재산을 포기한 경우, 법의 규정에 의하면 상속재산의 취득이 결코 인정될 수 없는 종족원에 관해서도 동일한 법이 적용된다. 그렇지만 법률에 의하더라도 가장 가까운 종족원에게 상속재산이 주어지는 것과 같은 순위로 이 사람들도 법무관이 참여시켜야 한다고 생각하는 사람들도 있다.

29. 동부자매(同父姉妹)로서 촌수를 넘는 여성종족원은 제3순위로, 즉 자권상속인도 남성종중원도 없는 경우에 참여하게 되는 것은 확실하다.

30. 여성을 통하여 연결된 사람들도 동 순위로 참여하게 된다.

31. 양가(養家)에 있는 비속도 또한 그 친생부모(親生父母; naturalium parentum)의 상속에 이와 같은 순위로 참여하게 된다.

유산점유

32. 그런데 법무관이 상속에 참여하게 하는 사람들은 법상 당연히 상속인이 되는 것은 아니다. 왜 그러냐 하면 법무관은 상속인이

되게 할 수는 없기 때문이다. 즉 그들이 상속인이 되는 것은 법률에 의하여, 혹은 법과 유사한 정례(定例), 예를 들면 원로원의결과 원수의 칙법(勅法)에 의해서만 가능하다. 그렇지만 법무관이 그들에게 유산점유(遺産占有)를 하게 하는 경우, 그들은 상속인과 같은 지위를 차지하게 된다(loco heredum).

33. 그런데 법무관은 유산점유를 하게 할 때에 다른 여러 순위도 정하게 되지만, 이것은 어느 사람이 승계인 없이 사망하지 않은 것으로 하게 하려는 경우에 한한다. 이에 관하여 이 제3권에서 굳이 논하고자 하는 것은 아니다. 왜 그러냐 하면 이 법은 모두 그것에 걸맞은 각 권에서 검토되고 있기 때문이다.

33a. 다음의 사항만을 주의하는 것으로 충분하고 ………… ……………………………………………………………………… ……………………………………………………………………… ……………………………… 유언서에 의하여 …………… …………………………… 상속재산을 ……………………… ……………………………………………………………………… 부권귀입(夫權歸入)에 의하여 동부형제자매(同父兄弟姉妹)의 권리가 발생하고 …………………………………………………………… …………………………………………………… 형제에 의해 …………………………………… (베로나 사본에서는 5행 판독불능) ……………………………………………………………………… ………………………………… (베로나 사본에서는 8행 판독불능) ……………………………………………………………………… ………… 즉 ……………………………………………………… ………………………………………………………………………

···················· 상속재산은 귀속하지 않고···············
··················· (베로나 사본에서는 8행 판독불능) ···········
···
·········.

33b. 그러나 법무관은 옛날 법[古法]을 수정하거나 반대하기 위해
서가 아니라, 도리어 옛날 법을 확인하기 위하여 유산점유(遺産占有)
를 약속하는 수가 있다. 왜 그러냐 하면 유언이 적법하게 작성되어
상속인으로 지정된 사람에게도 유언서에 따라서 유산점유를 할 수
있게 하기 때문이다.

34. 마찬가지로 법무관은 유언을 하지 않고 사망한 경우에 자권
상속인 및 종족원을 유산점유(遺産占有; bonorum possession)에 참여
하게 한다.76) 이러한 경우에 그의 배려가 조금이나마 도움이 된다고
보게 되는 것은 유산점유를 청구하는 사람의 맨 앞에 "이 재산에 관
하여(quorum bonorum)"라는 문언을 지닌 특시명령(特示命令)을 사용
할 수 있다고 하는 점이라 하겠다. 이 특시명령이 얼마나 도움이 되
는지에 관하여는 적당한 곳에서 설명하기로 한다. 무엇보다도 유산
점유를 하게 되어 있지 않은 경우에도 이러한 사람들에게는 시민법
에 의하여 상속재산이 귀속하게 된다.

실질이 없는 유산점유

35. 이 밖에 유산점유는 할 수 있지만 그렇게 할 수 있는 사람이
상속재산을 취득할 수 없는 경우가 자주 있다. 이것은 실질(實質)이

---

76) 이 경우에는 이 자체만으로 유산참여를 할 수 있을뿐만 아니라 필요에
   따라서는 유산점유를 청구하는 사람의 맨 앞에 "이 재산에 관하여"라는 문
   언을 덧붙인 특시명령을 사용할 수 있었다.

없는(sine re) 유산점유라고 부른다.

36. 즉 예를 들면 유언이 유효하게 행해지고 지정된 상속인이 상속을 숙려결정했지만 시민법상 상속인인 것으로 그치고 유언서에 근거한 유산점유를 청구하는 것을 바라지 않게 되면, 유언이 행해지지 않았을 때에 무유언자의 유산에 참여할 수 있는 사람들은 그냥 그대로 유산점유를 청구할 수 있다. 그렇지만 그들에게는 실질이 없는 상속재산이 귀속하게 되는 셈이다. 왜냐하면 유언서에 쓰여 있는 상속인이 상속재산을 추탈(追奪; evincere)할 수 있기 때문이다.

37. 어느 사람이 유언을 하지 않고 사망한 때 자권상속인이 시민법상 권리에 만족하여 유산점유를 청구하는 것을 바라지 않을 경우에도 같은 법이 적용된다. ················ 유산점유는 확실히 종족원에게 귀속하지만, 그것은 실질이 없는 것이다. 왜 그러냐 하면 상속재산은 자권상속인이 추탈할 수 있기 때문이다. 이것과 마찬가지로 상속재산이 시민법상 종족원에게 귀속하고 그가 상속승인은 했지만 유산점유를 청구하는 것을 바라지 않는 경우에, 가장 가까운 혈족 중의 어느 사람이 청구했다면 그 사람은 같은 이유에 의해 실질이 없는 유산점유를 하는 것이 된다.

38. 이 이외에도 똑같은 사례가 상당히 많이 있는데, 그중의 몇 가지에 관해서는 전권(前卷)에서 서술한 바 있다.

해방자유인의 유산
39. 이제 해방자유인(解放自由人)의 유산에 관해서 살펴보기로 한다.

40. 이전에는 해방자유인에게는 제재(制裁)를 과하지 않고 유언으로 자신의 보호자(保護者; patronum)를 묵과하는 것이 허용되었다. 왜 그러냐 하면 12표법은 해방자유인이 자권상속인을 두지 못하고 유언을 하지 않은 채 사망한 경우에 한하여, 해방자유인의 상속에 보호자를 참여시켰기 때문이다. 따라서 해방자유인이 유언을 하지 않고 사망하더라도 자권상속인을 남긴 경우에는 그의 유산에 관하여 보호자에게는 아무런 권리도 없었다. 그리고 친생자 중의 어느 사람을 자권상속인으로 되게 하였으면 어떠한 소(訴)도 성립하지 않는 것으로 보아 넘겼다. 이에 대하여 양자인 아들과 딸, 혹은 부권(夫權) 아래에 있는 처가 자권상속인이 될 것 같으면, 보호자에게 아무런 권리도 남겨 주지 않은 것은 확실히 타당하지 못하다.

41. 이러한 이유로 이 법의 부당성(不當性)은 후에 법무관(法務官)의 고시(告示)에 의하여 수정되었다. 즉 해방자유인(解放自由人)이 유언을 한 경우, 그 유산의 2분의 1을 자신의 보호자에게 남기도록 명하게 하고, 그가 보호자에게 아무것도 남기지 않았거나, 혹은 2분의 1보다 적게 남겼으면 유언서에 반해서 2분의 1의 유산점유를 보호자에게 부여하게 하였다. 이에 대하여 해방자유인이 유언을 하지 않고 사망하고 양자인 아들, 혹은 자기 자신의 부권(夫權) 아래에 있는 처, 또는 아들의 부권(夫權) 아래에 있었던 며느리를 자권상속인으로 하여 남겨 둔 경우에도, 마찬가지로 이러한 자권상속인에 대항하여 2분의 1의 유산점유가 보호자에게 부여하게 하였다. 그런데 해방자유인의 사망 시에 그 권력에 복종하고 있는 친생자뿐만 아니라 가부권 면제를 받았던 친생자와 양자에게서 태어난 친생자도 또한 해방자유인이 보호자를 배척함에 자기의 입장을 표할 수 있다. 다만 이것은 이러한 사람들이 유산의 일부에 관하여 상속인으로 지정되어 있거나, 혹은 묵과된 사람이 고시(告示)에 근거하여 유언서와 반해서

유산점유를 청구한 경우에 한한다. 왜 그러냐 하면 상속에서 폐제된
사람들은 결코 보호자를 배척할 수 없기 때문이다.

파피우스 법

42. 그 후 파피우스 법(lex Papia)에 의하여 보호자의 권리가 증대
하게 되었지만, 이것은 보다 부유한 해방자유인에게 관계되는 것이
다. 왜냐하면 동법은 100,000세스테르티우스(sestertius)를 넘는 유산
을 남기면서, 아들이 3인인 그다지 넉넉하지 않은 해방자유인의 유
산에 관해서는 그 사람이 유언한 후 사망하였거나 유언을 하지 않고
사망하였거나 사람 수로 나눈 1인분은 보호자에게 귀속한다고 규정
하고 있기 때문이다. 이에 따라 해방자유인이 1인의 아들 혹은 딸을
상속인으로 남긴 때에는 마치 1인의 아들이나 딸도 없이 사망한 것
처럼 2분의 1이 보호자에게 귀속한다. 이에 대하여 2인의 아들 또는
딸을 상속인으로 남긴 때에는 3분의 1이 귀속한다. 이에 다시 3인을
남긴 때에는 보호자는 배척되고 만다.

43. 옛날 법[古法]에 의하면 해방자유인인 여성의 유산에 관해서
는 보호자는 아무런 손해도 입게 되어 있지 않았다. 왜냐하면 이러
한 사람은 보호자의 법정후견(法定後見; legitima tutela) 아래에 있었기
때문에 보호자의 호후설정(護後設定)이 없으면 유언을 할 수 없었던
것이 확실했기 때문이다. 따라서 보호자가 해방자유인인 여성이 유
언을 하도록 하기 위한 호후설정인이 된 경우 ……………………
……………………………………………………………………………………
……………………… 상속재산은 ………………………………
……………………… 으로 된다. 이에 대하여 보호자가 해방자유인
인 여성의 호후설정을 하지 않고, 해방자유인인 여성이 유언을 하지
않은 채 사망했다면 ………………………………………………………

·· 에 귀속한다. 왜냐
하면 이전에는 보호자를 ························· 해방자유인인 여성
의 유산으로부터 배척할 수 있는 ···························· 아니
었기 때문이다.

44. 그렇지만 그 후 파피우스 법(lex Papia)은 네 아들의 권리에 의
해 해방자유인인 여성을 보호자의 후견에서 해방하고, 이에 의하여
후견인의 호후설정이 없더라도 여성이 유언을 작성하는 것을 인정하
게 되었는데, 해방자유인인 여성이 사망 시점에 두고 있던 아들의 수
에 응하여 그 수로 나눈 1인분이 보호자에게 귀속하는 것으로 정했
다. 따라서 ························· 아들을 ························· 해
방자유인인 여성의 유산 중에서 ······································
················ 상속재산은 보호자에게 귀속한다.

45. 보호자에 관하여 지금까지 서술한 것은 보호자의 아들에 관
해서도 그대로 들어맞는다고 이해할 수 있다. 아들이 낳은 손자, 아
들로부터 태어난 손자가 낳은 증손자에 관해서도 마찬가지이다.

46. 이에 대하여 보호자의 딸, 아들이 낳은 손녀, 아들로부터 태
어난 손자가 낳은 증손녀는 이전에는 분명히 12표법에 의해 보호자
에게 주어졌던 권리를 가지고 있었다. ·······························
·· 보호자의 ······
·················· 성비속(性卑屬) ·························
····················· 파피우스 법(lex Papia)에 의해 세 아들의 권
리를 가지게 되고, 해방자유인의 양자 혹은 부권(夫權) 아래에 있었
던 처와 딸에 대항하여 해방자유인의 유언 ·························
·········· 유산점유 혹은 유언을 하지 않고 사망한 것에 근거하여 유

산점유를 청구할 수 있다. 다른 경우에는 딸에게는 이 권리가 없다.

47. 그렇지만 어느 사람들의 생각으로는 보호자의 딸은 잉태한 아들[有子]의 권리를 가지게 되어 있다 하더라도, 4인의 아들을 두고 유언한 해방자유인인 여성의 유산(遺産)을 사람 수로 나눈 1인분이 그 딸에게 귀속되지는 않는다. 그러나 해방자유인인 여성이 유언을 하지 않고 사망한 경우에는, 파피우스 법(lex Papia)의 문언에 의하여 사람 수로 나눈 1인분이 보호자의 딸에게 귀속하게 되어 있다. 이에 대하여 해방자유인인 여성이 유언을 작성하고 사망하였으면, 해방자유인인 남성의 유언서(遺言書)에 반하여 가지게 되는 것처럼, 즉 보호자의 남성 비속이 해방자유인인 남성의 유언서에 반하여 가지는 권리가 보호자의 딸에게 주어진다. 그렇다 하더라도 법률의 이 부분은 그다지 신중하게 다루어 규정해 놓은 것은 아니다.

보호자의 비속 등에 관한 배려
48. 이러한 것으로부터 확실하게 되는 것은 보호자의 가외상속인(家外相續人)은 해방자유인인 무유언자의 유산에 관하여, 혹은 해방자유인의 유언서에 반하여 보호자에게 주어지는 모든 권리에 관하여 그로부터 아주 멀리 떨어져 있다고 하는 점이다.

49. 지난날 파피우스 법(lex Papia) 이전에는 여성보호자는 해방자유인의 유산에 관해서 12표법에 의해 남성보호자에게도 주어져 있는 것과 같은 권리만을 가지게 되어 있었다. 왜냐하면 법무관은, 남성보호자 및 그의 비속의 경우처럼 여성보호자가 은혜(恩惠)를 알지 못하는 해방자유인의 유언서(遺言書)에 반하여, 혹은 유언을 하지 않고 사망한 경우에 양자(養子) 또는 처(妻) 내지 며느리를 배제하고 2분의 1의 유산점유를 청구할 수 있도록 명을 발하지는 않았기 때문

이다.

50. 그렇지만 파피우스 법(lex Papia)은, 두 아들의 명예를 수여받은 생래자유인인 여성보호자와 세 아들의 명예를 수여받은 해방자유인인 여성보호자에게, 법무관고시(法務官告示)에 근거하여 남성보호자가 가지는 것과 거의 마찬가지의 권리를 부여했다. 이에 대하여 파피우스 법은 세 아들의 권리의 명예를 수여받은 생래자유인인 여성보호자에게 동법에 의해서 남성보호자에게 주는 권리를 부여했다. 그렇지만 해방자유인인 여성보호자에게는 그러한 권리를 부여하지 않았다.

51. 그런데 해방자유인인 여성의 유산과 관련하여 이 사람이 유언을 하지 않고 사망한 경우, 파피우스 법(lex Papia)은 아들이 있는 [有子] 명예를 받아 지니게 되는 여성보호자에게 아무런 새로운 권리도 주지 않게 되어 있다. 따라서 여성보호자 자신이나 해방자유인인 여성이나 자격소멸(資格消滅)을 받지 않으면, 12표법에 의해서 상속재산은 여성보호자에게 귀속하게 되고 해방자유인인 여성의 비속은 배척된다. 이것은 여성보호자가 잉태한 아들의 명예를 받아 지니지 않는 경우에도 그대로 적용된다. 왜냐하면 앞에서 설명한 바와 같이 여성은 결코 자권상속인을 둘 수가 없기 때문이다. 이에 대하여 어떻게 해서든지 자격소멸이 발생하게 되는 경우에는 반대로 해방자유인인 여성의 비속은 여성보호자를 배척한다. 왜 그러냐 하면 자격소멸에 의하여 법정의 권리가 소멸하게 되므로 해방자유인인 여성의 비속이 혈족관계의 법에 의해서 우선한다고 보게 되기 때문이다.

52. 그런데 해방자유인인 여성이 유언을 작성하고 사망한 경우

에는 잉태한 아들의 명예를 받지 못한 여성보호자는 해방자유인인 여성의 유언에 반하여 아무런 권리도 갖지 못한다. 이에 대하여 잉태한 아들의 명예를 받은 여성보호자에게는 남성보호자가 고시(告示)에 의해 해방자유인의 유언서(遺言書)에 반하여 가지는 것과 같은 권리가 파피우스 법(lex Papia)에 의해 주어진다.

53. 동법은 여성보호자의 잉태한 아들의 명예를 받게 해준 아들에게 보호자의 권리와 거의 같은 권리를 주는 것으로 한다. 그렇지만 이 사람에 관하여는 1인의 아들 혹은 딸을 둘 수 있는 권리가 주어지는 것으로 충분한 것으로 되어 있다.

54. 이제까지 모든 권리에 관하여 간략하게 서술하기는 했지만 이것으로 충분하다. 이보다 자세한 해석은 특별한 주석서에 명백하게 개진되어 있다.

라틴인 해방자유인의 유산
55. 다음에는 라틴인인 해방자유인(解放自由人)의 유산(遺産)에 관하여 설명하기로 한다.

법무관법상의 해방
56. 법의 이 부분을 보다 명확하게 하기 위해서는 다른 곳에서 서술한 바와 같이 다음과 같은 것을 상기해야 한다. 즉 오늘날 유니우스 법(lex Junia)상 라틴인으로 불리고 있는 사람들은 예전에는 퀴리테스(Quirites)권에 의해 노예로 되어 있었는데, 법무관의 조력(助力)에 의하여 자유의 상태로 풀려난 사람들이다. 따라서 그들의 재산도 특유재산의 법에 의하여 보호자에게 귀속하는 것이 관례였다. 이에 대하여 그 후 유니우스 법에 의하여 법무관이 자유로운 상태로 보호

한 사람들은 모두 자유인으로 되고, 유니우스 법상 라틴인(latini
iuniani)으로 불리게 되었다. 라틴인으로 불리는 것은, 로마시에서 라
틴식민시로 이주하여 식민라틴인(latini coloniarii)으로 되었던 생래자
유인(生來自由人)이 로마시민인 것과 마찬가지로, 유니우스 법이 그
들이 자유이어야 할 것을 지지했기 때문이다. 유니우스 법상의 자유
인이라고 매김하여 불리는 것은 그들이 설령 로마시민이 아니더라
도 유니우스 법에 의하여 자유로 되었기 때문이다. 따라서 유니우스
법의 제안자는 이렇게 의제함으로써 그들이 노예로 사망하여 특유
재산의 법에 의해 그들의 재산이 보호자에게 귀속하게 되지 않고, 또
한 그들이 해방자유인으로서 사망하였다 하여 라틴인의 유산이 해
방의 법에 의해 그 보호자에게 귀속하게 되지도 않는 것은 명확하기
때문에, 사망한 라틴인의 재산은 보호자에게 귀속하지 않는다고 이
해했다. 그 때문에 제안자는 이들 라틴인에게 주어지는 이익이 보
호자의 손실로 되지 않을 수 없는 것이 불가결하다고 판단하여, 마
치 법률이 제안되지 않았던 것처럼 그들의 유산이 해방자에게 귀
속하는 것으로 규정할 것을 바랐다. 따라서 이 법률에 의해 라틴인
의 유산은 특유재산의 법에 의하는 것과 마찬가지로 해방자에게
귀속하게 되어 있다.

해방자유인의 상속

57. 이 결과 라틴인의 유산에 관하여 유니우스 법(lex Junia)에 의
해 규정된 권리는 로마시민인 해방자유인의 상속재산에 관하여 준
수해야 하는 권리와는 아주 다르게 되었다.

58. 왜 그러냐 하면 로마시민인 해방자유인의 상속재산은 결코
보호자의 가외상속인에게 귀속하지 않고, 보호자의 아들, 아들이 낳
은 손자, 아들로부터 태어난 손자가 낳은 증손자에게, 설령 존속에

의하여 상속폐제(相續廢除)되어 있더라도, 언제든지 귀속하게 되기 때문이다. 그렇지만 라틴인의 유산은 마치 노예의 특유재산(特有財産)처럼 가외상속인에게도 귀속하게 되어 있지만, 해방자의 상속폐제된 비속에는 귀속하지 않는다.

59. 마찬가지로 로마시민인 해방자유인의 상속재산은 2인 혹은 그 이상의 보호자에게 균등하게 귀속한다. 보호자들이 이전에 그 노예를 다른 비율로 소유하고 있었다 하더라도 마찬가지이다. 이에 대하여 라틴인의 유산은 보호자들이 각각의 소유자였던 비율에 맞추어 그들에게 귀속한다.

60. 마찬가지로 로마시민인 해방자유인의 상속재산에 관해서는 어느 보호자는 다른 보호자의 아들을 배척하고, 어느 보호자의 아들은 다른 보호자의 손자를 배척한다. 그렇지만 라틴인의 유산에 관해서는 그들이 해방자 자신에게 귀속하고 있던 비율에 따라서 어느 보호자 자신에게나 다른 한 보호자의 상속인에게도 귀속한다.

61. 마찬가지로 예를 들어 어느 1인의 보호자에게 3인의 아들이 있고, 다른 1인의 보호자에게 1인의 아들이 있는 경우, 로마시민인 해방자유인의 상속재산은 사람 수대로 나누게 된다. 즉 3인의 형제는 4분의 3을 수취하고, 1인은 4분의 1을 수취한다. 이에 대하여 라틴인의 유산은 그 유산이 해방자 자신에게 귀속하고 있던 비율로 상속인에게 귀속한다.

62. 이런 식으로 하여 이들 2인의 보호자 중 1인이 로마시민인 해방자유인의 상속에서 자기의 지분을 포기하였거나 혹은 숙려결정하기 전에 사망하였으면, 상속재산 전체는 다른 1인의 보호자에게

귀속한다. 그렇지만 라틴인의 유산의 경우 사망한 보호자의 상속분
은 전락재산(顚落財産)으로 되어 국고에 귀속한다.

63. 이 후 루푸스(Lupus)[77]와 라르구스(Largus)[78]가 집정관(執政
官)이었을 때에, 원로원은 다음과 같이 의결했다.[79] 즉 라틴인의 유
산은 우선 그들을 해방한 사람들에게 귀속한다. 다음에는 이름을 표
시하여 상속폐제(相續廢除)되지 않은 해방자의 가장 가까운 비속(卑
屬)에게 귀속한다. 마지막으로 옛날 법[古法]에 의하여 해방자의 상속
인에게 귀속한다.

64. 이 원로원의결에 의하여 라틴인의 유산에 관하여는 로마시
민인 해방자유인의 상속재산에 관하여 우리가 적용하고 있는 것과
같은 법을 적용하려고 하는 의도가 있었다고 생각하는 사람이 상당
히 있었다. 특히 페가수스(Pegasus)가 그렇게 생각했다. 이 견해는
확실히 잘못된 점이 있다. 왜 그러냐 하면 로마시민인 해방자유인의
상속재산은 결코 보호자의 가외상속인에게 귀속할 수 없지만, 라틴
인의 유산은 이 원로원의결 자체에 의하여도 해방자의 비속이 훼방
하지 않으면 가외상속인(家外相續人)에게도 귀속할 수 있게 되어 있
었기 때문이다. 마찬가지로 로마시민인 해방자유인의 상속재산에
관해서는 어떠한 상속폐제도 해방자의 비속에게 훼방으로 되지 않
지만, 원로원의결에 의하여 확실히 제시되고 있는 것은 라틴인의 유
산에 관해서 이름을 표시하고 행해진 상속폐제가 해방자의 비속에
게는 훼방으로 된다고 할 수 있다.

---

77) Cornelius Lapus로, 기원후 42년의 집정관이다.
78) Gaius Caecina Largus로, 기원후 42년의 집정관이다.
79) 기원후 42년에 제정된 라르구스 원로원의결(Senatus consultum Largianum)
    을 말한다.

상속폐제 · 가부권면제 등과의 상관성

64a. 그러므로 이 원로원의결이 의도한 것은 이름을 나타내면서 상속폐제되지 않은 해방자의 비속은 가외상속인에게 우선한다는 것 뿐이긴 하지만 그야말로 무엇보다 진실된 규정사항이다.

65. 따라서 가부권면제되고 묵과된 보호자의 아들이 설령 자신의 존속의 유언서에 반하여 유산점유를 청구하지 않았더라도 라틴인의 유산에 관해서는 가외상속인에게 우선하는 것이라고 생각해야 한다.

66. 마찬가지로 딸 및 기타의 자권상속인(自權相續人)이 시민법상 일괄적으로 상속폐제되고, 자신의 아버지의 모든 상속재산으로부터 제외되었더라도, 아버지에 의하여 이름을 표시하여 상속으로부터 폐제된 것이 아니라면 유산에 관해서는 가외상속인에 우선한다.

67. 마찬가지로 존속의 상속을 사퇴한 비속에게도 라틴인의 유산은 귀속하게 된다. 왜 그러냐 하면 유언에 의하여 묵과된 사람과 마찬가지로 이러한 사람들도 상속폐제된 사람이라고 볼 수는 없기 때문이다.

68. 이러한 모든 것에서 다음과 같은 것이 아주 명확하게 되는 것으로 볼 수 있다. 라틴인으로 된 사람이 ……………………………… …………………………………………………………………………………… …………………………………………………………………………………… ………………………………………………………… 왜냐하면 이것만 …………… ……………………………………………………………… 라틴인의 유산에 관해서 ……………………………… (베로나 사본에서는 4행 판독불능) ……

·················· 상속폐제(相續廢除)된 사람이 ··············
················ 인지 어떤지가 문제된다. ··················
··
··········· (베로나 사본에서는 5행 판독불능) ·············
··
··
·············· 확인하고 있는 ···························
········· 라틴인의 유산 ·····························
··
··
··
··.

69. 마찬가지로 다음의 것도 확정적이라고 여겨진다. 즉 보호자가
그 비속만을 불균등한 비율로 ···························
········· 된다면 ·····································
···························· 그들에게 귀속한다. 왜 그러냐 하
면 가외상속인이 아니라면 원로원의결은 적용되지 않기 때문이다.

70. 그러나 카엘리우스 사비누스(Caelius Sabinus)는 다음과 같이
서술한다. 즉 보호자에게 자신의 비속과 함께 가외상속인도 남겨 놓
은 경우에는 모든 유산은 균등한 비율로 사망자의 비속에게 귀속한
다. 왜 그러냐 하면 가외상속인이 있는 경우에는 유니우스 법(lex
Junia)이 아니고 원로원의결이 적용되기 때문이다. 이에 대하여 야볼
레누스(Javolenus)[80)는 보호자의 비속은 원로원의결 이전에는 유니

----

80) Octavius Javolenus Priscus로, 기원후 1세기 후반에서 2세기 초의 법학자

우스 법에 의하여 가외상속인이 취득하게 되어 있는 부분만을 이 원로원의결에 의하여 균등하게 취득하는 것으로 되지만, 나머지 부분은 상속재산의 비율로 비속에게 귀속한다고 서술한다.

71. 마찬가지로 이 원로원의결이 보호자의 딸 또는 손녀로부터 태어난 비속에게 미치는지 여부, 즉 딸로부터 태어난 어느 사람 손자가 그의 라틴인의 유산에 관하여 가외상속인에게 우선하는지 여부가 문제된다. 이와 함께 이 원로원의결이 어머니가 해방한 라틴인에게 미치는지 여부, 즉 여성보호자의 아들이 어머니가 해방한 라틴인의 유산에 관하여 어머니의 가외상속인에게 우선하는지 여부가 문제된다. 카시우스(Cassius)는 이 두 경우에 원로원의결이 적용된다고 생각했다. 그렇지만 다수설은 이 견해를 부정한다. 왜 그러냐 하면 다른 가족에 속하는 여성보호자의 비속에 관하여는 원로원은 아무 것도 정하고 있지 않기 때문이다. 그리고 이것은 원로원의결이 이름을 표시하여 상속폐제된 사람을 제외하는 점에서도 확실하다. 왜 그러냐 하면 상속인으로 지정되지 않으면 존속에 의하여 상속폐제된 것을 관례로 삼는 사람들이 생각하는 것으로 보아 넘기기 때문이다. 그런데 시민법을 문제로 하는 경우, 혹은 묵과된 비속(卑屬)에게 유언서에 반하여 유산점유를 인정하는 법무관고시를 문제로 하는 경우, 어머니가 아들 또는 딸을 상속폐제하는 것이나 어머니 쪽의 조부가 손자 또는 손녀를 상속폐제하는 것도 그 손자나 손녀를 상속인으로 지정하지 않으면 필요 없는 것으로 되고 만다.

72. 그러나 로마시민인 해방자유인은 라틴인으로 사망하는 수가

이다. 사비누스학파의 대표적 법학자로 「서간집 14권(Epistulae XIV)」을 저술했다.

있다. 예를 들면 라틴인이 보호자의 권리를 그대로 지닌 채 황제로
부터 퀴리테스(Quirites)권을 취득한 경우이다. 즉 트라야누스(Trajan)
황제가 정한 것처럼 보호자의 의사에 반하여, 혹은 보호자가 알지 못
하는 가운데 라틴인이 황제로부터 퀴리테스권을 취득하게 되면 이
러한 경우에는 그 해방자유인은, 살아 있는 한, 다른 로마시민인 해
방자유인과 마찬가지이고, 태어나게 되는 아들은 적출자(嫡出子)가
되는데, 그가 라틴인의 지위로 사망하게 되고, 그 아들은 그의 상속
인이 될 수 없다. 그의 유언작성능력(遺言作成能力)으로 자기의 보
호자를 상속인으로 지정했지만 보호자가 상속인으로 되는 것을 바
라지 않는 때에 다른 사람을 보충지정할 수 있다는 식으로 풀리게
된다.

73. 그리고 이 칙법의 효과로서 이와 같은 사람은 설령 아에리우
스 센티우스 법(lex Aelia Sentia)에 의해서, 혹은 원로원의결에 의해 로
마시민으로 되는 권리를 이 후 행사하더라도 결코 로마시민으로서
사망하는 것으로는 여겨오지 않았기 때문에, 하드리아누스(Hadriani)
황제는 사태의 불평등함에 식견을 달리하여 다음과 같은 원로원의
결의 제안자가 되었다. 즉 보호자가 알지 못하는 가운데, 혹은 보호
자가 이의를 주창해서 겨우 황제로부터 퀴리테스(Quirites)권을 취득
한 사람은 라틴인으로 계속 살아 왔으면, 아에리우스 센티우스 법에
의해, 혹은 원로원의결에 의해 로마시민권을 취득할 권리를 이 후 행
사한 경우 마치 아에리우스 센티우스 법에 의해, 혹은 원로원의결에
의해 로마시민권을 취득하는 것과 같이 봐주는 것으로 한다.

항복외인의 유산

74. 그런데 아에리우스 센티우스 법(lex Aelia Sentia)은 항복외인
이라고 하였던 사람들의 유산을 때로는 로마시민인 해방자유인의

유산처럼, 때로는 라틴인의 유산처럼 보호자에게 귀속하는 것으로 한다.

75. 즉 특정의 중대한 오점(汚點)이 없다면 해방되어 로마시민으로 되었을 사람의 유산은 동법에 의해 마치 로마시민인 해방자유인의 유산처럼 그 보호자에게 귀속한다. 그렇지만 이러한 사람들은 좀처럼 유언작성능력(遺言作成能力)을 가질 수가 없었다. 이것은 분명히 다수 사람들의 견해이고, 또한 부당한 것도 아니었다. 왜 그러냐하면 최악의 지위에 있는 사람에게 법률의 제안자가 유언작성권(遺言作成權)을 승인하는 것을 소망했다고는 믿기 어려운 것으로 생각해왔기 때문이다.

76. 이에 대하여 특정의 중대한 오점이 없으면 해방되어 라틴인이 되었을 사람들의 유산은 그 사람이 마치 라틴인으로서 사망한 것과 같이 보호자에게 귀속하는 것으로 하였다. 법률의 제안자가 이점에 관하여 자기의 의사를 충분하게 표명하지 않았던 것임을 집고 넘어가는 것이 좋을 듯 싶다.

전 재산 매각에 따른 승계

77. 다음으로 유산의 구입(ex emptione bonorum)에 따라 발생하게 되는 승계(承繼)에 관하여 고찰해 보기로 한다.

78. 그런데 생존 미지의 사람의 재산이나 사망자의 재산이나 매각처분된다. 생존 미지의 사람의 재산이 매각되는 것은, 예를 들면 사기(詐欺) 때문에 몸을 숨기고 부재인 것처럼 하여 방어하지 않는 사람의 경우이다. 마찬가지로 율리우스 법(lex Julia)[81)에 의해 파산한 사람의 경우, 그리고 경우에 따라서는 12표법에 의해서, 경우에

따라서는 법무관고시에 의해서 금전을 준비하기 위하여 필요할 것으로 인정된 기간이 경과해 버린 판결채무자의 경우이다. 사망자의 재산이 매각·처분되는 것은 예를 들면 그 사망자에게 상속인이나 유산점유자 또는 그 이외에 아무런 정당한 승계인도 없는 것이 확실한 경우이다.

79. 생존 미지인 사람의 재산이 매각·처분되는 경우 그 재산은 계속적으로 30일간, 이에 대하여 사망자의 재산의 경우는 15일간 점유한 다음, 법무관은 매각공시할 것을 명한다. 그 후 법무관은 채권자들을 모이게 하고 그 가운데서 관재인(管財人) 즉 재산을 매각·처리할 사람을 선출하도록 명한다. 그리고 생존 미지인 사람의 재산을 매각·처리하는 경우 재산의 매각은 10일 이내에, 사망자의 재산의 매각은 그 절반의 기간 내에 처리하도록 명한다. 따라서 생존 미지인 사람의 재산은 40일 이내에, 이에 대하여 사망자의 재산은 20일 이내에 매수인에게 인도되도록 명하게 된다. 그런데 왜 생존 미지인 사람의 재산매각이 보다 장기간에 걸쳐 행해지도록 명해야 하는 것인가? 그것은 그 재산의 매각이 안이하게 처리되지 않도록 생존 미지인 사람에 대하여 배려가 뒤따라야 한다는 이유에 따른 결정이다.

80. 그런데 물건은 법상 완전하게 유산점유자의 것이거나 유산의 매수인의 것으로 되지 않으면서 이러한 사람들의 재산 중에 들어 있게 되는 경우도 있다. 물건을 이러한 사람들이 사용취득하게 되는 경우에는 흔히 퀴리테스(Quirites)권에 의해 그들에게 취득된다. 그러하기는커녕 유산의 매수인에게 사용취득이 생겨나지 않는 수가 있

---

81) 기원전 17년에 제정된「재산위임에 관한 율리우스 법(lex Julia de cessione bonorum)」 또는 「민사소송에 관한 율리우스 법(lex Julia iudiciorm privatorum)」의 일부이다.

다. 예를 들면 ·················· 유산의 매수인이 ·················· 되면
··
··
··
·····································.

81. 마찬가지로 ·························· 부담을 지고 있는 것, 혹은
그 사람 자신이 부담하고 있는 것에 관하여 유산점유자나 유산의 매
수인이 법상 당연하게 이것을 부담하거나, 이것이 그들 자신에게 부
담으로 되지 않고 ·························· 모든 경우에 관하여 ···
························ 제4권에서 설명하고자 한다.

타인의 권력에 종속되어 있는 경우

82. 그런데 다른 한 종류의 승계가 있는데, 이 승계는 12표법에
의하거나 법무관의 고시에 의하여 채용되지 않다가, 일반적인 합의
(合意)로 승인된 법에 의하여 도입된 것이다.

83. 즉 가부(家父; pater familias)가 양자(養子)로 되거나, 혹은 여성
이 부권(夫權)에 귀입한 경우에는, 그 사람의 재산은 모두 유체물이
거나 무체물이거나, 그 사람이 담보로 제공하고 있거나를 물론하고,
양부(養父) 혹은 코엠푸티오(coemptio)의 매수인이 취득하는 것으로
된다. 다만 자격소멸에 의하여 소멸하는 것, 예를 들면 용익권(用益
權), 선서약속(宣誓約束)에 의하여 체결된 해방자유인의 노무채권(勞
務債權; operarum obligation libertorum), 법정소송에서의 쟁점결정(爭
點決定)은 그러하지 아니하다(Lites contestatae legitimo iudicio).

84. 반대로 양자가 된 사람, 혹은 부권(夫權)에 귀입한 사람이 부

담하고 있는 채무는 그것이 상속상의 채무인 경우를 제외하고는 코
엠푸티오(coemptio)의 매수인 혹은 양부(養父)에게 이전되지 않는다.
상속상의 채무의 경우에는 양부 혹은 코엠푸티오의 매수인 자신이
상속인이 되기 때문에 직접적으로 법에 의해 구속된다. 이에 대하여
양자가 된 사람 혹은 부권(夫權)에 귀입한 사람은 상속인으로 되지 않
는다. 그러나 이 사람들이 자신의 명의로 부담한 채무에 관하여는 양
부도 코엠푸티오의 매수인도 구속되지 않고, 또한 양자가 된 사람 자
신 혹은 부권(夫權)에 귀입한 사람 자신도 자격소멸에 의하여 확실히
채무로부터 해방되게 되므로 그것에 구속되지 않게 되지만, 그러함
에도 불구하고 자격소멸이 없었던 것으로 된 채 양자로 된 사람 혹은
부권(夫權)에 귀입한 사람을 상대로 하여 준소권(準訴權; utilisaction)이
부여된다. 그리고 이러한 사람들이 이 소권에 대하여 방어하지 않는
경우, 그들이 타인의 권리에 복종하지 않았더라면 그들의 것으로 되
었을 재산 전부에 관하여 법무관은 채권자에게 매각하는 것을 허가
한다.

상속재산의 법정양도

85. 마찬가지로 법정상속재산(法定相續財産)에 관하여 상속인이
숙려결정하거나 혹은 상속인으로 활동하기 전에 그것을 타인에게
법정양도하였으면, 상속재산을 양도받은 사람은 마치 자신이 법률
에 의하여 상속에 참여하게 된 것 같이 법상 완전하게 상속인이 된
다. 그렇지만 상속인으로 된 후에 법정양도하였으면 그대로 상속인
으로 지내고, 그와 함께 채권자에 대해서는 자기 자신이 채무를 부담
하는 것으로 된다. 그렇지만 유체물(有體物)에 관해서는 마치 그 하
나하나가 법정양도된 것 같이 이전된다. 이에 대하여 상속재산에의
채무는 소멸하고 이렇게 하여 상속재산의 채무자는 이익을 얻는다.

86. 유언에 의한 지정상속인이 상속인으로 된 후에 상속재산을 법정양도하게 되면 같은 법이 똑같이 적용된다. 그렇다고 상속승인 전에는 법정양도를 하더라도 아무런 효력도 발생하지 않는다.

87. 그런데 자권상속인(自權相續人)이면서 필연상속인(必然相續人)이 법정양도함으로써 어떠한 효력이 발생하게 되는지 여부가 문제된다. 우리 학파의 여러 학자들은 아무것도 발생하지 않는다고 생각한다. 반대학파의 여러 학자들은 이 외의 상속인이 상속승인한 후에 법정양도를 행하는 것과 마찬가지의 효력이 발생한다고 생각한다. 왜냐하면 어느 사람이 숙려결정함으로써 혹은 상속인으로 활동함에 의하여 상속인이 되는 것과 법에 의하여 당연히 상속인으로서 의무를 지게 되는 것은 조금도 다르지 않았기 때문이다.

채권채무관계와 그 분류

채권발생원인

88. 이제부터 채권채무관계(債權債務關係; obligatio)로 옮겨 보기로 한다. 이것을 가장 크게 분류하면 두 가지 부류가 있다. 즉 모든 채권채무관계는 계약(契約)으로부터, 혹은 불법행위(不法行爲)로부터 발생한다.

계약으로부터 발생하는 채권채무관계

계약에 의한 채권

89. 우선 계약으로부터 발생하는(ex contractu) 채권채무관계에 관해서 살펴보기로 한다.[82] 그런데 여기는 다시 네 가지 종류가 있

다. 왜냐하면 채권채무관계는 물건(物件)에 의해, 혹은 언어(言語)에 의해, 혹은 문서(文書)에 의해, 혹은 합의(合意)에 의해 맺어지게 되기 때문이다.

급부로 인하여 발생하는 채권

90. 물건에 의해 채권채무관계가 체결된 것은 예를 들면 소비를 위하여 물건을 넘겨주는 경우이다. 그런데 소비를 위하여 물건을 넘겨주는 것은 본래 일반적으로 중량(重量), 수량(數量), 용량(容量)으로 확정되는 물건, 즉 주조화폐, 포도주, 올리브유, 곡물, 동(銅), 은(銀), 금(金)에 관하여 발생한다. 이러한 물건에 관하여 어느 물건이 수령자의 것으로 되고, 그리고 특정한 시기에 동일한 물건이 아니라 동일한 성질을 가지는 다른 물건이 반환되는 것을 조건으로 하여, 혹은 수량으로, 혹은 용량으로, 혹은 중량으로 측정하여 넘겨준다. 이렇게 어느 개인으로부터 상대방에게(mutuum) 넘겨주는 물건은 어느 개인의 것에서(ex meo) 상대방의 것(tuum)으로 되기 때문에 소비대차(消費貸借; mutui)라고 부른다.[83]

---

82) 이에 관하여는 특정물의 인도를 목적으로 하는 특정물채권, 일정한 종류에 속하는 물건의 일정량의 인도를 목적으로 하는 종류채권, 금전의 급부를 목적으로 하는 금전채권, 이자의 지급을 목적으로 하는 이자채권, 채권의 목적이 수개의 급부 중에서 선택에 의하여 정하여지는 선택채권이 있고, 그 명칭에 불구하고 다양할 수밖에 없음을 주의할 필요가 있다.

83) 우리 민법상 소비대차는 당사자의 일방(대주)이 금전 기타의 대체물의 소유권을 상대방(차주)에게 이전할 것을 약정하고 상대방은 그것과 동종·동질·동량의 물건을 반환할 것을 약정함으로써 성립하는 계약이다 (제598조-제608조). 또한 프랑스 민법(제1892조)과 일본 민법(제587조)의 규정도 우리나라의 소비대차규정과 유사하다. 이에 반해 독일 민법에서는 소비대차계약에 기하여 대주는 차주에게 약정한 액의 금전을 제공할 의무가 있으며, 차주는 약정한 이자를 지급할 의무 및 제공받은 대차금을 이행기에 반환할 의무가 있다고 규정하고 있다(제488조 제1항).

착오에 의한 변제, 그 반환의 특성

91. 착오에 의하여 변제하는 사람으로부터 채무가 없는 것을 수령한 사람도 또한 물건에 의하여 채무를 부담하는 것이다. 즉 마치 소비대차물을 수령한 것처럼 수령자를 상대방으로 해서 "그가 준 것을 요구하는 것이 분명하다면"이라고 하는 부당이득반환청구소송(不當利得返還請求訴訟)을 제기할 수 있다. 따라서 어느 사람들은 후견인의 호후설정(護後設定) 없이는 채무가 없음을 착오로 인하여 제대로 가름하지 못하고 받게 된 미성숙자(未成熟者) 또는 여성(女性)이 소비를 위하여 물건을 넘겨주고 받은 경우와 동일하게 부당이득반환청구소송에 의해 구속되지는 않는다고 생각한다. 그렇지만 이러한 채권채무관계는 계약으로부터 발생한다고는 볼 수 없다. 왜 그러냐 하면 변제의 의사를 가지고 준 사람은 거래를 체결하는 것보다도 해소하는 것을 소망하는 편일 것이기 때문이다.

문답계약

92. 언어(言語)에 의한 채권채무관계는 질문과 답변에 의해 발생한다. 예를 들면 "당신은 주는 것을 서약하는가(Dari Spondes)" "나는 서약한다(Spondeo)", "당신은 주겠는가" "나는 받겠다", "당신은 약속하는가" "나는 약속한다", "당신은 신의에 의하여 약속하는가" "나는 신의에 의하여 약속한다", "당신은 신의에 의하여 명하는가" "나는 명한다", "당신은 행하겠는가" "나는 행하겠다"라는 식으로 하여 체결한다.

93. 그렇지만 "당신은 주는 것을 서약하겠는가" "나는 서약하겠다"라는 언어(言語)에 의한 채권채무관계는 로마시민에게 특유한 것이다. 이에 대하여 다른 것은 만민법(萬民法)에 속한다. 따라서 로마시민이든 외인이든 모든 사람들 사이에서 유효하다. 그리고 예를 들

면 다음과 같이 "당신은 주겠는가(Δώσεις)" "나는 주겠다(Δώσω)", "당신은 약속하는가('Ομολογεῖς)" "나는 약속한다('Ομολογω)", "당신은 신의에 의하여 약속하는가(Πίστει κελεύεις)" "나는 신의에 의하여 약속한다(Πίστει κελεύω)", "당신은 행하겠는가(Ποιήσεις)" "나는 행하겠다(Ποιήσω)"라고 그리스어로 표현되더라도 이러한 것도, 양 당사자가 그리스어를 이해하는 한, 로마시민 사이에서도 유효하다. 이와는 반대로 라틴어로 표현되었더라도 양 당사자가 라틴어를 이해한다면, 외인 사이에서도 유효하다. 그렇지만 앞의 "당신은 주는 것을 서약하는가" "나는 서약한다"라는 언어에 의한 채권채무관계는 확실히 로마인에게 특유한 것이다. 따라서 이 문언은 그리스어로 작성하여 말한다 하더라도 정확히 그리스어로 번역할 수는 없다.

94. 따라서 이 문언에 의해 외인도 채무를 부담할 수 있는 경우는 한 가지 밖에 없다고 한다. 예를 들면 우리 황제가 어떤 외인의 수장(首長)에게 평화에 관하여 "당신은 장래의 평화를 서약하는가"라고 묻거나, 혹은 우리 황제 자신이 마찬가지 방법으로 질문을 받게 되는 경우이다. 그러나 이것은 너무나도 비꼬인 방식이다. 왜 그러냐 하면 이러한 것은 그 무방식합의에 위반하게 되는 경우에는 문답계약에 근거하여 소송을 하게 되는 것이 아니라 전쟁의 법에 의하여 사태가 처리될 것이기 때문이다.

95. 어느 사람이 ⋯⋯⋯⋯⋯⋯⋯⋯⋯⋯⋯⋯⋯⋯⋯⋯⋯⋯⋯⋯⋯⋯ 된다면 ⋯⋯⋯⋯⋯⋯⋯⋯⋯⋯⋯⋯⋯⋯⋯⋯⋯⋯⋯⋯⋯⋯⋯⋯⋯⋯⋯⋯⋯⋯⋯⋯⋯⋯⋯⋯⋯⋯ 의심받을 가능성이 있다.

95a. 이 밖에 ⋯⋯⋯⋯⋯⋯⋯⋯⋯⋯⋯⋯⋯⋯⋯⋯⋯⋯⋯⋯⋯⋯⋯⋯⋯⋯⋯

······················ 채권채무관계가 있는 ·····························

····························· (베로나 사본에서는 7행 판독불능)

··· 유체(有

體) ··

··

··

··

··

······························· 마찬가지로 여성의 채무자

가 그 명령에 의하여 ·······································

···

··············· 된다면 채무를 혼인밑천으로 돌려 말해 버린다. 그렇

지만 이러한 방법으로 다른 사람에게 채무를 부담시킬 수는 없다.

따라서 다른 어느 사람이 ·······························

····················· 된다면 문답계약의 통상의 법에 의하여 채무

··.

96. 마찬가지로 ······················· 일방의 사람만이 발언하

고 ····················· (베로나 사본에서는 3행 판독불능) ··········

······························· 이것은 선서약속(宣誓約

束; iureiurando)에 의하여 채권채무관계가 체결되는 유일한 원인이

다. 실제로 다른 원인에 의한 선서약속으로 각 사람이 채무를 부담

하는 예는 없다. 특히 로마인의 법에 관해서는 그러하다. 왜 그러냐

하면 외인 사이에 어떠한 법이 있는지를 각 국가의 법에 관하여 점

검해 보면, 장소에 걸쳐서 법이 다르다고 이해할 수 있기 때문이다

·······························.

무효인 문답계약

97. 넘겨주어야 하는 것으로 요약한 물건이 넘겨줄 수 없게 된 물건인 경우 문답계약은 무효이다. 예를 들면 어느 사람이 노예라고 믿고 자유인을, 또는 살아 있는 사람이라고 믿고 사망자를, 또는 인법(人法)상의 것이라고 생각하여 신성지(神聖地) 또는 종교지(宗敎地)를 넘겨주는 것으로 요약한 경우이다.

97a. 마찬가지로 어느 사람이 본질상 존재할 수 없는 물건, 예를 들면 반인반마(半人半馬)의 괴물을 주는 것으로 요약한 경우 그 문답계약은 똑같이 무효이다.

불능조건 · 불능조건부 유증

98. 또한 어느 사람이, 예를 들면 손가락으로 하늘을 닿을 수 있으면이라는 것과 같이 발생할 수 없는 조건을 붙여서 요약하였으면 그 문답계약은 무효이다. 그렇지만 우리 학파의 여러 학자들은 불능조건(不能條件)이 붙어 있는 유증(遺贈)은 마치 조건을 붙이지 않고 행해진 것처럼 채무를 발생시킨다고 생각한다.[84] 반대 학파의 여러

---

84) 불능조건의 효력에 관한 로마시대의 견해를 보면 Proculus학파는 생전행위나 사인행위 모두 불능조건으로 인해 무효가 된다고 하였으나, Sabinus학파는 불능조건부 생전행위는 무효이나 불능조건부 사인행위는 이를 무조건의 법률행위로 보아 유효하다고 하였다. 고전기에는 Sabinus학파의 견해를 채용하였으나, 이후에는 Proculus학파의 견해에 따르게 되었다. 이에 관한 사회적 필요성은 지역적인 특성, 시대적인 필요성을 뛰어넘는 정도라 할 수 있고, 현행 민법의 이 규정도 결국 로마시대의 학설에서 연유하는 규정을 유럽의 법계를 거쳐 받아들인 것이라 할 수 있다(프랑스, 독일, 스위스). 이와 관련하여 우리 민법에서는 조건이 법률행위의 당시에 이미 성취할 수 없는 것인 경우에는 그 조건이 해제조건이면 조건 없는 법률행위로 하고, 정지조건이면 그 법률행위는 무효가 된다고 한다(제151조 제3항).

학자들은 문답계약과 마찬가지로 유증도 무효라고 생각한다. 분명하게 이것을 구별할 만한 적합한 이유를 찾아내는 것은 거의 불가능하다.

99. 여기에 다시 물건이 자신의 것인 줄을 모르고 자신에게 주게끔 하는 것으로 요약하는 경우도 그 문답계약은 무효이다. 왜냐하면 특정한 사람에게 속하는 물건은 그 사람에게 주는 것으로 할 수 없기 때문이다.

100. 이와 함께 다음과 같은 문답계약은 무효이다. 즉 어느 사람이 "나의 사망 후 넘겨줄 것을 당신은 서약하는가", 혹은 "당신의 사망 후 넘겨줄 것을 당신은 서약하는가"라고 요약하는 경우이다. 그런데 "내가 죽는 때에 넘겨 줄 것을 당신은 서약하는가" 혹은 "당신이 죽는 때에 넘겨줄 것을 당신은 서약하는가"라고 요약하는 경우 즉 채권채무관계를 요약자(要約者) 혹은 낙약자(諾約者)의 살아 있는 최후의 시점에 관련시키는 경우에는 문답계약은 유효하다. 왜 그러냐 하면 채권채무관계가 상속인으로부터 시작하는 것은 부적절하다고 여기기 때문이다. 그리고 "내가 죽기 전날에 넘겨줄 것을 당신은 서약하는가" 혹은 "당신이 죽기 전 날에 넘겨주는 것을 당신은 서약하는가"라고 요약할 수는 없다. 왜 그러냐 하면 "어느 사람이 죽기 전 날에"라고 하는 것은 죽은 후가 아니면 알 수 없기 때문이다. 거기에다 죽음이 발생하게 되면 문답계약은 과거로 회복하게 되고, 그것은 말하자면 "나의 상속인에게 넘겨줄 것을 당신은 서약하는가"라는 것으로 되는데, 이것은 문답계약의 성질상 명확히 무효이다.

101. 죽음에 관하여 서술한 것은 모두 자격소멸에 관해서도 들어맞는다고 이해할 수 있다.

내용의 불일치

102. 그리고 어느 사람이 물었던 것에 합치하는 것으로 답하지 않은 경우, 예를 들면 상대방으로부터 10,000세스테르티우스(sestertia)를 받게 되는 것으로 어느 사람이 요약하고, 상대방이 5,000세스테르티우스로 낙약하는 경우, 또는 어느 사람이 무조건으로 요약하고 상대방이 조건을 붙여서 낙약하는 경우 그 문답계약은 무효이다.

103. 다시 그 권력에 따르지 않는 사람을 위하여 넘겨주는 것으로 요약하는 경우 문답계약은 무효이다. 따라서 어느 사람이 스스로 자신과 자기가 권력에 따르고 있지 않은 사람을 위하여 넘겨주는 것을 요약한다면 그 문답계약은 어느 정도 유효한지가 문제이다. 우리 학파의 여러 학자들은 이 문답계약은 일반적으로 유효이고, 가외자(加外者)의 이름이 덧붙여지지 않도록 하여 요약한 사람에게만 총액에 관하여 채권(債權)이 발생하는 것으로 생각한다. 그렇지만 반대학파의 여러 학자들은 요약자에게 반액이 채권으로 발생하고, 나머지 반액에 관한 문답계약은 무효라고 생각한다.

103a. "·················· 넘겨주는 것을 당신은 서약하는가" ································· 사정은 다르다. ·················· 총액에 관하여 채권이 발생하고, 나만이 ·················· 티티우스에게 ·················· 도 ·····················.

104. 여기에 다시 어느 개인의 권력에 따르는 사람에 대하여 그 개인이 요약하거나, 마찬가지로 그 사람이 어느 개인에 대하여 요약하는 경우, 문답계약은 무효이다. 각각 예를 들면 노예, 소유권 아래에 있는 자, 가녀(家女), 부권(夫權) 아래에 있는 사람은 자기들이 그 권력에 따라야 하는 사람에 대해서뿐만 아니라 다른 어느 누구에 대

해서도 결코 채무를 부담할 수 없다.

105. 벙어리[啞者]가 요약하거나 낙약할 수 없는 것은 명확하다. 귀머거리[聾者]에 관해서도 그 할 수 없는 것은 마찬가지이다. 왜 그러냐 하면 요약자(要約者)는 낙약자(諾約者)의 말을, 또한 낙약자는 요약자의 말을 알아듣지 못하면 안 되기 때문이다.

106. 정신착란자(精神錯亂者; furiosus)는 아무런 거래도 행할 수 없는 것으로 되어 있다. 왜 그러냐 하면 정신착란자는 자신이 무엇을 행하고 있는지 이해할 수 없기 때문이다.

107. 미성숙한 남성(pupillus)은 모든 법률행위를 유효하게 행할 수 있지만 후견인의 호후설정이 필요한 경우 후견인이 덧붙여지게 된다. 예를 들면 미성숙한 남성 자신이 채무를 부담하게 되는 경우이다. 이에 대하여 미성숙한 남성은 후견인의 호후설정이 없더라도 타인에게 채무를 부담시킬 수는 있다.

108. 후견 아래에 있는 여성에 관해서도 같은 법이 그대로 적합하다.

109. 그렇지만 미성숙한 남성에 관해서 서술한 것은 틀림없이 이왕에 어느 정도의 이해력을 가지고 있는 사람에 관해서는 그대로 들어맞는다. 이에 관하여 유아(幼兒; infans)와 유아와 아주 비슷한 사람(infanti proximus)은 정신착란자(精神錯亂者)와 그다지 큰 차이가 없다. 왜 그러냐 하면 여기 연령이 미성숙한 남성들은 이해력을 전혀 갖고 있지 못하기 때문이다. 그렇지만 이 미성숙한 남성에 관해서는 그 이익을 위하여 법의 해석을 다소 완화시켜 하게 된다.

참가문답계약

110. 그러나 어느 사람이 요약하는 것에 동일한 것을 요약하는 제3자를 참여하게 할 수 있다. 이 사람을 일반적으로 참가요약자(參加要約者; adstipulator)라고 한다.

111. 그리고 이 사람에게도 일방적으로 같은 동일한 소권(訴權)이 발생하고, 또한 이 사람에 대한 변제도 어느 개인에게 대한 것과 똑같이 유효하다. 그렇지만 그 사람이 취득하는 물건에 관해서는 모두 위임소송(委任訴訟; mandati iudicio)에 의하여 어느 개인에게 반환하도록 강제된다.

112. 이 밖에 참가요약자는 어느 개인이 사용한 용어와 다른 용어를 사용할 수 있다. 따라서 예를 들면 어느 개인이 "당신은 넘겨주는 것을 서약하는가"라고 요약한 경우, 참가요약자는 "당신은 당신의 신의에 의하여 동일한 것을 약속하는가" 또는 "당신은 동일한 것을 신의에 의하여 명하는가"라고 요약할 수 있고, 또한 그 반대의 경우도 가능하다.

113. 또한 참가요약자는 주된 요약자(要約者)보다 적게 요약할 수는 있지만 많이 요약할 수는 없다. 따라서 내가 10,000세스테르티우스(sestertia)를 요약한 경우에 참가요약자는 5,000세스테르티우스를 요약할 수 있다. 이에 대하여 반대로 이것보다 많은 액을 요약할 수는 없다. 또한 어느 개인이 무조건으로 요약한 경우에 참가요약자가 조건부로 요약할 수는 있지만, 그 반대로는 할 수 없다. 그런데 양(量)에 관해서뿐만 아니라 시간(時間)에 관해서도 보다 적게, 보다 많게는 이해할 만하다. 예를 들면 보다 많게라고 하는 것은 어떤 물건을 즉시 넘겨주는 것이고, 보다 적게라고 하는 것은 시간이 경과하고

나서 넘겨주는 것이다.

114. 그런데 이 법은 몇몇 사안에 관하여 독특한 규정을 적용하게 한다. 즉 참가요약자(參加要約者)의 상속인(相續人)은 소권(訴權)을 갖지 못한다. 또한 노예는 다른 모든 경우에 문답계약에 의하여 자신의 주인을 위하여 취득할 수 있지만 참가요약(參加要約)에 의하여 소를 제기할 수는 없다. 다수설에 의하면 소유권 아래에 있는 사람에 관해서도 마찬가지이다. 왜 그러냐 하면 이 사람도 또한 노예와 같은 지위에 있기 때문이다. 그런데 아버지의 권력 아래에 있는 사람은 참가요약에 의하여 소를 제기할 수 있지만, 참가요약에 의해서 존속을 위하여 취득할 수는 없다. 다만 그러한 사람은 기타의 모든 경우에 문답계약에 의하여 아버지를 위하여 취득할 수 있다. 그러나 이러한 사람이 자격소멸을 받지 않고 존속의 권력에서 이탈한 경우, 예를 들면 아버지가 사망하든지 혹은 자신이 유피테르(Jupiter) 신전의 신관에 선임된 경우가 아니면, 이러한 사람 자신에게 참가요약에 의하여 소권이 발생하지는 않는다. 가녀(家女)나 부권(夫權) 아래에 있는 처에 관해서도 마찬가지로 이해할 수 있다.

서약 · 신약 및 보증계약

115. 낙약자를 위해서도 제3자가 채무를 부담하는 것이 관례이다. 우리는 이 제3자 중 어느 한 사람을 서약인(誓約人; sponsor), 다른 한 사람을 신약인(信約人; fidepromissor), 또 다른 한 사람을 신명인(信命人; fideiussor)이라고 부른다.

116. 서약인(誓約人)은 "당신은 동일한 것을 넘겨줄 것을 서약하는가", 신약인(信約人)은 "당신은 동일한 것을 넘겨주는 것을 신의에 의하여 약속하는가", 신명인(信命人)은 "당신은 동일한 것이 당신의

신의에 의하여 존재하게 하는 것을 명하는가"라는 질문을 받게 된다. 그렇다면 "당신은 동일한 것을 넘겨주겠는가", "당신은 동일한 것을 약속하는가", "당신은 동일한 것을 행하겠는가"라는 질문을 받는 사람들은 어떠한 고유한 명칭으로 지칭되는가를 살펴보기로 하자.

117. 예외 없이 언제나 좀 더 확실하게 보증하게 하려고 배려하면서 서약인과 신약인, 신명인을 사용하는 것이 관례이다. 이에 대하여 참가요약자는 일반적으로 우리의 사망 후에 무엇을 넘겨주도록 약속하는 때만 참가시키는 ……………………………………………… 약속하는 것에 의하여, 소를 제기하는 것은 결코 아니고, 어느 개인의 사망 후에 참가요약자가 소를 제기하도록 그를 참가시키는 것이다. 그 결과 참가요약자가 무엇을 취득한 경우, 그 사람은 위임소송(委任訴訟)에 의하여 어느 개인의 상속인에게 그것을 반환하게끔 구속된다.

118. 서약인과 신약인의 지위는 마찬가지의 것이지만, 신명인의 지위는 크게 다르다.

119. 즉 서약인과 신약인은 주로 채무가 언어에 의한 것이 아니라면 채무를 인수할 수 없다(더구나 낙약자 자신이 채무를 부담하지 않는 경우가 있었더라도 예를 들면 여성 또는 미성숙자가 후견인의 호후설정 없이 주는 것을 낙약하거나 어떤 사람이 자신의 사망 후에 주는 것을 낙약하거나 하는 경우에도 서약인과 신약인은 채무를 인수한다. 그렇지만 노예 또는 외인이 서약한 경우, 그 사람을 위하여 서약인 또는 신약인이 채무를 부담하는지 여부가 문제된다).

119a. 이에 대하여 신명인은 모든 채무에 즉 채권채무관계가 물

건에 의하여, 혹은 언어에 의하여 혹은 문서에 의하여, 혹은 합의에 의하여 체결되는 것이든지 이것에 덧붙여 참가할 수 있다. 게다가 주된 채무가 시민법상의 것이든지 자연법상의 것이든지는 전혀 관계없다. 따라서 실제로 노예로부터 신명인의 설정을 넘겨받은 사람이 제3자인 경우나 주인 자신인 경우에도 노예가 부담하고 있는 것에 관하여 신명인은 노예를 위하여 채무를 부담할 정도이다.

120. 그런데다 서약인과 신약인의 상속인은 의무를 부담하는 것은 아니다. 다만 외인인 신약인을 문제로 하여 그의 국가가 다른 법을 사용하고 있는 경우에는 그렇지 않다.

퓨리우스 법

121. 그렇지만 신명인의 상속인은 의무를 부담한다. 서약인과 신약인은 모두 퓨리우스 법(lex Furia)[85])에 의하여 2년이 지나면 채무를 면한다. 그리고 채무는 금전이 청구되는 그 당시의 사람 수에 응하여 그들 사이에 분할되고, 제각기 각자의 부담부분에 관하여 채무를 부담한다. 이에 대하여 신명인은 영구적으로 의무를 부담하고 그 사람 수가 많더라도 각자는 전액에 대하여(in solidum) 채무를 부담한다. 따라서 채권자는 자신이 선택하는 사람에 대하여 전액을 청구하는 것이 허용된다. 그렇지만 작금에 하드리아누스(Hadrian) 황제의 서간(書簡)에 의하여 채권자는 지급능력이 있는 신명인에 대해서만 부담부분을 청구하도록 강제되고 있다. 그런 까닭에 이 서간은 서약인과 신약인 가운데 어느 사람이 지급불능(支給不能)인 경우, 그 사람의 부담부분은 다른 사람에게 부담되어 있지 않으면, 신명인 가운데 설령 지급가능한 것은 1인뿐이더라도 다른 사람의 부담부분도 또한

---

85) 「보증에 관한 퓨리우스 법(lex Furia de sponsu)」을 말한다.

이 사람에게 부담하게 한다는 점에서 퓨리우스 법과 다르다.

121a. 그렇지만 퓨리우스 법(lex Furia)은 이탈리아에서만 적용되는 것으로 이 외의 속주에서는 서약인이나 신약인도 하드리아누스(Hadrian) 황제의 서간에 의하여 부담부분에 관해서 구제되어야 할 것이 없으면, 신명인처럼 영구히 의무를 부담하고, 각자는 전액에 대하여 채무를 부담하는 것으로 된다.

아푸레이우스 법

122. 그런데 아푸레이우스 법(lex Appuleia)[86]은 서약인과 신약인 사이에 새로운 종류의 조합(組合)을 도입했다. 즉 이러한 사람 중의 누군가가 자신의 부담부분보다 많이 지급한 경우, 그 사람이 초과하여 지급한 부분에 관하여는 다른 사람을 상대방으로 하는 소송이 규정되어 있다. 이 법률은 퓨리우스 법(lex Furia) 이전에 각자가 전액에 관하여 채무를 지고 있던 시대에 제정되었다. 그러므로 퓨리우스 법 제정 후에도 당연히 아푸레이우스 법의 이익이 존속하는지 여부가 문제된다. 실제로 이탈리아 이외에는 아푸레이우스 법의 이익이 존속하고 있다. 왜 그러냐 하면 퓨리우스 법은 분명히 이탈리아에서만 효력을 지니지만, 아푸레이우스 법은 그 외의 속주에서도 효력이 있기 때문이다. 그렇지만 이탈리아에도 아푸레이우스 법의 이익이 존속하는지 어떤지가 크나큰 문제로 되어 있다. 그런데 아푸레이우스 법은 신명인에 대해서는 적용되지 않는다. 따라서 채권자가 신명인 중의 1인에게서 전액변제를 받은 경우에 주된 채무자에게 변제능력이 없는 것이 확실하다면 손해는 이 신명인에게만 남게 된다. 그렇지만 앞에서 서술한 것으로 명확하게 밝혀진 것처럼, 채권자로부터

---

86) 「보증에 관한 아푸레이우스 법(lex Appuleia de sponsu)」을 말한다.

전액을 청구받은 신명인은 하드리아누스(Hadrian) 황제의 서간(書簡)
에 의하여 부담부분에 관하여 자신에 대한 소송이 인정되도록 요구
할 수 있었다.

키케레이우스 법

123. 여기에 다시 키케레이우스 법(lex Cicereia)[87]에 의해 서약인
(誓約人) 혹은 신약인(信約人)을 받아들인 사람은 어떠한 사안에 관하
여 담보를 확보하는지, 어떤 사람의 서약인 혹은 신약인을 일정한 채
권채무관계에 받아들이는 것인지를 미리 명확하게 기술하고 선언하
도록 규정되어 있다. 그리고 예고되지 않았으면 서약인 및 신약인에
게는 30일 이내에 예비소송(豫備訴訟; praeiudicium)을 신청하는 것이
허용된다. 이 소송에서는 이 법률에 근거하여 예고되었는지 여부가
문제된다. 그리고 예고되지 않았다고 판결되면 면책된다. 이 법률에
는 신명인에 관한 언급은 없다. 그렇지만 신명인을 받아들인 경우에
도 예고하는 것이 관례이다.

코르네리우스 법

124. 그렇지만 코르네리우스 법(lex Cornelia)[88]의 이익은 모든 사
람에게 공통적이다. 이 법률에 의하여 동일인이 동일인을 위하여 동
일인에 대하여 같은 연도 내에 2,000세스테르티우스(sestertius)를 초
과해서까지 대부받게 되는 정액의 금전을 보증하는 것(creditae
pecuniae)은 금지된다. 그런데 서약인 혹은 신약인이 이 이상의 금
액, 예를 들면 100,000세스테르티우스에 관하여 보증했다 하더라도
이러한 사람들은 단지 20,000세스테르티우스에 관해서만 의무를 지

---

87) 「보증에 관한 키케레이우스 법(lex Cicereia de sponsu)」을 말한다.
88) 「보증에 관한 코르네리우스 법(lex Cornelia de sponsu)」을 말한다.

게 된다. 그런데 대부된 금전이라는 식으로는 신용대부로 제공된 금전뿐만 아니라 채권채무관계가 체결된 때에 장래 지급될 것이 확실한 모든 금전, 즉 어떤 조건도 없이 지급되어야 할 의무가 있는 금전(金錢; pecunia)까지도 지시하게 된다. 따라서 일정한 기일에 넘겨주는 것을 요약하는 금전도 또한 동일한 부류에 속한다. 왜냐하면 그것은 일정한 기간 경과 후에 청구된다고 하더라도 장래 지급되어야 하는 것이 확실하기 때문이다. 그런데 이 법률에서는 금전이라고 부르는 방법으로 모든 물건을 뜻하게까지 한다. 따라서 포도주 또는 곡물, 혹은 토지 또는 노예를 넘겨주게 되는 것을 요약(要約)하는 경우도 이 법률이 지켜지지 않으면 안 된다.

율리우스 법

125. 그러나 이 법률은 어떤 경우에는 무제한으로 보증하는 것을 허용한다. 예를 들면 혼인비용[嫁資]을 원인으로 하여, 또는 유언에 의하여 상대방에 대하여 부담하게 되는 것을 원인으로 하여, 혹은 심판인(審判人)의 명령에 의하여 보증하게 되는 경우이다. 그리고 다시 상속재산의 20분의 1세(稅)에 관한 율리우스 법(lex Julia de vicesima hereditaium)[89]은 동법이 정한 보증에 관하여 코르네리우스 법(lex Cornelia)은 관계짓지 않는 것으로 정하고 있다.

126. 서약인(誓約人), 신약인(信約人), 신명인(信命人)은 자신들이 보증하는 주된 채무자의 부담액 이상의 채무를 부담할 수 없다고 하는 법에서도 그들의 지위는 모두 동일하다. 그러나 이에 대하여 이러한 사람들은 참가요약자의 역할에 대하여 서술한 바와 같이 주된

---

89)「상속재산의 20분의 1세에 관한 율리우스 법(lex Julia de vicesima hereditaium)」을 말한다.

채무자의 부담액 이하의 채무를 부담할 수는 있다. 왜 그러냐 하면 이러한 사람들의 채무도 참가요약자처럼 주된 채무에 부종하는 것이고, 부종하는 채무(obligatio accession)가 주된 채무의 내용보다도 크다는 것은 있을 수 없기 때문이다.

푸블릴리우스 법

127. 그들이 주된 채무자에 갈음하여 일정한 것을 변제했다면, 그들은 그것을 반환하기 위하여 주된 채무자를 상대방으로 하여 위임소송(委任訴訟)을 제기할 수 있는 점에 있어서, 그들의 사정은 모두 똑같다. 또한 이에 덧붙여 서약인은 푸블릴리우스 법(lex Publilia)[90]에 의거하여 변제비용상환청구소권(辨濟費用償還請求訴權; actio depensi)이라고 지칭되는 고유금액(固有金額)의 2배액소권(actio in duplum)을 갖는다.

서면계약

128. 문서(文書)에 의한 채권채무관계(nomen trasscripticuim)는 예를 들면 문자(文字; litteris)로 옮겨 쓰는 이전기입(移轉記入)에 의하여 발생한다. 그런데 이전기입은 물건으로부터 사람에게, 사람으로부터 사람에게로 라는 두 가지 방법에 의하여 생기게 된다.

129. 물건으로부터 사람에게로의 이전기입은 예를 들면 상대방 매매 또는 임약(賃約) 또는 조합(組合)을 원인으로 하여 어느 개인에게 대하여 부담하는 것을 어느 개인이 상대방에게의 지출로 하여 기입하는 경우에 발생한다.

---

90) 기원전 200년경에 제정된 「보증에 관한 푸블릴리우스 법(lex Publilia de sponsu)」을 말한다.

130. 사람으로부터 사람에게로의 이전기입은 예를 들어 티티우스가 어느 개인에게 대하여 부담하는 것을 어느 개인이 상대방에게로의 지출로 하여 기입한 경우, 즉 티티우스가 어느 개인에 대한 지급인으로 하여 상대방을 지도한 경우에 발생한다.

현금출납기입의 특수성

131. 이러한 것들 가운데 현금출납기입(現金出納記入; arcaria nomina)이라고 지칭되는 것은 다르다. 왜냐하면 현금출납기입은 금전이 지불되는 경우에 한하여 유효하므로, 채권채무관계가 물건에 의하여 성립하거나 문서에 의하여 성립하는 것은 아니기 때문이다. 그런데 금전의 지급은 물건에 의한 채권채무관계를 발생시킨다. 따라서 현금출납기입은 채권채무관계를 발생시키지 않고, 발생한 채권채무관계의 증거를 제공한다고 서술하는 것이 적당할 것이다.

132. 외인이라 하더라도 또한 현금출납기입에 의하여 채무를 부담하게 된다고 하는 것은 옳지 않다. 왜 그러냐 하면 그들은 기입 그 자체에 의해서가 아니라 금전지급(金錢支給; numeratio pecuniae)에 의하여 채무를 부담하기 때문이다. 그리고 이 종류의 채권채무관계는 만민법(萬民法)에 속한다.

133. 이에 대하여 이전기입에 의하여 외인이 채무를 부담하는지에 관하여는 의심스러운 점이 있기는 하지만 이것은 잘못된 것은 아니다. 왜 그러냐 하면 이러한 종류의 채권채무관계는 어느 정도 시민법상의 것이기 때문이다. 이것은 네르바(Nerva)의 견해이다. 그런데 사비누스(Sabinus)와 카시우스(Cassius)는 물건으로부터 사람에게로의 이전기입이 발생하게 되면 외인이더라도 채무를 부담하고, 사람으로부터 사람에게로의 경우라면 채무를 부담하지 않는다고 생각

한다.

외인에게 특수한 서면계약

134. 또한 문서(文書)에 의한 채권채무관계는 자필증서(自筆證書; chirographis)와 공서(共書; syngraphis)[91]에 의하여, 즉 어떤 사람이 자신이 채무를 부담한다는 것 혹은 자신이 넘겨준다는 것을 기입하는 경우에 한하여 생겨난다. 그리고 이러한 종류의 채권채무관계는 외인에게 고유한 것이다.

합의계약

135. 합의(合意; consensu)에 의하여 채권채무관계가 발생하는 것은 매매(賣買), 임대(賃貸), 조합(組合), 위임(委任)의 경우이다.

현재인 · 부재자 · 격지자 간의 문답계약

136. 그리고 이러한 계약에 한해서는 언어(言語)와 문서(文書)라는 특별한 형식은 필요하지 않고 거래를 행하는 사람들이 합의하는 것만으로 충분하기 때문에 채권채무관계는 합의에 의하여 체결된다고 설명한다.[92] 따라서 이러한 계약은 부재자 간에도 예를 들면 편지(便紙) 또는 전달자[使者]에 의하여도 체결된다. 다만 언어(言語)에 의한 채권채무관계는 부재자 간에는 성립할 수 없다.

137. 또한 이러한 계약에 있어서는 당사자는 서로 선의와 형평

---

91) 동일한 증서를 2매 작성하여 양 당사자가 서명하여, 각각 1매씩 보관하게 되어 있었다.

92) 우리 민법상 당사자 사이에 의사표시가 일치하는 것만으로 계약이 성립하고 그 밖에 다른 형식이나 절차를 필요로 하지 않는 계약을 낙성계약이라 하고, 요물계약(要物契約)에 대응하는 개념이다.

(ex bono et aequo)에 근거하여 상대방에게 급부하지 않으면 안 되는 것에 관하여 서로 채무를 부담한다. 이에 대하여 언어(言語)에 의한 채권채무관계에서는 당사자의 일방이 요약하고 타방이 낙약(諾約)한다. 이전기입(移轉記入)에 의한 채권채무관계에서는 당사자의 일방은 지출을 기입함으로써 채무를 부담하게 되고 타방에게는 채무를 부담시킨다.

138. 그렇지만 언어에 의한 채권채무관계는 부재자와 체결할 수 없게 되어 있지만, 지출(支出)은 부재자에 대해서도 기입할 수 있다.

매 매

139. 매매(賣買; emptio et venditio)는 설령 금전(金錢)이 미처 지급되고 있지 않더라도, 또한 계약금(契約金; pretio)이 교부되어 있지 않더라도 당사자가 대금에 대하여 합의한 때에는 체결된다. 왜 그러냐하면 계약금의 명목으로 교부된 것은 매매가 체결된 것의 증거이기 때문이다.93)

매매대금의 확정성

140. 그런데 대금(代金)은 확정되어 있지 않으면 안 된다.94) 그렇

---

93) 우리 민법에서의 계약금은 계약을 체결할 때, 당사자의 한쪽이 상대방에게 교부하는 금전, 기타의 유가물(有價物)을 말하며, 계약체결의 증거로서의 의미를 가지는 증약금(證約金), 계약의 해제권(解除權)을 유보하는 작용을 가지는 해약금, 계약금을 교부한 자가 계약상의 채무를 이행하지 않을 때, 그것을 수령한 자가 위약벌(違約罰)로서 몰수하는 위약금의 성질을 지닌다. 계약금의 증거적 의미는 로마에서부터 내려오는 것임을 확실하게 알 수 있다.

94) 로마법에서는 대금의 확정을 요구하였으며, 프랑스법에서도 매매대금은 계약당사자에 의하여 결정·지정되어야 한다고 규정하고 있다. 그러나 현

지 않고 티티우스가 물건을 평가한 금액으로 물건이 구입된다고 당
사자 사이에 합의한 경우, 라베오(Labeo)는 이 계약의 효력을 부정했
다. 이 견해에 카시우스(Cassius)도 찬성한다. 오필리우스(Ofilius)[95]
는 그것도 또한 매매의 일종이라고 보았다. 이 견해에 프로쿨루스
(Proculus)가 따랐다.

대금으로서의 대체물

141. 또한 대금은 금전(金錢)이지 않으면 안 된다. 따라서 이 외
의 물건이 대금으로 될 수 있는지가, 예를 들면 노예, 혹은 토가
(toga), 혹은 토지가 상대방의 매각된 물건의 대금으로 가능한 것인
지 여부가 크나큰 문제가 된다. 우리 학파의 여러 학자들은 일반적
으로 매매는 물건의 교환(交換; permutatio)에 의하여 체결되고, 그것
이 매매의 가장 오래된 형태라고 생각하고 있다. 이처럼 생각하고
있는 사람들은 그 증거로서 그리스의 시인 호메로스(Homer)[96]를 인
용한다. 호메로스는 시의 어느 항간에서 다음과 같이 읊고 있다.

두발을 길러 늘어뜨린 아카이아패거리가 술을 사가지고 갔다.
어느 사람은 청동을 대용 쳐 건네주고,
ἔνθεν ἄρ' οἰνίζοντο καρηκομόωντες Ἀχαιοί,
어느 사람은 번쩍이는 철을 가지라 주는가 하면,
ἄλλοι μὲν χαλκῷ, ἄλλοι

재 우리 민법과 독일 · 일본 민법에서는 이를 요구하고 있지 않다.
95) Ofilius Aulus로, 기원전 2세기의 법학자이다. Servius Sulpicius Rufus의
제자로서, Quintus Aelius Tubero, Marcus Antistius Labeo, Gaius Ateius
Capito의 스승이었으며, 「법무관고시주해(Ad edictum)」를 최초로 저술
했다.
96) 고대 그리스의 시인으로 기원전 8세기경 인물이다. 저서로는 「일리아드
(Iliad)」, 「오디세이(Odyssei)」, 「호메로스의 찬가」가 있다.

혹은 소의 가죽으로,

혹은 살아 있는 소를 갈음으로,

δ' αἴθωνι σιδήρῳ,

ἄλλοι δὲ ῥινοῖς, ἄλλοι

혹은 노예들을 갈음하여 건네주기도 하네, 거참

δ' αὐτῆσι βόεσσιν,

ἄλλοι δ' ἀνδραπόδεσσι(Hom. Il. 7, 472-475)

반대학파의 여러 학자들은 다른 견해를 가지고 물건의 교환과 매
매는 다른 것이라고 생각하고 있다. 그렇지 않으면 물건이 교환되는
때 어느 물건이 매각되고 어느 물건이 대금으로 건네주는 것으로 보
아야 하는 것인지, 그 사실을 증명할 수 없고, 반대로 두 개의 물건 중
어느 것이 매각되고, 또한 대금으로 건네진다고 보아야 하는 것은 불
합리하다고 생각한다. 그렇지만 카엘리우스 사비누스(Caelius Sabinus)
는 매물(賣物), 예를 들면 토지를 가진 상대방에게 내가 그것을 수령
하고, 내가 예를 들면 노예를 대금으로 인도한 경우, 마치 그 토지가
매각되고 토지를 수령하기 위하여 노예가 대금으로 넘겨지는 것으
로 생각해야 한다고 말한다.

임 약

142. 그런데 임약(賃約; locatio et conduction)[97]도 마찬가지의 준
칙에 근거하여 약정되고 있다. 왜냐하면 확정된 임금(賃金; merces)이
결정되지 않으면 임약이 체결되었다고 생각하지 않기 때문이다.

143. 따라서 임금의 확정이, 제3자의 판단에 맡겨져 있으면, 예

---

97) 임약은 우리 민법 가운데 임대차, 고용, 도급을 포함하는 총괄적 의미의
   계약으로 반대급부로서의 지급이 뒤따르는 공통적 특색이 있다.

를 들면 티티우스가 평가한 금액으로 하기로 한 경우에, 임약이 체결되는지 여부가 문제된다. 이러한 이유에서 어느 개인이 의복을 세탁 또는 강화(强化)[98]하기 위하여 세탁소에, 수선하기 위하여 수선소(修繕所)에 맡겼지만 임금에 관하여는 곧바로 약정하지 않고, 후에 당사자 사이에 합의한 금액을 주기로 한 경우 임약이 체결되는지 여부가 문제된다.

144. 마찬가지로 어느 개인이 상대방에게 물건을 사용할 수 있도록 넘겨주고, 그 대신에 이 개인이 다른 물건을 사용할 수 있게 수취한 경우 임약이 체결되는 것인지 여부가 문제된다.

임약과 매매의 유사성

145. 그런데 매매와 임약은 두 계약이 어느 정도 비슷하다고 생각된다. 따라서 어느 경우에는 매매가 체결된 것인지, 그렇지 않으면 임약이 체결된 것인지가 항상 문제된다. 예를 들면 어떤 물건이 영구히 임대된 경우인데, 이것은 자치시의 토지가 그 지대(地代)를 받아들이게 되어 있는 한에서는 임차인 자신으로부터든지 혹은 그 상속인으로부터든지 거둬들이지 않는다고 하는 약관을 붙여서 임대한 경우에 발생한다. 그렇지만 많은 사람은 임약이 발생한다는 견해를 취한다.

146. 마찬가지로 문제되는 것은 어느 개인이 다음과 같은 약관을 붙여 상대방에게 검노(劍奴)를 인도한 경우이다. 즉 상처 없이 싸움을 마친 검노 1인마다 그 분투(奮鬪)에 대하여 각 개인에게 20데나리

---

98) 의복의 강화(curanda vestimenta)란 수선업자가 의복의 수선 이외에 의복을 염색하거나 빳빳하게 하는 것까지를 포함하는 작업이다.

우스(denarii)를 주고, 죽이거나 죽거나 불구로 된 검노 1인에 대하여
는 1,000데나리우스를 주기로 한다는 약관을 붙여서, 어느 개인이
상대방에게 검노를 인도한 경우, 매매가 체결되는 것인지, 그렇지 않
으면 임약이 체결되는 것인지가 문제된다. 상처 없이 싸움을 마친
검노의 경우에는 임약이 체결된 것이고, 죽거나 불구로 된 검노의 경
우에는 매매가 체결되었다고 보는 것이 통설이다. 그것은 마치 각각
의 검노에 관하여 조건이 있는 매매이든지 임약이 생겨나게 되는 것
처럼 우연한 일로 지나치고 만다. 왜냐하면 일정한 조건을 붙여서
물건을 매각하거나 임약할 수 있다는 것은 이미 의심할 여지가 없는
사실이기 때문이다.

임약과 매매의 혼화

147. 여기에서 다음과 같은 것이 문제된다. 즉 어느 개인과 금세
공사(金細工師)와의 사이에 후자가 자신의 금으로 일정한 중량 및 모
양의 반지를 그 개인을 위하여 만들어 주고, 그리고 예를 들면 200데
나리우스(denarii)를 받는다는 약속을 한 경우, 매매가 체결된 것인지
또는 임약이 체결된 것인지가 문제된다.[99] 카시우스(Cassius)는 재료
에 관해서는 매매가, 노무에 대해서는 임약이 체결된다고 말한다.
그러나 많은 사람들은 매매가 체결되는 것이라고 생각했다. 그렇지

---

99) 우리 민법상 가공이란 타인의 원재료를 써서 또는 타인의 물건에 변경을
가하여 새로운 물건을 제작하는 것으로, 원칙적으로 제작물의 소유권은
원재료의 소유자에게 귀속한다(제259조 제1항 본문). 그러나 예외적으로
가공으로 인한 가액의 증가가 원재료의 가액보다 다액인 때에는 가공자의
소유로 되며(제259조 제1항 단서), 이때 가공자가 재료의 일부를 제공하
였을 때에는 그 재료의 가액은 증가액에 가산해서 소유권의 귀속을 결정
하여야 한다(제259조 제2항). 여기에서의 가공은 소유의 귀속을 정해 주
는 원리이고, 임약은 노무의 수급을 매개해 주는 계약의 일종임을 주의하
고 관심을 기울여 볼 필요가 있다.

만 어느 개인이 그의 금을 금세공사에게 주고, 그 노무(勞務)에 대하여 임금을 정한 경우에는 임약이 성립한다는 데 이견이 없다.

조 합

148. 우리는 전 재산의 조합, 또는 어느 특정한 사무의 조합, 예를 들면 노예의 매매를 위하여 각각 그 필요에 맞추어 조합(組合; societas)을 체결하는 것이 관례이다.

조합원 간의 손익의 분배

149. 그런데 조합원 중 어느 사람이 이익에 관해서는 보다 많은 부분을 취득하고, 손실에 관해서는 가능한 한 부담하지 않도록 하는 조합을 체결할 수 있는지 여부가 크나큰 문제로 된 적이 있었다. 퀸투스 무키우스(Quintus Mucius)는 그것이 조합의 본질에 반한다고 생각했다. 그렇지만 세르비우스 술피키우스(Servius Sulpicius)는 자기의 견해가 일반적이면서 그렇게 조합을 체결할 수 있다고 생각하고, 그러한 방법에 덧붙여 어느 사람이 손실은 전혀 부담하지 않으면서 이익은 취득하도록 조합을 체결하는 것도, 그 사람의 노무가 상당히 귀중한 것으로 이러한 약속으로 그 사람이 조합에 가입하는 것이 정당하다고 여겨지는 경우에 한하여 가능하다고 피력하였다. 왜 그러냐 하면 어느 사람은 자금을 출자하고 다른 사람은 출자는 하지 않지만 그럼에도 불구하고 이익은 양자의 공유로 하도록 조합을 체결할 수 있는 것이 양지되고 있기 때문이다.

150. 그리고 이익과 손실의 비율에 관하여 조합원 사이에 합의가 되지 않는 경우 이익과 손실이 조합원 사이에서 같은 비율로 분배되어야 하는 것은 자명하다. 그렇지만 일방에 관해서, 예를 들면 이익에 관해서는 비율이 명시되고 손실에 관해서는 명시되어 있지 않은

경우, 명시되지 않은 후자에 관해서도 같은 비율로 분배하게 된다.

151. 그런데 조합은 조합원이 동일한 합의를 계속하고 있는 동안은 그대로 존속한다. 그러나 어느 조합원이 조합에서의 탈퇴(renunatiatio)를 통지한 경우에는 조합은 해소된다. 그렇지만 명확히 어느 조합원이 우연히 어느 것의 이익을 단독으로 취득하고자 하여 조합에서의 탈퇴를 통지한 경우, 예를 들면 전 재산에 관해서 어느 개인의 조합 동료가 어느 누군가로부터 상속인으로 지정되어, 상속재산의 이익을 단독으로 얻고자 하여 조합에서의 탈퇴를 통지한 경우, 그 조합동료는 어느 개인과 그 이익을 공유하도록 강제된다. 이에 대하여 이 사람이 그러한 요구를 하지 않은 채 그 이외의 이익을 얻게 된 경우에는 그 이익은 그 사람에게만 귀속한다. 그러나 조합에서의 탈퇴가 통지된 후에 어느 개인이 취득하는 물건은 모두 그 개인에게만 돌아간다.

조합의 해소

152. 그리고 조합은 조합원의 사망에 의해서도 해소하게 된다. 왜 그러냐 하면 조합을 체결하는 사람은 자신들을 위하여 특정한 인물을 선정하기 때문이다.

153. 조합은 자격소멸(資格消滅)에 의해서도 해소된다고 할 수 있다. 왜 그러냐 하면 시민법의 사고방식으로는 자격소멸은 사망(死亡)과 동등하게 취급하고 있기 때문이다. 그렇지만 조합원이 그대로 조합의 존속에 합의한 경우 새로운 조합이 성립한다고 보아야 한다.

154. 마찬가지로 조합원 중 어느 사람의 재산이 공적으로 혹은 사적으로 경매에 걸리게 된 경우에도 조합은 해소된다. 그렇지만 우

리가 논하고 있는 조합 즉 단순한 합의에 의하여 성립하는 조합도 만민법에 속하는 것이고, 그러므로 이것은 자연의 이치에 근거하여 모든 사람들 사이에서 따지게 된다.

위임

155. 위임(委任; mandatum)은 우리 각자를 위하여 혹은 제3자를 위하여 의뢰하는 경우에 성립한다. 따라서 당신이 어느 개인 또는 제3자의 사무를 행하도록 어느 개인이 의뢰하는 경우, 위임의 채권 채무관계(mandati obligation)가 체결되고, 어느 개인이 상대방에게 대하여, 혹은 상대방이 어느 개인에 대하여 신의성실(信義誠實)에 근거하여 이행하는 것을 요구하는 것에 대하여 각자는 서로 의무를 부담한다.

156. 이에 대하여 어느 개인이 상대방을 위하여 상대방에게 무엇인가를 의뢰하는 경우 위임으로 할 필요는 없다. 왜냐하면 상대방이 자신을 위하여 행하게 되어 있는 것을 상대방은 어느 개인의 의뢰에서가 아니라 자신의 생각으로 행하지 않으면 안 되기 때문이다. 따라서 상대방이 집에 그대로 누워 지내는데 여유 있는 일정한 금전을 이자를 붙여서 빌려주도록 어느 개인이 권한 경우, 설령 상대방이 그것을 누군가에게 소비대차로 빌려주고 그 사람으로부터 반환받지 못했다 하더라도 어느 개인을 상대방으로 하여 위임소권(委任訴權; mandati action)을 원용할 수 없다. 마찬가지로 어느 개인이 상대방에게 어떤 물건을 사도록 권하고, 설령 그것을 산 것이 상대방에게 이익을 가져다주지 못했다 하더라도 어느 개인은 위임소권으로 상대방에게 구속되지 않는다. 이렇게 티티우스에게 이자를 붙여서 금전을 빌려주도록 상대방에게 의뢰한 사람이 위임소권에 구속되는지 여부가 문제된다. 하지만 세르비우스(Servius)는 이것을 부정하고, 일

반적으로 누군가에게 이자를 붙여서 금전을 빌려주도록 지시한 경
우와 마찬가지로 이 경우도 채권채무관계가 성립한다고는 생각하지
않았다. 그렇지만 우리는 반대로 생각하는 사비누스(Sabinus)의 견해
에 따른다. 왜 그러냐 하면 상대방한테서 의뢰가 없었다면 상대방은
티티우스에게 금전을 빌려주지 않았을 것이기 때문이다.

위임의 실효

157. 어느 사람이 선량한 풍속(bonos mores)에 반하는 것을 의뢰
하는 경우, 예를 들면 어느 개인이 상대방에게 티티우스에 대하여 절
도(竊盜)나 인격침해(人格侵害)를 행하도록 의뢰하는 경우, 채권채무
관계가 성립하지 않는다는 것은 그대로 인정되고 있다.

158. 마찬가지로 어떤 것을 어느 개인의 사망 후에 행하도록 어
느 개인에게 의뢰한 경우 그 위임은 무효이다. 왜 그러냐 하면 채권
채무관계를 상속인으로부터 개시할 수는 없다고 하는 견해가 일반
적이기 때문이다.

위임의 철회

159. 그렇지만 유효하게 성립한 위임도 위임사무에 착수하기 전
에 철회(revocatio)된 때에는 효력을 잃는다.

160. 마찬가지로 당사자의 일방, 결국 위임을 한 사람이라든가,
위임을 받은 사람이 위임사무의 착수 전에 사망한 경우에도 위임은
해소된다. 그렇지만 어느 개인에게 위임한 사람이 사망한 것을 알지
못하고 그 개인이 위임사무를 행한 경우에는, 어느 개인이 위임소송
을 제기할 수 있는 것이 편의상 승인되고 있다. 그렇지 않으면 정당
하고도 있을 수 있는 몰랐음[不知]에 의하여 어느 개인은 손해를 입게

된다. 이것은 어느 개인의 채무자가 그 개인이 노예로부터 해방한 회계담당에게 그 사실을 알지 못한 채 변제한 경우, 변제하지 않으면 안 되는 사람과는 다른 사람에게 변제한 것이기 때문에 엄격법(嚴格法)의 원칙에 의하면 채무를 면제받지 못하지만, 이 사람에 한해서는 채무를 면제받게 된다고 많은 사람들이 생각하고 있는 사례와 유사하다.

위임소권

161. 그런데 어느 개인이 유효하게 위임한 사람이 위임의 취지를 일탈한 경우에는, 그 사람이 위임사무를 처리할 수 있었던 한에서, 그리고 그것이 어느 개인의 이익으로 되는 범위에서 어느 개인은 어떻게든 그 사람을 상대방으로 위임소권(委任訴權)을 갖는다. 그렇지만 그 사람은 어느 개인을 상대방으로 하여 소송을 행할 수는 없다. 따라서 예를 들면 상대방이 토지를 100,000세스테르티우스(sestertius)에 어느 개인이 자기를 위하여 구입해 주도록 상대방에게 의뢰하고, 상대방이 150,000세스테르티우스에 구입한 경우, 설령 어느 개인이 상대방에게 구입하도록 의뢰한 가격에 토지를 그 개인에게 제공하는 것을 상대방이 바라더라도 상대방은 어느 개인에 대하여 위임반대소권을 갖지 못한다. 그리고 이것은 특히 사비누스(Sabinus)와 카시우스(Cassius)의 견해였다. 그렇지만 상대방이 보다 싼 가격으로 토지를 구입한 경우, 상대방은 당연히 어느 개인에 대하여 위임반대소권을 갖는다. 왜 그러냐 하면 100,000세스테르티우스에 토지를 구입하도록 의뢰한 사람은 가능한 보다 싸게 구입하도록 의뢰한 것이라고 이해할 수 있는 것은 자명하기 때문이다.

162. 마지막으로 알아 두어야 할 것은 어떤 것을 처리하도록 어느 개인이 의뢰한 경우 임금이 정해져 있으면 임약이 체결된 것으로

되지만, 그것이 무상으로 되어 있다면 위임소권이 성립한다는 점이다.[100] 예를 들면 의복을 빨아서 빳빳하게 다리도록 세탁소에, 혹은 수선하도록 수선소에 어느 개인이 맡긴 경우이다.

부권(夫權) 또는 소유권에 복종하는 사람에 의해 취득하는 경우

163. 이제까지 계약으로부터 발생한 각종의 채권채무관계에 관하여 설명했지만, 그것이 우리 자신에 의해서뿐만 아니라 우리의 권력, 부권(夫權) 또는 소유권(mancipium) 아래에 있는 사람들에 의해서도 우리를 위하여 취득하게 된다는 것을 상기해야 한다.

164. 각 개인은 신의성실(信義誠實)에 의하여 점유하고 있는 자유인(自由人)과 타인의 노예(奴隷)를 통해서도 각자를 위해서 취득하게 되는데, 이것은 다음의 두 가지 경우에 한정된다. 즉 그들의 노무(勞務)에 의하여 또는 각 개인들의 물건(物件)에 의하여 취득하게 되는 경우이다.

165. 마찬가지로 이들 두 경우에 각 개인은 그들이 용익권(用益權)을 가지고 있는 노예를 통해서도 자기들을 위하여 취득하게 된다.

166. 그렇지만 노예에 대하여 퀴리테스(Quirites)의 허유권(虛有權)을 가지는 사람은 설령 주인이더라도 이 점에 관하여 용익권자(用

---

100) 로마법상 위임(mandatum)은 수임인(mandatar)이 위임인(mandant)에 대하여 무상으로 사무를 처리할 의무를 부담하는 계약이다. 이에 대한 특징으로는 무상성, 타인을 위한 사무처리, 인적 신뢰관계이며, 위임은 순순한 내부관계이고 대외적 효과를 발생시키지 않는다는 것이다. 이에 반해 임약(locatio conductio) 가운데 노무에 관한 계약인 고용(l.c. operarum)은 노무자(lacator)는 사용자(conductor)를 위해 노무를 제공하고 사용자는 노무자에게 보수를 지급하는 것을 목적으로 하는 계약이다.

益權者; usufructuarius) 및 선의의 점유자(bonae fidei possessor) 정도의 권리를 가지는 데 지나지 않는 것으로 이해된다. 왜 그러냐 하면 이러한 경우 그 사람들을 위하여 취득하게 되는 것은 도대체 있을 수 없다고 용인되고 있기 때문이다. 따라서 설령 노예가 이름을 표시하여 그 사람에게 주도록 요약(要約)하더라도, 혹은 악취행위(握取行爲)에 의하여 그 사람의 명의로 수령하더라도 그 사람이 취득하는 것은 결코 아니라고 생각하는 사람도 있을 정도이다.

167. 공유(共有)의 노예가 주인을 위하여 그 지분에 응하여 취득하게 할 수 있는 것은 확실하다. 다만 노예가 1인의 주인만을 위하여 이름을 표시하여 요약하든지 혹은 악취행위로 수령함으로써 그 사람을 위해서만 취득하게 되는 경우는 그러하지 아니하다. 예를 들면 "당신은 나의 주인인 티티우스에게 주는 것을 서약하는가"라고 요약하거나, 혹은 "나는 이 물건이 퀴리테스(Quirites)권에 근거하여 나의 주인인 루키우스 티티우스(Lucius Titius)의 것이라고 선언한다. 그리고 이 물건은 동(銅)과 저울대에 의하여 주인에게 구입해 줌"이라고 하여 악취행위로 그 물건을 수령하게 되는 경우이다.

167a. 주인 중의 1인의 지시가 있는 경우, 그것은 주인의 이름이 덧붙여진 경우와 동일한 효력을 가지는지가 문제된다. 우리 학파의 여러 학자들은 상대방도 노예가 이름을 표시하여 그 사람을 위하여만 요약하든가 또는 악취행위에 의하여 수령한 경우와 마찬가지로, 지시한 주인을 위해서만 취득할 수 있다고 생각한다. 반대학파의 여러 학자들은 어느 누구의 지시도 없었던 것 같이 주인 각자를 위하여 취득할 수 있다고 생각한다.

채권채무관계의 소멸

변 제

168. 그런데 채권채무관계는 거의 다 채무의 변제(辨濟; solutio)에 의하여 소멸한다. 여기에서 어느 사람이 채권자의 동의를 얻고 어떤 물건에 갈음하여 다른 물건으로 변제하였다면 우리 학파의 여러 학자들의 의견과 같이 법상 당연히 채무를 면제받게 되는 것인지, 그렇지 않으면, 반대 학파의 여러 학자들이 생각하는 것처럼 법상 당연히 채무를 부담하면서 소를 제기하는 사람에게는 악의의 항변(抗辯)으로 대항하지 않으면 안 되는 것인지가 문제된다.

면 제

169. 마찬가지로 수령문답계약(受領問答契約) 즉 정식의 면제(免除; acceptilatio)를 통하여 채권채무관계는 소멸한다. 그런데 수령문답계약은 이른바 가장변제(假裝辨濟; imaginaria solution)이다. 왜냐하면 언어에 의한 채권채무관계에 있어서 어느 개인이 상대방에게 부담하고 있는 것을 상대방이 그 개인에게 면제하는 것을 바란다면, 상대방은 "내가 당신에게 약속한 것을 당신은 수령할 것인지"라는 문언(文言)을 어느 개인이 개진하는 것을 허용하고 그리고 상대방이 "나는 수령했다"고 답할 수 있는 것처럼 행하는 수가 있기 때문이다.

170. 앞에서 서술한 것처럼 이 방법으로는 언어에 의하여 발생한 채권채무관계만 소멸하는 것으로 그 이외의 채권채무관계는 소멸하지 않는다. 왜냐하면 언어에 의하여 발생한 채권채무관계는 다른 언어에 의하여 소멸할 수 있다고 보는 것이 당연할 수 있기 때문이다. 그렇지만 다른 원인에 의거하여 발생한 채무는 문답계약으로 바뀐 후에야 수령문답계약에 의하여 소멸시킬 수가 있다.

171. 그런데 수령문답계약은 가장변제(假裝辨濟)로 행해진다고 앞에서 서술했지만 여성은 후견인의 호후설정(護後設定)이 없으면 변제를 수령할 수 없다. 다만 이 외의 경우 현실의 변제는 후견인의 호후설정이 없더라도 여성에게 변제할 수 있다.

채무의 일부변제

172. 또한 채무의 일부변제는 유효하다. 그런데 수령문답계약에 있어서 일부(一部)에 관하여 수령할 수 있는지 여부가 문제로 되어오고 있다.

동형기식 변제

173. 여기에 다시 동(銅)과 저울에 의한 변제(solutio per aes et libram)라고 하는 또 다른 하나의 가장변제(假裝辨濟)가 있다. 이러한 종류의 가장변제 자체도 특정한 경우, 예를 들면 동(銅)과 저울에 의한 행위를 원인으로 하여 무엇인가를 부담하게 되어 있는 경우, 또는 판결을 원인으로 하여(ex iudicati causa) 무엇인가를 부담하게 되어 있는 경우에 한하여 생겨나게 된다.

174. 그 행위는 다음과 같이 행하게 된다. 즉 5인 이상의 증인 및 저울소지자가 소환된다. 그리고 면제받게 되는 사람은 "나는 당신에게 수천 세스테르티우스(sestertius)에 관하여 유책판결을 받은 적이 있으므로 나는 이 원인에 의하여 이 구리[銅]와 구리저울에 의하여 나를 당신으로부터 해방하고 자유롭게 하고자 한다. 공적 법률에 따라서 나는 당신에게 이 최초이자 최후인 저울로 계량하여 지급한다"라고 서술하여야 한다. 그리고 구리조각[銅片]으로 저울을 치고 마치 지급을 행하는 것처럼 면제하는 사람에게 그것을 준다.

175. 마찬가지로 수유자(受遺者)는 동일한 방법으로 상속인을 채권유증(債權遺贈)에서 해방하게 한다. 그러면서 당연하지만 판결을 받은 사람 자신이 유책판결을 받은 것이 드러나도록 상속인이 유언에 의해 자신으로 하여금 주어야 하는 의무를 지게 하였음을 개진한다. 그러나 이 방법으로 상속인을 채권유증에서 해방할 수 있는 것은 유증의 객체가 무게, 수량으로 결정되어 있는 물건, 즉 확정되어 있는 경우에 한정된다. 또한 길이로 결정되어 있는 물건에 관해서도 마찬가지라고 생각하는 사람도 있다.

경 개

176. 여기서 다시 채권채무관계는 경개(更改; novatio)[101]에 의하여 소멸한다. 예를 들면 상대방이 어느 개인에게 부담하고 있는 것을 변제하도록 그 개인이 티티우스에게 요약(要約)하는 경우이다. 왜 그러냐 하면 새로운 당사자가 나타남으로써 새로운 채권채무관계가 발생하고, 이전의 채권채무관계는 후의 채권채무관계로 전환되어 소멸하기 때문이다. 따라서 설령 후에 생겨난 문답계약이 무효이더라도 이전에 체결된 채권채무관계가 경개의 법에 의하여 소멸하는

---

101) 우리 민법상 경개는 채무의 요소를 변경하여 구채무를 소멸시키고 신채무를 성립시키는 계약이다. 채권자 변경에 의한 경개는 신·구채권자와 채무자의 3면계약에 의하며, 제3자에게 대항하기 위해서는 확정일자 있는 증서로 하여야 한다(제502조). 채무자 변경에 의한 경개는 채권자와 신채무자의 계약에 의하며, 구채무자를 당사자로 할 필요가 없다(제501조). 채무의 목적의 변경에 의한 경개는 채권자와 채무자의 계약에 의한다. 일본 민법상 경개도 우리 민법과 동일한 취지로 규정되어 있다(제513조-제518조). 프랑스 민법에서는 채무자가 채권자와 구채무에 갈음하는 신채무를 약정함으로써 구채무가 소멸하는 경우와 구채무자가 신채무자로 대체되고, 구채무자가 채권자에 의해 면책되는 경우와 새로운 약정에 의하여 구채권자가 신채권자로 대체되고, 채무자는 구채권자와의 관계에서 면책되는 경우에 경개가 성립한다(제1271조).

수가 있다. 예를 들면 상대방이 어느 개인에게 부담하고 있는 것에
관하여 그 개인이 티티우스에게 그의 사망 후에 변제하도록 요약하
든지 혹은 그 개인이 여성이나 미성숙자에게 후견인의 호후설정(護
後設定) 없이 요약하는 경우이다. 이러한 경우 어느 개인은 청구권을
상실하게 된다. 왜 그러냐 하면 이전의 채무자는 면제되고 후에 체결
된 채권채무관계는 무효이기 때문이다. 어느 개인이 노예(奴隷)에게
요약하는 경우에는 이와 같은 법이 적용되지 않는다. 왜 그러냐 하면
이 경우 마치 후에 그 개인이 아무에게도 요약하지 않았던 것처럼 이
전의 채무자가 그대로 의무를 지게 되는 수도 있기 때문이다.

경계의 설립과 조건 · 기한

177. 그렇지만 어느 개인이 요약(要約)하는 새로운 상대방이 동
일인인 경우, 후에 문답계약에 어떤 새로운 것이 포함되어 들어간
때, 예를 들면 조건이나 기한 또는 보증인이 덧붙여지든지 혹은 제외
되는 경우에 한하여 경개는 성립한다.

178. 그렇지만 보증인에 관하여 서술한 것은 확정되어 있는 것은
아니다. 왜 그러냐 하면 반대학파의 여러 학자들에 의하면 경개는
보증인의 부가(附加) 또는 제외(除外)에 의하여 성립하는 것이 아니라
고 공인되어 있기 때문이다.

179. 그런데 조건이 덧붙여져서 경개가 성립한다고 앞에서 서술
한 것은 조건이 성취하면서 경개가 이루어진다고 하는 취지라고 이
해하여야 한다. 그렇지 않으면 조건이 성취하지 않게 되면 이전의
채권채무관계가 그대로 존속하게 된다. 그렇지만 이것에 근거하여
제소하는 사람을 악의의 항변이라든가 약속된 합의의 항변으로 배
척할 수 있는지 생각해 보고자 한다. 왜 그러냐 하면 이후에 문답계

약의 조건이 성취하는 경우에 그 채무가 청구될 수 있다고 하는 요해(了解)가 당사자 간에 있다고 볼 수 있기 때문이다. 그러나 세르비우스 술피키우스(Servius Sulpicius)는 조건이 성취하지 않더라도 곧바로 경개가 성립하고, 조건이 성취하지 않으면 어느 쪽의 채권채무관계로도 제소할 수 없으며, 이렇게 하여 청구권은 소멸한다고 생각했다. 이에 따라 그는 다음과 같이 풀이했다. 즉 어느 사람이 루키우스 티티우스(Lucius Titius)가 그에게 부담하고 있는 것을 노예에게 요약하게 되면 경개가 성립하고 청구권은 소멸한다. 왜 그러냐 하면 노예를 제소할 수는 없기 때문이다. 그렇지만 어느 경우에도 우리는 다른 법을 적용한다. 즉 상대방이 어느 개인에게 부담하는 것을 서약할 수 없는 외인에게 "당신은 서약하는가"라는 문언으로 어느 개인이 요약하는 경우와 마찬가지로 이들의 경우에도 경개는 성립하지 않는다.

쟁점결정

180. 이에 다시 채권채무관계는 법정소송(法定訴訟)으로 소송이 벌어지는 경우에 한하여 쟁점결정(爭點決定; litis contestation)에 의하여 소멸한다. 왜 그러냐 하면 쟁점결정 시에 분명히 본래의 채권채무관계는 소멸하고, 피고는 쟁점결정에 의하여 새로운 의무를 부담하는 것으로 되기 때문이다. 그러나 그 피고가 유책판결(有責判決)을 받는 경우, 쟁점결정은 소멸하고 피고는 판결에 의하여 새로운 의무를 부담하는 것으로 된다. 고법학자(古法學者)들은 이에 관하여, 채무자는 쟁점결정 이전에는 넘겨주지 않으면 안 되고, 쟁점결정 후에는 유책판결을 받지 않으면 안 되고, 유책판결 후에는 판결에 따라 이행하지 않으면 안 된다고 적기하고 있다.

181. 법정소송(法定訴訟)으로 어느 개인이 채무를 청구했으면 그

개인은 후에 그 채무에 관하여 법상 당연히 제소할 수 없다. 왜 그러
냐 하면 쟁점결정에서 본래 주어야 할 필요가 있는 의무는 없어지게
되기 때문에 "나에게 주는 것을 요구한다"라고 청구표시를 하는 것
은 무효이다. 이에 대하여 명령권에 근거하여 어느 개인이 제소한
경우 사정은 다르다. 왜냐하면 이 경우에는 채권채무관계가 그대로
존속하기 때문이다. 따라서 어느 개인은 법상 당연히 이후 제소할
수 있지만, 기판력의 항변(exceptio rei iudicatae) 혹은 소송계속의 항
변(exceptio in iudicium deducate)으로 어느 개인은 배척될 수밖에 없
게 된다. 그것은 차치하고 우리는 법정소송이란 무엇인가, 그리고
명령권(命令權)에 근거한 소송이란 무엇인지를 제4권에서 논하기로
한다.

불법행위로부터 발생하는 채권채무관계

182. 여기에서 이제 사적인 불법행위(不法行爲; ex delicto)[102]로부
터 발생하는 채권채무관계로 옮겨 살펴보고자 한다. 예를 들면 어느
사람이 절도를 하거나 재물을 강탈하거나 손해를 주거나 인격침해

---

102) 우리 민법 제750조에서는 고의 또는 과실로 인한 위법행위로 타인에게
    손해를 가한 자는 그 손해를 배상할 책임이 있다고 규정되어 있으며, 일본
    민법 제709조에서는 고의 또는 과실로 인해 타인의 권리 또는 법률상 보
    호되는 이익을 침해한 자는 이로 인해 생긴 손해를 배상할 책임을 진다고
    규정하고 있다. 또한 프랑스 민법 제1382조에서는 타인에게 손해를 야기
    시키는 모든 행위는 그에 따른 과책으로 인해 가해자에게 그 손해를 배상
    할 책임이 있다고 규정하고 있으며, 독일 민법 제823조에서는 고의 또는
    과실로 타인의 생명, 신체, 건강, 자유, 소유권 또는 기타의 권리를 위법하
    게 침해한 사람은 타인에 대해 발생시킨 손해에 대해 배상할 책임이 있다
    고 규정하고 있다. 일찍이 사적인 불법행위에서부터 출발하여 사회적인
    범죄로까지 포진하는 행동양상을 잘 보여 주는 것으로 동일 용어(用語)가
    위법행위로도 범죄로도 자리하게 되는 데서 법의 규범적 색채를 정확하게
    감지하는 것이 매우 중요한 것임을 주의할 필요가 있다.

를 범한 경우이다. 이들 각 행위로부터는 한 가지 종류의 채권채무관계가 성립하는 것이지만, 계약(契約)으로부터 발생하는 채권채무관계는 앞에서 설명한 바대로 네 가지 종류가 있다.

절 도

절도의 종류

183. 그런데 세르비우스 술피키우스(Servius Sulpicius)와 마즈리우스 사비누스(Masurius Sabinus)는 절도(竊盜; furtum)의 종류가 현행(現行; manifestum)절도, 비현행(非現行; nec manifestum)절도, 절도품소지(竊盜品所持; conceptum)절도 및 절도품전치(竊盜品轉置; oblatum)절도의 네 가지가 있다고 설명한다. 라베오(Labeo)는 현행절도 및 비현행절도의 두 가지이고 절도품소지절도(竊盜品所持竊盜) 및 절도품전치절도(竊盜品轉置竊盜)는 절도의 종류라기보다는 오히려 절도에 관련한 소권의 특정한 형태라고 서술한다. 이 방법이 후에 명확하게 밝혀지는 것처럼 보다 우월하다고 생각된다.

현행절도

184. 현행절도(現行竊盜)라 함은 절도를 행하는 동안에 발견되는 절도라고 서술하는 사람들이 있다. 이에 대하여 다시 현행절도란 절도를 행하는 장소에서 발견된 절도, 예를 들면 올리브밭에서 올리브의 절도가, 포도밭에서 포도의 절도가 행해진 경우에 절도범이 그 올리브밭 또는 포도밭에 있는 경우에 한하여, 혹은 가옥에서 절도가 행해진 경우에 그 가옥에 절도범이 있는 경우에 한하여 현행절도가 된다고 서술하는 사람들도 있다. 또한 절도범이 소지·운반하려고 의도한 장소로 절도품을 소지·운반하는 동안에 발견된 경우, 현행절도가 된다고 서술하는 사람들도 있다. 그리고 절도범이 절도품을 소

지하고 있는 곳을 찾아낸 경우 언제나 현행절도가 된다고 서술하는 사람도 있었지만, 이 견해는 받아들여지지 않았다. 그렇지만 절도범이 소지·운반과 의도한 장소로 절도품을 소지·운반하는 동안에 발견한 경우에 현행절도가 된다고 생각한 사람들의 견해도 받아들여졌다고 볼 수 없다. 왜 그러냐 하면 절도품의 소지·운반이 하루에 종료해야 하는지, 혹은 2일 이상 걸려도 관계없는 것인지라는 크나큰 의문이 걸려 있기 때문이다. 이것은 절도범이 어느 도시에서 절취한 물건을 다른 도시, 혹은 다른 속지로 소지·운반하려고 의도하는 예가 흔히 있음과 관련된 것이다. 따라서 최초의 두 가지 견해 중 어느 일방이 받아들여져야 할 것이지만 오히려 일반적으로는 후자의 견해가 받아들여지고 있다.

비현행절도

185. 비현행절도(非現行竊盜)가 무엇인가는 앞에서 이미 서술한 것에서 이해할 만하다. 즉 현행절도가 아닌 절도가 비현행절도이다.

절도품소지절도

186. 절도품소지절도(竊盜品所持竊盜)라고 하는 것은 어떤 사람의 집에서 증인의 입회 아래 절도품이 수색되어 발견된 경우이다. 즉 설령 그 사람이 절도범이 아니라 하더라도 절도품소지절도소권(竊盜品所持竊盜訴權; actio concepti)이라는 고유한 소권이 그 사람을 상대방으로 하여 생기게 된다.

절도품전치절도

187. 절도품전치절도(竊盜品轉置竊盜)라고 하는 것은 절도품을 품지하고 있는 사람으로부터 옮겨 상대방 수하에 들어오고, 그리고 상대방 수하에서 발견된 경우이다. 예를 들면 양도인 수하에서라기보

다도 상대방 수하에서 발견되게 할 의도로 절도품을 상대방에게 넘겨준 경우이다. 절도품이 상대방 수하에서 발견되었다면 절도품을 옮긴 사람이 절도범이 아니라 하더라도 그 사람을 상대로 하여 절도품전치절도소권(竊盜品轉置竊盜訴權; actio oblati)이라는 고유한 소권이 생겨나게 된다.

절도품수색방해소권

188. 여기서 다시 절도품을 수색하려고 하는 사람을 방해한 사람을 상대방으로 해서는 절도품수색방해소권(竊盜品搜索妨害訴權; actio prohibiti furti)이 갖춰져 있다.

189. 현행절도에 대한 벌(罰)은 12표법에 의하여 자격형(資格刑)이었다. 즉 자유인은 매를 맞고 난 다음 그가 절도를 범한 상대방에게 인도되었다. 그런데 자유인은 인도에 의하여 노예가 되는 것인지, 또는 판결채무자의 지위에 놓이게 되는지를 고법학자(古法學者)들은 문제 삼기도 하였다. 절도범이 노예인 경우에는 그대로 매는 맞고 난 다음 사형에 처했다. 그렇지만 후에 형벌의 가혹함이 신랄하게 비판되어 자유인이든 노예이든 관계없이 4배액소권이 법무관 고시(法務官告示)에 의하여 정해졌다.

190. 비현행절도의 벌은 12표법에 의하여 2배액소권으로 인정되어 있고 법무관도 이를 그대로 유지해 왔다.

191. 절도품소지절도(竊盜品所持竊盜)와 도품전치절도(盜品轉置竊盜)의 벌은 12표법에 의해 3배액소권으로 되어 있고, 이것도 마찬가지로 법무관에 의하여 그대로 유지되어 왔다.

192. 4배액의 절도품수색방해소권(竊盜品搜索妨害訴權)은 법무관 고시에 의하여 도입되었다. 그렇지만 법률은 이에 관하여 아무런 벌도 규정하고 있지 않다. 수색하고자 하는 사람은 알몸으로 허리띠 요대(腰帶)를 착용하고 접시를 가지고 수색하도록 명해져 있을 뿐이다. 그 사람이 절도품을 발견하게 되면 법률은 그것을 현행절도라고 명하고 있다.

193. 그런데 허리띠[腰帶; licium]가 어떠한 것인지가 문제시되었다. 어쨌든 그것에 의하여 필요한 부분을 가려 덮는 일종의 꿰맨 물건이라는 것이 그럴듯하게 정확한 견해이다. 이 규정 전체는 어리석은 것이다. 이러한 것은 의복을 착용한 사람에게 절도품을 수색받는 것을 거부하는 사람이라면 알몸의 사람이 수색하는 것도 당연히 거부할 것이고, 더구나 그렇게 수색하여 도품을 발견하였을 때에는 그 사람은 더욱이 중한 벌에 따라야 할 것이기 때문이다. 다음으로 접시를 가지도록 명하는 것은 혹은 접시로 손을 막게 하여 아무것도 가지고 들어오지 못하도록 하기 위한 것인지, 혹은 발견한 물건을 접시 위에 놓기 위한 것인지, 수색하는 물건을 숨겨 들어오는 것도 접시 위에 놓을 수 없을 만큼 크거나 혹은 커질 수 있는 물건인 경우 아무 설명도 잘 들어맞지 않는다. 물론 그 접시의 재료가 무엇이든 법률상 충분히 인정될 수 있음은 의심할 바 없다.

절도의 다기성 · 복합성

194. 그러나 법률이 그러한 경우에는 현행절도라고 명하고 있기 때문에 현행절도는 법률에 근거하거나 혹은 사실에 근거하여 이해된다고 적고 있는 사람이 있다. 법률에 근거하여 현행절도는 지금 서술하고 있는 것이고, 또한 사실에 근거한 현행절도는 앞에서 설명한 것이다. 그렇지만 단지 사실에만 근거하여 현행절도를 이해하는

방법이 보다 더 바른 견해이다. 왜냐하면 법률은 현행절도의 범인이
아닌 사람을 현행절도의 범인으로 할 수 없고, 마찬가지로 도대체 절
도범이 아닌 사람을 절도범으로 할 수 없으며, 또한 간부(姦夫)와 살
인자가 아닌 사람을 간부와 살인자로 할 수 없기 때문이다. 법률로
가능한 것은 설령 어느 사람이 절도와 간통과 살인을 범하지 않았더
라도 마치 그것을 범한 것처럼 그 사람에게 처벌을 부과할 만한 정
도의 그것이다.

195. 그런데 절도는 어느 사람이 영유하기 위하여 타인의 물건을
가지고 가는 경우뿐만 아니라 일반적으로 어느 사람이 타인의 물건
을 그 소유자의 의사에 반하여 영득하는 경우도 성립한다.[103]

임치물의 사용과 절도

196. 따라서 어느 사람이 자기에게 임치된 물건을 사용하게 되면
그는 절도를 범한 것이 된다. 또한 어느 사람이 사용하기 위하여 물
건을 수취하고, 그리고 그것을 다른 용도로 사용하였으면 절도소권
으로 구속된다. 예를 들면 어느 사람이 마치 친구를 식사에 초대한
것 같이 은접시를 받아들고 사용하게 했는데, 그것을 외국으로 가지
고 나갔거나, 혹은 승마를 위하여 사용대차해 준 말을 보다 먼 곳으
로 끌고 가버리는 경우이다. 고법학자(古法學者)는 사용대차한 말을
전쟁터에 끌고 간 사람에 관해서 이것을 적기하고 있다.

---

103) 절도의 양태가 다양함은 말할 나위도 없고 그렇다 보니 절도의 성립을
위해서는 고의 이외에 불법영득의사(不法領得意思)를 필요로 한다고 보
는 견해가 상당한 설득력을 가질 수 있었다. 그러나 이렇게 하면 절도의
성립은 아주 명료하게 될지 모르지만, 재산죄의 보호법익이 너무 좁아지
므로 최근의 다수설·판례는 재물에 대한 점유를 중점적으로 파악하여 사
회 실제의 요지에 부응하게 하고 있다. 그리하여 절도죄의 성립에 불법영
득의사가 필요없다고 하게 되었다.

사용대차물의 변칙사용

197. 그러나 사용을 위하여 넘겨받은 사용대차물을 다른 방법으로 사용한 사람은 자신이 소유자의 의사에 반하여 그것을 행하고 있는 것 및 소유자가 그것을 알았다면 허용하지 않았을 것을 인식하고 있는 경우에는 절도를 범한 것으로 되지만, 이에 대하여 소유자가 허용했을 것이라고 믿은 경우에는 절도죄는 아니라고 보아야 하는 것으로 인정되었다. 이것은 분명히 가장 뛰어난 구별에 의한 것이다. 왜 그러냐 하면 절도는 악의 없이는(sine dolo malo) 범할 수 없기 때문이다.104)

198. 그렇지만 어떤 사람이 자신은 소유자의 의사에 반하여 물건을 영득한다고 믿고 있지만 사실은 소유자가 바라는 대로 물건을 영득하고 있는 경우에는 절도는 성립하지 않는다고 하는 것이 보통이다. 따라서 다음과 같은 것이 문제되어 검토되어 왔다. 즉 티티우스가 어느 개인의 노예를 부추겨 자기로부터 자기의 물건을 절취하여 자신의 휘하로 가지고 오라고 하였지만, 그 노예가 그 개인에게 그것을 알려 주고, 그 개인은 티티우스가 불법행위의 가해 중에 잡히더라도, 노예가 그 개인의 물건을 티티우스 휘하로 가지고 가는 것을 허용한 경우, 티티우스는 어느 개인에 대하여 절도소권의 구속을 받는 것인지, 또는 노예교사소송(奴隷敎唆訴訟)의 구속을 받는 것인지, 또

---

104) 로마법상 사용대차(commodatum)는 일방이 목적물을 상대방에게 인도하고 상대방인 사용차주(kommodatar)가 이를 정해진 용도에 따라 무상으로 사용한 후 사용대주(kommodant)에게 반환할 것을 약정하는 계약이다. 반면에 절도는 재산상의 이익을 취득할 목적으로 타인의 의사에 반하여 그 물건을 영득하거나 사용 내지 점유하는 것을 말한다. 이에는 물건 자체의 영득(furtum rei), 권한이 없는 자가 타인의 물건을 사용한 경우인 사용절도(furtum usus), 타인이 소유자의 권리를 이용하여 물건을 점유한 경우인 점유절도(furtum possessionis)가 있다.

는 아무런 구속도 받지 않는 것인지와 같은 문제이다. 티티우스는 어느 개인의 의사에 반하여 물건을 영득한 것은 아니기 때문에 절도 소권의 구속도 받지 않고, 또한 노예가 그대로 따라 한 것도 아니기 때문에 노예교사소송의 구속도 받지 않으며, 티티우스는 아무런 구속도 받지 않는다는 회답이 내려진 적이 있었다.

199. 그런데 경우에 따라서는 자유인이 절취당하는 경우도 있다. 예를 들면 각 사람의 권력 아래에 있는 그의 비속, 혹은 또한 각 사람의 부권(夫權) 아래에 있는 처 혹은 어느 개인의 판결채무자(判決債務者)와 자유인인 어느 개인의 검노(劍奴)가 절취당하는 경우 등이다.

자기 소유물의 절도

200. 사람은 자신의 소유물에 관해서도 절도를 범하는 수가 있다.[105] 예를 들면 채무자가 채권자에게 질물(質物)로 넘겨준 물건을 절취한 경우, 혹은 어느 개인이 그의 소유물을 그 선의의 점유자로부터 절취한 경우이다. 따라서 타인이 선의로 점유하고 있던 자신의 노예가 자신 휘하에 돌아온 때에 이 노예를 숨긴 사람은 절도를 범한 것으로 인정되었다.

201. 이와는 반대로 타인의 물건을 선점하고 사용취득하는 것이 승인되어 절도를 범했다고 볼 수 없는 수가 있다. 예를 들면 필연상속인(必然相續人)이 없는 경우에, 상속인이 점유를 취득하고 있지 않

---

105) 현행 형법상 절도죄의 객체가 되는 재물은 타인의 재물이며, 타인이 점유하는 자기의 재물을 이 객체가 되지 못하는 점과 기본적으로 짜여짐을 주의할 필요가 있다. 다른 유형의 범죄가 생겨남에 따라 이들 각 범죄행위가 절도 이외의 다른 죄, 예를 들면 횡령죄, 권리행사방해죄 등으로 바뀌어 자기 물건에 대한 범죄는 논의 밖으로 떨어져 나가게 되고 말았다.

은 상속재산에 속하는 물건이 그것이다. 왜 그러냐 하면 필연상속인이 있는 때에는 어떠한 물건도 상속인으로서 사용취득할 수 없다고 인정되고 있기 때문이다. 마찬가지로 채무자는 신탁(信託)을 원인으로 하여 채권자에게 악취행위에 의하여 매각 또는 법정양도(法廷讓渡)한 물건은, 제2권에서 설명한 바처럼, 절도를 저지르지 않고 점유하여 사용취득할 수 있다.

절도의 교사 · 방조범

202. 자기 자신이 절도를 범하지 않는 사람은 절도소권으로 구속되는 경우가 있다. 예를 들면 그 사람의 조력(助力), 조언(助言)에 의하여 절도가 범해지는 경우이다. 이러한 종류의 절도에 포함되는 것은 어느 사람이 상대방에게 금전을 방치해 두고 다른 사람이 그것을 절취한 경우, 혹은 어느 사람이 상대방을 방해하여 다른 사람이 절취한 경우, 또는 어느 사람이 상대방의 양이나 소를 도망치게 하고 다른 사람이 그것을 포획한 경우이다. 고법학자(古法學者)들은 붉은 천으로 가축을 도망치게 한 사람에 관하여 이것을 기술하고 있다. 그러나 절도가 행해지도록 조력했을 뿐만 아니라, 어떤 일이 난잡하게 저질러진 경우에 준소권(準訴權)이 주어져야 하는지 검토해 봐야 할 일이다. 왜냐하면 손해배상에 관하여 규정한 아퀼리우스 법(lex Aquilia)106)에 의하면 과실(過失; culpa)도 처벌되기 때문이다.

절도소권

203. 그런데 준소권(準訴權)은 설령 소유자가 아니더라도 물건의 보전에 이해관계가 있는 사람에게도 허여된다. 따라서 소유자이더

---

106) 기원전 286년경 제정된 법으로, 타인의 재산에 관한 불법침해에 관한 법이다.

라도 물건을 잃어버리게 된 것에 관하여 이해관계가 없으면 절도소
권(竊盜訴權; furti action)을 원용할 수 없다.

204. 그 때문에 채권자는 절취당한 질물(質物)에 관하여 절도소
권을 제기할 수 있다는 것이 학설로 확립되어 있다. 이것은 분명히
설령 소유자 자신 즉 채무자 자신이 그 질물을 절도한 경우이더라도
그에 불구하고 채권자는 절도소권을 원용할 수 있다고 할 정도이다.

205. 마찬가지로 세탁소가 세탁하기 위해서나 빳빳하게 다리기
위하여, 혹은 수선소가 수선하기 위하여 임금을 정하여 의류를 받아
맡아 놓고 그 의류를 절도당해 상실한 경우에는, 그들 자신이 절도소
권을 가지는 것이고 소유자는 그것을 갖지 못한다. 왜 그러냐 하면
소유자는 임약소송(賃約訴訟; iudicio locate)에 의해 세탁소 혹은 수선
소로부터 배상을 받을 수 있기 때문이며, 의류를 잃어버리게 되더라
도 소유자의 이해에는 전혀 관계없기 때문이다. 다만 이것은 세탁소
혹은 수선소가 배상할 자력이 있는 경우에 한정한다. 이에 대하여
세탁소 혹은 수선소가 지급능력이 없는 경우, 소유자는 그들로부터
배상을 받을 수 없기 때문에, 소유자 자신도 절도소권을 원용할 수
있다. 왜 그러냐 하면 이 경우 물건이 보전되는 것은 소유자 자신의
이해에 관계되기 때문이다.

206. 세탁소 혹은 수선소에 관하여 서술한 것은 물건을 사용대차
한 사람에게도 마찬가지로 적용된다. 왜 그러냐 하면 세탁소와 수선
소가 임금을 취득하는 것에 의하여 보관책임을 부담하는 것처럼, 사
용차주(使用借主)도 또한 사용의 이익을 향수하는 것에 의하여 마찬
가지로 보관(保管; custodia)의 책임을 부담해야 할 것이기 때문이다.

수치인의 임치소송

207. 그렇지만 물건을 임치받은 사람은 보관책임을 부담하지 않고 자신이 악의로 무엇인가를 한 경우에만 책임을 지게 된다. 그러므로 그 사람이 물건을 도둑맞게 된 경우, 수치인은 물건의 반환을 위하여 임치(depositum)의 소송을 해야 하는지에 구애받지 않고, 물건의 보전에 관해서도 이해를 가지는 것이 아니기 때문에, 따라서 수치인은 절도소권을 제기할 수 없다. 그렇지만 소유자는 절도소권을 원용할 수 있다.

208. 마지막으로 미성숙자가 타인의 물건을 가지고 가게 되면, 그것으로 절도를 범하게 되는지 여부가 문제 될 수 있음을 주의해야 한다. 다수설에 의하면 절도는 의도적으로 행해지는 것이기 때문에 미성숙자는 성숙에 아주 근접하게 되고, 그렇게 되어 자신이 불법한 행위를 범하고 있음을 이해하고 있는 경우에 한하여 그 죄의 책임을 지게 된다.

강 도

209. 타인의 물건을 강탈한 사람은 절도소권에 의하여도 구속된다. 왜냐하면 완력으로 강탈하는 사람 이상으로 소유자의 의사에 반하여 타인의 물건을 영득하는 사람은 없기 때문이다. 따라서 그 사람이 비열한 절도범이라고 꼬집히는 것은 적절하다. 그렇지만 법무관(法務官)은 그 사람에 의한 불법행위(不法行爲)를 원인으로 하는 고유한 소권을 도입했다. 그것은 폭력강탈물소권(暴力强奪物訴權; actio vi bonorum raptorum)이라고 하고, 1년 이내는 4배액소권, 1년 이후는 1배액소권이다. 이 소권은 설령 물건이 아주 적은 가치의 것이라 하더라도 그것이 강탈되었다면 적용된다.107)

불법손해

불법손해소권

210. 불법손해의 소권(damni iniuriae action)은 아퀼리우스 법(lex
Aquilia)에 규정되어 있다. 이 법률의 제1장에서는 어느 사람이 타인
의 노예에, 혹은 가축에 속하는 타인의 네발짐승[四足獸]을 불법으로 살
해했다면 그 당년에 있어서 그 물건의 최고가액을 소유자에게 지급
할 책임이 있는 것으로 한다고 규정하고 있다.

211. 그런데 불법으로 살해하는 것이란 그 사람의 고의(故意; dolo)
또는 과실(過失; culpa)에 의해 그것이 발생하는 것이라고 이해되고
있다. 불법한 행위에 의하지 않고 끼친 손해(iniuria)는 다른 어떠한
법률에 의하여도 변상받을 수 없다. 따라서 과실이나 악의 없이 불
측의 사고에 의해 손해(damnum)를 발생시킨 사람은 처벌되지 않는
다.108)

불법손해소권의 범위

212. 이 법률의 소권으로는 손해를 받은 물건만이 평가되는 것은
아니다.109) 노예가 살해된 때에 소유자가 노예의 가액 이상의 손해

---

107) 절도죄의 객체인 재물에 대한 대법원의 태도는 반드시 객관적인 금전적
교환가치를 가질 필요는 없고 소유자, 점유자가 주관적인 가치를 가지고
있음으로써 족하다고 할 것이고, 이 경우 주관적, 경제적 가치의 유무를
판별함에 있어서는 그것이 타인에 의하여 이용되지 않는다고 하는 소극적
관계에 있어서 그 가치가 성립하더라도 관계없다고 한다(대법원 2004.
10.28.선고 2004도5183 판결).

108) 일기예보를 잘못하여 불측의 손해가 발생하더라도 그 책임을 묻기 어려
운 경우를 상기해 보면 어떨까 싶다.

109) 유명 악극단에서 기예가 뛰어난 광대 1인의 부상은 그로 인한 손해뿐만

를 입은 경우에는 그 부분도 평가된다. 예를 들어 어느 개인의 노예가 어느 사람의 상속인으로 지정되고, 그의 명령에 의하여 상속을 숙려결정하기 전에 살해된 경우이다. 왜냐하면 노예 자신의 가액이 평가될 뿐만 아니라 이와 함께 날아간 상속재산의 금액도 함께 평가되기 때문이다. 마찬가지로 쌍둥이 또는 희극극단 또는 악단 중 1인이 살해된 경우, 살해된 사람의 평가뿐만 아니라 그 이외에 그 밖의 남은 사람의 하락된 가액부분도 고려된다. 마찬가지로 한 쌍의 노새 중 한 마리, 혹은 4마리가 끄는 2륜 전차의 말 가운데 한 마리가 살해된 경우에도 동일한 법이 적용된다.

213. 그런데 자기의 노예가 살해된 경우에는 그 살해한 사람을 자격[人格]에 관한 죄로 고소하든지 혹은 이 법률에 근거하여 손해배상을 청구하든지에 관하여 자유로운 재량권(裁量權)을 갖는다.

손해액의 산정

214. 그런데 이 법률에 "그 당년에 있어서 그 물건의 최고가액으로"라는 문언이 덧붙여져 있기 때문에 다음과 같은 문제가 발생한다. 즉 예를 들면 그 당년에 아무 데도 손상되지 않고 지내 왔는데도 다리가 부자유하게 된 노예, 혹은 애꾸눈의 노예가 살해된 경우 살해된 때의 가액이 아니라 그해에 있어서 최고가액으로 평가가 매겨진다. 이것에 의하여 어느 사람이 입은 손해보다도 많은 것을 받는다고 말하는 예가 생겨날 수도 있다.

아니라 그 나머지 배역들의 손해, 더 나아가 그 악극단의 존립이 문제되었던 경우가 적지 않게 있었다.

참가요약자에 대한 소권

215. 제2장에는 요약자(要約者)를 사해(詐害)하기 위하여 금전을 수령한 참가요약자(參加要約者)를 상대로 하여 그 금전을 청구하는 소권이 규정되어 있다.

216. 또한 법률의 이 부분에 의해서도 손해배상(損害賠償)을 받을 수 있도록 하기 위하여 소권(訴權)이 도입된 것은 명확하다. 그렇지만 이렇게 하는 데는 위임소권으로 충분하기 때문에 이것을 규정할 필요는 없었다. 다만 이 법률에 의해 책임을 부정하는 사람을 상대로 하여 2배액소송으로 소송이 행해지는 경우에는 그러하지 아니하다.

기타의 손해와 배상

217. 제3장에는 이 이외의 모든 손해에 관해서 규정하고 있다. 따라서 어느 사람이 노예 또는 가축에 속하는 네발짐승을 다치게 하거나 혹은 가축에 속하지 않는 네발짐승, 예를 들면 개, 곰과 사자와 같은 맹수(猛獸)를 다치게 하거나 살해한 경우 이 장(章)에 의하여 소권이 생겨난다. 이 밖의 동물에 있어서도, 또한 모든 무주물(無主物)에 걸쳐서도 불법으로 가한 손해는 이 장에 의하여 그 손해배상을 청구할 수 있다. 왜냐하면 어떤 물건이 불타거나 파괴되거나 파손된 경우, 이 장에 의하여 소권이 성립하게 되어 있기 때문이다. 다만 이들 모든 경우 파괴되었다고 하는 지칭 방법만으로 충분하다. 왜냐하면 파괴된다라 함은 어떠한 방법에 의하든지 다소의 손해를 입은 것으로 이해되기 때문이다. 따라서 불타버리거나 파괴시키거나 깨뜨려 버리는 것뿐만 아니라 단절되거나 때려 부수거나 유출시키거나, 어떠한 방법에 의해서든지 훼손시키거나 멸실시키거나 게다가 질을 저하시키는 것도 이 표현에 포함된다.

218. 그러나 손해를 입힌 사람은 이 장(章)에 의하여, 어느 당년에 있어서의 물건의 평가액이 아니라 최근 30일간의 물건의 평가액에 관하여 책임 있는 것이라고 판결이 내려진다. 그런데도 "최고가액(最高價額)"이라는 문언이 부가되어 있지 않다. 그것에 의하여 평가를 최근의 30일간 중 물건이 최고가액으로 되어 있는 시점에서 할 것인지, 혹은 물건이 그것보다도 낮은 가액을 나타낸 시점에서 할 것인지는 심판인의 자유라고 생각한 사람도 있다. 그렇지만 사비누스(Sabinus)는 이 사항에도 마치 "최고가액"이라는 문언이 부가되어 있는 것처럼 보아야 할 것으로 생각했다. 왜 그러냐 하면 그의 견해로는 입법자는 제1장에서 이 표현을 사용하고 있는 것으로 충분하다고 생각하고 있기 때문이다.

신체에 대한 손해

219. 이와 함께 이 법률에 근거하여 소권이 성립하는 것은 어느 사람이 자신의 신체에 의해 손해를 가한 경우에 한한다고 일반적으로 생각해 왔다. 따라서 다른 방법으로 손해가 가해진 경우, 예를 들면 어느 사람이 타인의 노예, 혹은 가축을 가두어 굶어 죽게 한 경우, 혹은 끌이짐승[駄獸]을 부릴 수 없을 정도가 될 만큼 가혹하게 다룬 경우에는 준소권(準訴權)이 부여된다. 어느 사람이 타인의 노예를 부추겨 나무를 오르게 하거나 우물에 들어가게 하여 그 노예가 올라가거나 내려가다가 사망하거나, 혹은 신체의 어떤 부분에 장해(障害)를 입은 경우도 마찬가지이다. 그렇지만 어느 사람이 타인의 노예를 다리 혹은 벼랑에서 개울로 밀어 떨어뜨리고 그 노예가 빠진 경우에는, 밀어 떨어뜨린 사실만으로도 자신의 신체에 의하여 손해를 가했다고 용이하게 이해할 수 있다.

인격침해

220. 그런데 인격침해(人格侵害; iniuria)는 어느 사람이 예를 들면 주먹 또는 곤봉으로 때리거나, 혹은 채찍으로 때리는 경우뿐만 아니라 어느 사람에 대하여 온갖 욕설과 막말을 퍼부은 경우, 혹은 어느 사람이 자신에 대하여 채무가 없음을 알면서 타인의 재산을 채무자의 재산처럼 경매를 한 경우, 혹은 어느 사람이 누군가 타인을 파렴치로 만들기 위하여 중상(中傷)하는 글월 혹은 시(詩)110)를 쓴 경우, 혹은 어느 사람이 가모(家母)라든지 혹은 청년이라는 쪽지를 붙이고 있는 경우, 필요에 따라 이 외의 다양한 방법에 의해서도 저질러진다.

비속 등에 의한 인격침해

221. 게다가 우리는 우리 자신을 통해서뿐만 아니라 우리의 권력 아래에 있는 비속을 통해서도, 마찬가지로 설령 어느 사람의 처가 그 부권(夫權) 아래에 없다 하더라도 그의 처를 통해서도 인격침해를 받는 것으로 생각한다. 따라서 상대방이 티티우스와 혼인한 어느 개인의 딸에게 인격침해를 한다면 딸의 명의로뿐만 아니라 그 개인 및 티티우스의 명의로도 그 상대방을 상대로 하여 인격침해(人格侵害)의 소송(actio iniuriarum)을 제기할 수 있다.

222. 그런데 노예(奴隸) 자신에 대해서는 어떠한 인격침해(人格侵害)도 저질러지지 않는다고 이해되고 있지만, 노예를 통하여 주인에게 인격침해가 저질러진다고 생각하게 되는 때가 있다. 그러나 이 경우는 우리의 비속 혹은 처를 통하여도 우리가 인격침해를 받는다

---

110) 12표법 8표 1에서는 "해악의 주술을 한 사람 …… (Qui malum carmen incantassit ……)"에 대해 처벌을 하는 것으로 규정하고 있다.

고 생각하고 있다는 것과 동일한 방법에 의해서가 아니라, 예를 들면 누군가가 타인의 노예를 채찍으로 때린 경우처럼, 보다 중대한 침해가 저질러지고 그것이 명확히 주인에게도 모욕을 주기 위하여 행해졌다라고 여겨지는 경우에 한정된다.111) 이 경우에는 방식서(方式書)가 공시되어 있다. 이에 대하여 어느 사람이 노예에게 욕설·막말을 퍼부어대거나 혹은 노예를 주먹으로 구타한 경우 방식서는 공시되어 있지 않기 때문에 소를 제기한 사람에게 방식서가 승인되는 예도 거의 없다.

인격침해와 동해보복, 그 한계

223. 그런데 12표법에 의하면 사지(四肢)가 절단된 경우의 인격침해에 대한 벌은 동해보복(同害報復)이었다.112) 이에 대하여 뼈를 부러뜨린 경우나 때려 바순 경우는 자유인이라면 300아스의 벌금이고, 또한 노예라면 150아스의 벌금이 부과된다.113) 이에 대하여 이 밖의 인격침해의 경우에는 25아스의 벌금만을 과하는 것으로 규정되어 있다.114) 당시는 극히 빈곤했기 때문에 이러한 벌금으로 충분하고 적절하다고 여겨도 괜찮을 것이다.

---

111) 이러한 경우는 흔한 예는 아니지만, 어느 사람이 타인의 노예를 폭행한 경우 특히 그 주인을 의식해서 폭행하는 경우 발생하는 손해가 크게 되고 그것은 주인에 대한 모욕이 되는 것으로 충분하다.

112) 12표법 8표의 2[SI MEMBRUM RUP(S)IT, NI CUM EO PACIT, TALIO ESTO].

113) 12표법 8표의 3[MANU FUSTIVE SI OS FREGIT LIBERO, CCC, SI SERVO, CL POENAM SUBITO].

114) 12표법 8표의 4[SI INIURIAM FAXSIT, VIGINTI QUINQUE POENAE SUNTO].

인격침해의 평가

224. 그렇지만 작금 우리는 이것과 다른 법을 적용하고 있다. 왜냐하면 법무관(法務官)은 우리가 스스로 인격침해를 평가하는 것을 인정하고 있고, 그리고 심판인(審判人)은 그가 올바르다고 생각하는 바에 따라서 우리가 평가한 금액이든가 혹은 그것보다도 적은 금액으로 판결을 내려오고 있기 때문이다. 그렇지만 중대한 침해에 관해서는 법무관이 평가하는 것이 관례이므로 그가 일단 그로 인해 재출석보증(再出席保證)의 금액을 결정한다면, 우리는 그 금액으로 방식서(方式書)를 확정하고, 그리고 심판인은 그것보다도 적은 금액으로 유책판결(有責判決)을 내릴 수 있지만, 일반적으로는 결국 법무관 자신의 제안을 존중하여 굳이 판결정액을 낮추지는 않는다.

225. 그런데 인격침해(人格侵害)가 중대하다는 평가는 간혹 행위에 근거하여 내려지기도 한다. 예를 들면 어느 사람이 타인에 의하여 상처를 입거나 또는 매로 두들겨 맞거나 또는 곤봉으로 구타당한 경우이다. 경우에 따라서는 장소에 근거하여 내려지기도 한다. 예를 들면 어느 사람에 대하여 극장 또는 공공의 광장에서 인격침해가 저질러지는 경우이다. 그리고 드물게는 사람에 근거하여 내려진다. 예를 들면 정무관(政務官)이 인격침해를 받거나 또는 원로원의원(元老院議員)에 대하여 지위가 낮은 사람이 인격침해를 해 대는 경우이다.

제 4 권

소송법訴訟法

소 송

대물소송과 대인소송

1. ⋯⋯⋯⋯⋯⋯⋯⋯ 소송(訴訟; actio)에는 몇 가지 종류나 있다고 해야 하는가 ⋯⋯⋯⋯⋯⋯⋯⋯⋯⋯⋯⋯⋯⋯⋯⋯⋯⋯⋯⋯⋯ 대물소송(代物訴訟)과 대인소송(對人訴訟)의 두 종류가 있다고 하는 것이 옳다고 생각한다. 왜 그러냐 하면 서약(誓約)의 종류에 근거하여 네 가지라고 설명하는 사람들은 소송의 몇몇 구체적인 예를 그 종류에 열거하고 있는 것이 아닌가 하는 감이 들기 때문이다.

2. 대인소송(對人訴訟; actio in personam)이라 함은 계약에 근거하여 혹은 불법행위에 근거하여 의무를 지고 있는 사람을 상대로 하여 벌이는 소송이다. 즉 "넘겨 달라, 행해 달라, 급부하는 것을 요구한다"고 어느 개인이 주장하는 경우이다.

3. 대물소송(對物訴訟; actio in rem)이라 함은 유체물(有體物)이 어

느 개인의 것이라고 주장하는 경우, 혹은 어떤 권리가 어느 개인에게 귀속한다고 주장하는 경우이다. 예를 들면 사용권(使用權), 사용수익권(使用收益權), 통행권(通行權), 축력수레통행권[駄獸荷車通行權] 혹은 도수권(導水權), 건물을 높게 지을 수 있는 권리, 조망권(眺望權)의 경우이다. 또한 반대로 상대방이 그러한 권리를 부인하는 소송을 제기하는 경우이다(actio negativa).

4. 그런데 소송이 이렇게 분류되기 때문에 어느 개인이 자기의 물건에 관하여 "주는 것을 요구하는 것이 명확하게 되면"이라고 타인에게 청구할 수 없는 것은 확실하다. 왜냐하면 어느 개인에게 주게 되는 것은 그의 것이 되도록 주어야 하는 것으로 이해하는 것이 당연하므로, 어느 개인의 물건이 그에게 주어지는 것은 있을 수 없기 때문이다. 즉 어느 개인에게 속하고 있는 물건은 또다시 그의 것으로 될 수는 없기 때문이다. 도둑에게의 혐오(嫌惡)로부터 그들을 복수(復讐)의 소송으로 구속하기 위하여 2배액, 혹은 4배액의 벌금과 별도로, 물건을 반환하기 위하여 그 물건이 어느 개인의 것이라고 주장하는 소송이 설령 그들을 상대로 하여 벌어지고 있다 하더라도, 여기에 다시 "그들이 주는 것을 요구하는 것이 명확하게 된다면"이라는 소송에 의해서도 그들이 책임을 지게 하는 것은 승인되고 있다.

회복소송 · 부당이득반환소송

5. 그런데 대물소송은 회복소송(回復訴訟; vindicatio)이라고 지칭한다. 이에 대하여 "주어야 하는 또는 하여야 하는 것을 요구하는" 대인소송은 부당이득반환소송(不當利得返還訴訟; condictio)이라고 한다.

손해배상소송 · 벌금소송 · 혼합소송

6. 그런데 우리가 소송을 벌이는 것은 물건만을 돌려받는 경우,

벌금만을 내게 하는 경우, 그리고 물건과 벌금(罰金; poena)의 양쪽을
모두 부담하게 하는 경우가 있다.115)

7. 우리는 예를 들면 계약에 근거하여 벌이는 소송에 의해서는
물건만을 추구한다.

8. 우리는 예를 들면 절도소송(竊盜訴訟; actio furti) 혹은 인격침해소
송(人格侵害訴訟; actio iniuriarum)에 의하여, 또한 어느 사람들의 의견에
의하면 폭력강탈물소송(暴力强奪物訴訟; actio vi bonorum raptorum)에
의하여도 벌금만을 추구한다. 왜 그러냐 하면 물건 자체에 관해서는
회복소송(回復訴訟)과 부당이득반환청구소송(不當利得返還請求訴訟)을
할 수 있기 때문이다.

9. 물건과 벌금의 양쪽을 추구하는 것은 예를 들면 부인(否認)하
는 사람을 상대로 하여 2배액의 소송을 제기하는 경우이다. 이렇게
하게 되는 것은 판결채무이행청구소송(判決債務履行請求訴訟; actio
iudicati), 변제비용반환청구소송(辨濟費用返還請求訴訟; actio depensi),
아퀼리우스 법에 근거하여 불법손해소송(不法損害訴訟; actio danmi
iniuriae legis Aquiliae), 채무유증(債務遺贈)에 의하여 남는 것으로 확
정된 유증(遺贈)을 원인으로 하는 소송 등이다.

법률소송

10. 여기에 다시 어느 몇몇 소송은 법률소송(法律訴訟)을 모방하
여 만들어지고, 다른 몇몇 소송은 그 자체의 효력에 근거하여 꾸며진

---

115) 일정한 소송에서 그 원인을 근거로 하여 2배액의 소송을 제기하는 경우,
그것을 나누어 보면 물건을 돌려받는 이외의 나머지 부분은 벌금적인 특
성에 기한 것이라 할 수 있다.

것이다. 이것을 명확하게 하기 위해서는 우선 법률소송에 관하여 서술하지 않으면 안 된다.

11. 옛날 사람[古人]이 벌이곤 하던 소송은 법률소송(法律訴訟; legis actiones)이라고 한다. 이것은 법률소송이 법률에 의해 창출되었기 때문이든지(분명히 당시 다수의 소송을 도입한 법무관고시 〈法務官告示〉는 아직 나오고 있지 않았다), 혹은 법률 자체의 문언에 맞춰 보고, 짐짓 법률과 마찬가지로 변경시킬 수 없다는 것으로 쳐서 존중하고 지냈기 때문일 것이다. 그런데 절단된 포도나무에 관하여 소송을 제기하고, 그 소송에서 포도나무라는 단어를 사용한 사람은 포도나무에 관하여 소송을 제기할 수 있는 근거로 되어 있는 12표법이 일반적으로 수목의 절단에 관하여 서술하고 있어서 그저 수목이라는 단어를 사용한 것에 지나지 않았던 것인데 그로 인하여 패소했다고 전해지고 있다.

법률소송의 방식
12. 그런데 법률소송은 다음의 다섯 가지의 방식으로 벌이게 된다. 즉 신성도금(神聖賭金), 심판인 신청(審判人 申請), 통고(通告), 나포(拿捕), 압류(押留)가 그것이다.

신성도금식 소송
13. 신성도금(神聖賭金)에 의한 소송(sacramenti actio)은 일반적인 것이었다. 왜냐하면 법률에 의하여 이것과 다른 방법으로 소송할 수 있게 규정되어 있지 않았던 것에 관해서도 신성도금에 의한 소송이 벌어졌기 때문이다. 따라서 금일 피고가 근거 없이 채무의 존재를 부인한 경우에 위험에 노출되는 서약이 되고, 또한 원고가 존재하지 않은 채무를 청구한 경우에 위험을 맞게 되는 반대문답계약(反對問答

契約)이 체결되는 것으로, 확정대금소송(確定代金訴訟; actio certae creditae pecuniae)이 위험인 것과 마찬가지로, 이 소송은 허위가 잠재하는 방식으로 위험이 있었다. 왜 그러냐 하면 패소한 사람은 신성도금의 전부(summa sacramenti)를 벌금의 명목으로 납부하고, 그 전액은 국고의 몫이 되는데, 이를 위한 담보인이 법무관에 대하여 맞서게 되어 있었기 때문이다. 이것은 작금 서약(誓約; sponsionis)이나 반대문답계약(反對問答契約; restipulationis)의 벌금이 패소한 상대방의 이익으로 되는 것과는 다르다.

12표법

14. 그런데 신성도금(神聖賭金)에 의한 소송의 벌금은 500아스 혹은 50아스였다. 즉 소송액이 1,000아스 혹은 그 이상의 경우는 500아스, 그보다도 적은 경우는 50아스의 도금(賭金)으로 다투었다. 왜 그러냐 하면 12표법에 그렇게 규정되어 있었기 때문이다. 그러나 소송이 사람의 자유에 관한 경우에는 설령 노예로 되어 있는 그 사람의 가치가 아무리 고가(高價)이더라도 역시 50아스의 도금에 의하여 다툰다고 동법에 규정되어 있는데, 이것은 명확히 자유옹호(自由擁護)의 관점에서 자유의 주장자(adsertor libertatis)[116]의 부담으로 되지 않는 것처럼 ··

··

(베로나 사본에는 11행 판독불능) ·······································.

피나리우스 법

15. ································· 모든 소송 ·················

---

116) 소송에서 자유신분이 다투어지는 경우, 그 노예 자신은 소송당사자가 될 수 없기 때문에, 그를 대신하여 자유를 주장하는 사람을 말한다.

·················· (베로나 사본에는 5행 판독불능) ·····················
················· 취하고 ·························· (베로나 사본에는
5행 판독불능) ························· 양 당사자는 심판인(審判人)을
수락하게 하기 위하여 출석해야 하고 ························· 그중
양 당사자가 다시 출석한 때에 심판인이 배정된다. 그리고 심판인이
30일째에 배정되는 것은 피나리우스 법(lex Pinaria)[117]에 규정되어
있다. 전술한 것으로부터 알 수 있는 바로는 1,000아스 미만 액에 관
하여 소송이 벌어지는 경우에는 양 당사자는 500아스가 아니라 50
아스의 신성도금으로 다투는 것을 관례로 하였다. 심판인이 배정된
후에 양 당사자는 3일째에 심판인 앞에 출석하는 것으로 상호에 통
고했다. 그래서 심판인 앞에 출석한 때에는, 양 당사자는 심판인의
면전에서 주장의 이유를 자세히 설명하기 전에, 간략하게 그럴듯한
항목을 잡아서 사건을 개진(開陳; causae coniectio)하는 것이 관례였
다. 이 설명은 주장의 이유를 짧게 짜 합친 것으로 주장이유의 요약
이라고 불린다.

대물소송에서의 회복

16. 대물소송(對物訴訟)에서는 물건이 예를 들어 움직일 수 있는
(mobilia) 물건 및 움직이는(moventia) 물건으로 법정에 운반하거나
혹은 끌어 나를 수 있는 물건의 경우 법정에서 다음과 같이 회복이
행해진다. 즉 회복을 하고자 하는 사람은 권봉(權棒)을 가지고 객체,
예를 들면 노예를 짚어 놓고 "나는 퀴리테스(Quirites)권에 의해, 그
원인에 근거하여 이 노예가 나의 것이라고 선언한다. 내가 술시한
것처럼 당신, 보라, 나는 권봉을 짚어 놓았다"라고 읊조린다. 즉 동

---

117) 로마 건국 초기라고 할 수 있는 고대시대(古代時代)의 법률로 제정연도
　 는 불명확하다.

시에 그 사람은 노예에게 권봉을 기대 세워 놓는다. 상대방도 마찬가지로 같은 내용의 것을 말하고 동일하게 했다. 양 당사자가 회복행위를 한 후, 법무관(法務官)은 "두 사람 모두다 노예를 풀어 주어라"라고 말하고, 양 당사자는 노예를 풀어 주었다. 먼저 회복을 하려고 했던 사람이 상대방에게 다음과 같이 묻는다. "당신이 어떠한 원인으로 회복을 하게 되었는지를 해명해 줄 것을 나는 요구한다"라고. 상대방은 "나는 권봉을 놓은 것처럼 권리를 행사했다"라고 답했다. 그렇게 하고 나서 먼저 회복을 했던 사람이 "당신은 불법으로 회복을 했기 때문에 나는 500아스의 신성도금으로 당신에게 따지려 한다"라고 주장한다. 상대방도 마찬가지로 "나도 당신에게 따지려 한다"라고 대꾸한다. 물론 1,000아스 이상의 물건으로 다투게 되는 경우에는 500아스의 신성도금이, 1,000아스 미만의 경우에는 50아스의 신성도금이 걸리게 되어 있었다. 이어서 대인소송과 같은 절차가 진행된다. 그 후 법무관은 양 당사자 중 일방에게 계쟁물(係爭物)을 점유하도록 하는 결정을 내린다. 즉 당사자의 일방을 소송이 계속하는 동안 객체의 점유자(占有者)라고 결정하고, 이 사람에게 명하여 상대방을 위하여 소송의 담보인과 객체점유의 담보인(擔保人; praedes)을 설정시켰다. 이것은 객체 및 과실의 담보인이다. 그리고 법무관은 신성도금을 국고(國庫)에 귀속시키기 위하여 직접 당사자에게 신성도금에 관하여 이와는 다른 담보인을 설정하게 하였다. 그런데 소송당사자는 권봉을 창으로 갈음하게 하여 소위 정당한 소유권(iusti dominii)의 상징으로 사용하게 하였는데, 이것은 적으로부터 획득한 것은 특히 자신들의 것이라고 믿고 싶어 하였기 때문이다. 백인법정(百人法廷)에 창이 세워져 있게 된 것은 이러한 이유에 유래한다.[118]

---

118) 민사소송절차에서 1인의 심판인과 3인 내지 5인으로 구성된 심판인단 외에도 10인 심판인단과 민회에서 선출한 임기 1년의 100인 심판인단이 공화정후기에 상설재판기관으로 창설되었다.

심판인신청식 소송

17. 법정에 나르고 운반하거나 끌어 나르는 것이 극히 곤란한 물건의 경우, 예를 들면 기둥이나 일정 종류의 가축무리인 경우에는 그 일부를 떼내 왔다. 그리고 그 일부의 물건에 대하여 소위 물건 전체에 대한 것처럼 회복조치가 행해졌다. 그러므로 무리 중에서 한 마리의 양 혹은 산양이 법정에 끌려나오거나, 심지어는 하나의 털가락까지도 떼 내어 법정에 옮기게 했다. 이에 대하여 배[船]나 기둥으로부터는 그 일부를 깎아내어 법정에 가져오게 했다. 마찬가지로 토지나 건물, 혹은 상속재산에 관하여 다투는 경우에는 그 일부를 떼 내어 법정에 옮겨 오고, 그리고 물건 전체에 대한 것과 완전히 똑같이 그 일부에 대하여 반환조치가 행해졌다. 예를 들면 토지로부터는 한 줌의 흙이, 건물로부터는 한 장의 기와를 떼 내오고, 또한 상속재산에 관하여 다투는 경우에는, 마찬가지로 ……………………… ……………………………………………………………………………………… …………………….

심판인 신청에 의하여 소송이 벌어지는 것(per iudicis postulationem)은 12표법이 문답계약에 근거하여 청구된 것에 관하여 규정하고 있는 것처럼, 그러한 형태로 소송이 벌어지는 것을 법률이 규정한 경우이다. 그 절차는 일반적으로 다음과 같았다. 소송을 제기하는 사람이 "나는 서약에 의해 당신이 나에게 10,000세스테르티우스(sesterces)를 주어야 함을 요구해 주장한다. 나는 당신이 이것을 승낙하는지 부인하는지를 묻는다"라고 말을 꺼낸다. 상대방은 주어야 함을 요구하지 말라고 답변한다. 원고는 "상대방이 부인하기 때문에, 법무관이여, 나는 당신이 심판인 또는 중재인(仲裁人; arbiter)을 배당해 줄 것을 신청한다"라고 요청한다. 따라서 이 같은 종류의 소송에서는 어느 사람이 부인하더라도 벌금은 내게 되지 않는다. 또한 공동상속인 사이에서 상속재산을 분할하는 것에 관해서도 동법은 심판인 신

청에 의하여 소송이 벌어지는 것으로 규정하고 있다. 린키니우스 법
(lex Lincinia)[119])은 어떤 공유물(共有物)을 분할하기 위하여 소송을 벌
이는 경우에도 심판인 신청에 의해 소송이 행해진다고 규정했다. 따
라서 소송이 행해지는 원인이 지적되고 나면 곧 중재인(仲裁人)을 청
구하게 된다. 통고에 의한 소송은 "나는 당신이 나에게 10,000세스
테르티우스를 주어야 함을 요구한다고 주장한다. 나는 당신이 이것
을 승낙하는지 부인하는지를 묻는다"라는 방식으로 진행된다. 상대
방은 주어야 함을 요구하지 말라고 사정한다. 원고는 "당신이 부인
하기 때문에 나는 당신에게 심판인을 수락하게 하기 위하여 30일째
에 출석할 것을 통고한다"라고 잘라 말해 버린다.

17a. ····················· 어떠한 것인지를 ······················· 법정
에서 수락하기 위하여 ······················· 양 당사자는 30일째에 심
판인을 수락할 수 있게끔 출석하지 않으면 안 된다.

18. 그런데 콘디케레(condicere)라 함은 통고(通告)한다는 의미의
고어(古語)이다. 따라서 이 소송이 통고에 의한 소송(condictio)이라고
불렸던 것은 너무나도 적절하다. 왜 그러냐 하면 원고가 상대방에
대하여 심판인을 수락하게 하기 위하여 30일째에 출석하도록 하게
끔 해 주십시오 라고 통고했기 때문이다. 이에 대하여 작금 우리가
"어느 개인에게 주어야 함을 요구한다"고 주장하는 대인소송(對人訴
訟)을 통고에 의한 소송이라고 부르는 것은 적절하지 않다. 왜냐하면
이즈음 이러한 소송을 하기 위하여는 결코 통고가 행해지지 않기 때
문이다.

---

119) 공화정 초기의 법률이다.

실리우스 법 · 칼푸르니우스 법

19. 그런데 이 법률소송은 실리우스 법(lex Silia)[120] 및 칼푸르니우스 법(lex Calpurnia)[121]에 의하여 규정되어 왔다. 즉 확정금전(確定金錢)에 관하여는 실리우스 법에, 확정물(確定物) 전부에 관해서는 칼푸르니우스 법에 규정되어 있다.

20. 그런데 우리가 어느 개인에게 주어야 함을 요구하는 것에 관하여 신성도금 또는 심판인 신청에 의하여 소송을 행할 수 있었는데, 왜 이 법률소송을 필요로 했던 것인지는 난해한 문제로 되어 있다.

나포소송

21. 여기에 예를 들면 12표법의 판결채무(判決債務)처럼 어떤 법률에 의하여 이러저러하게 소송을 행할 수 있도록 규정되어 있는 경우에는, 나포(拿捕)에 의하여 소송(per manus iniectionem)이 행해졌다. 이 소송은 다음과 같은 것이다. 소송하는 사람은 "당신이 나에게 10,000세스테르티우스(sesterces)를 변제하여야 한다고 판결이 났음(혹은 유책판결이 났음)에도 불구하고, 그것을 변제하지 않았으므로 나는 그로 인해 10,000세스테르티우스의 판결채무에 관련하여 당신을 나포한다"고 밝히고, 이와 동시에 그 사람의 신체의 일부를 잡아챈다. 판결채무자는 자신에게서 손을 떨쳐버리는 것도, 법률에 근거하여 자신을 위한 소를 제기하는 것도 할 수 없는 처지가 된다. 그렇다 보니 담보인(擔保人; vindex)을 두고 그 사람이 자신을 대신하여 소송을 행하는 것이 관례였다. 담보인을 둘 수 없는 사람은 원고(原告;

---

120) 「통고에 관한 실리우스 법(lex Silia de condictione)」을 말한다.

121) 기원전 204년에 제정된 「통고에 의한 법률소송에 관한 칼푸르니우스 법 (lex Calpurnia de legis actione per condictionem)」으로, 「실리우스 법 (lex Silia)」보다 후에 제정된 법률이다.

actor)의 집에 연행되어 구속되어 지냈다.

푸블릴리우스 법 · 보증에 관한 퓨리우스 법

22. 그 후 몇 가지 법이 이 이외의 경우에도 판결채무와 함께 나포에 의한 법률소송을 일정한 사람에 관하여 승인했다. 예를 들면 푸블릴리우스 법(lex Publilia)은 보증인이 주된 채무자를 위하여 변제를 하였는데, 후자(後者)가 그로부터 6개월 이내에 보증인(保證人; sponsor)에게 그 변제액을 상환하지 않은 경우, 주된 채무자에 관하여 나포에 의한 법률소송을 승인했다. 마찬가지로 보증에 관한 퓨리우스 법(lex Furia de sponsu)은 보증인으로부터 부담부분(負擔部分)을 넘는 금전을 거둬들인 채권자를 상대로 나포에 의한 법률소송을 허용했다. 뒤 이어 이 밖에 다수의 법률이 갖가지 원인에 의해 이러한 소송을 승인했다.

마르키우스 법

23. 그런데 이 이외의 여러 법률은 일정한 종류의 원인에 근거하여 나포에 의한 소송을 규정하기는 하였지만 이 나포는 단순한 것이고 판결채무와 같은 것은 아니다. 예를 들면 유언에 관한 퓨리우스 법(lex Furia testamentaria)은 유증에 의해서, 혹은 사망을 원인으로 하여 1,000아스를 넘는 금액을 취득한 사람이 동법에 의해 1,000아스를 넘는 금액을 취득하는 것이 인정되게끔 예외로 취급되고 있지 않는 경우에는, 이 사람을 상대로 나포를 행할 수 있도록 규정했다. 마찬가지로 마르키우스 법(lex Marcia; 기원전 104년 제정)은 고리대금업자(高利貸金業者)가 높은 이자(usurae)를 받아들인 경우, 이것을 반환시키기 위하여 이들 고리대금업자를 상대로 나포에 의한 법률소송을 할 수 있도록 규정했다.

24. 그리고 이들 법률에 의하여 또는 이러한 법률과 유사한 다른 법률이 존재하는 경우에는, 소송을 하게 되는 때, 피고는 직접 나포의 방법을 써서 제거할 수 있고, 동시에 법률에 근거하여 자신을 위한 소송을 할 수 있었다. 왜 그러냐 하면 원고는 법률소송 그 자체에 있어서 "판결채무와 함께"라는 문언을 덧붙일 수 있는 것은 아니고 소송원인을 서술한 후 "그 원인에 근거하여 나는 당신을 나포한다"라고 서술하게 되어 있기 때문이다. 한편 판결채무와 함께 꾸려 소송을 할 수 있는 사람은 소송원인(訴訟原因; nominata causa)을 개진한 후 "그 원인에 의해 판결채무와 함께 당신을 나포한다"라고 부언했다. 즉 그런데 유언에 관한 퓨리우스 법(lex Furia) 그 자체에 "판결채무와 함께"라는 문언이 없는데도 이 법률에 근거하여 한 소송에 있어서 이 문언이 삽입되는 것을 내가 모르는 것이 아니다. 이것은 아무런 이유도 없으면서 그대로 진행했던 것으로 생각된다.

발리우스 법

25. 그렇지만 그 후 발리우스 법(lex Vallia; 기원전 2세기 제정)에 근거하여 판결채무자에 갈음하여 변제받은 사람을 제외하고 나포에 의한 소송으로 제소당하게 되는 이 밖의 모든 사람에게는 직접 손을 써서 제거하고 자신을 위한 소송을 할 수 있게끔 허용되게 바뀌었다. 따라서 판결채무자에 갈음하여 변제받는 사람은 이 법률의 이후에도 담보인을 두지 않으면 안 되었고, 만약 두지 않으면 채권자의 집에 데리고 가 행하였다. 이것은 법률소송이 사용되고 있던 때에 항상 그렇게 했던 식이다. 따라서 작금에는 판결채무 혹은 변제를 원인으로 하여 제소한 사람은 판결채무의 변제에 관하여 담보인을 두게끔 강제되고 있다.

압류에 의한 법률소송

26. 압류에 의한 법률소송(per pignoris capionem)은 어떤 경우에는 습속(習俗)에 의해, 어떤 경우에는 법률에 의해 행해지곤 하였다.

27. 군사(軍事)에 관한 압류에 의한 소송은 습속에 의해 도입되었다. 즉 병사에게는 급료를 지급해야 할 사람이 지급하지 않은 경우, 보수를 위한 갚음으로(pignus) 이 사람에 대하여 압류하는 것이 허용된다. 그런데 보수의 명목으로 지급되는 금전은 군사급여금(軍事給與金)이라고 불렀다. 마찬가지로 말[馬]을 구입해야 할 금전을 내지 않은 것에 대하여 압류를 하는 것이 허용되었다. 이러한 금전은 기마구입금(騎馬購入金)이라고 불렀다. 말의 사료를 구입해야 하는 금전에 관해서도 마찬가지이다. 이 금전은 기마사료비(騎馬飼料費)라고 불렀다.

28. 더욱이 법률에 의해 압류가 도입되기도 하였다. 예를 들면 12표법에 의하여 희생짐승[犧牲獸]을 구입하고 그 대가를 지급하지 않은 사람을 상대로 한 압류가 도입되었다. 또한 어떤 사람이 끌이 짐승[駄獸]을 임대하여 이로부터 취득한 금전을 제식(祭式)의 비용, 즉 공물(供物)의 비용에 충당할 목적이었지만 그 임료가 지급되지 않은 경우, 그 사람을 상대로 한 압류가 도입되었다. 그리고 감찰관(監察官)의 결정(lege censorial)에 의하여 어떤 법률에 의해 세금의 지급의무를 지는 사람을 상대로 하는 압류가 로마국민의 공유지(公有地)에 관한 세금의 징세도급인(徵稅都給人; publicanus)에게 인정되었다.

29. 그런데 이러한 모든 경우에 특정한 문언을 사용하여 압류가 행해졌다. 그 때문에 많은 사람들은 이 압류의 절차도 법률소송이라는 견해를 취했다. 이에 대하여 어떤 사람들은 반대의 견해를 피력

하고 있다. 왜 그러냐 하면 이 외의 소송은 법무관의 면전에서 상대방이 입회하지 않으면 진행할 수 없었지만, 압류는 무엇보다도 법정 밖에서 즉 법무관의 면전에서가 아니더라도, 또한 대부분은 상대방이 입회하지 않더라도 행해지고, 더욱이 법정이 열리지 않는 날(die nefasto), 즉 법률소송을 행하는 것이 허용되지 않는 날에도 압류는 할 수 있기 때문이다.

법률소송방식의 폐지

30. 그렇지만 이러한 법률소송은 모두 점차 꺼려 하는 것으로 되고 말았다. 왜 그러냐 하면 예전부터 법을 창조한 옛날사람[古人]들이 너무나도 엄격했으므로 아주 미미하게 절차를 거스른 사람이라 하더라도 소송에 패하게 되는 일이 자주 있었기 때문이다. 그래서 아에부티우스 법(lex Aebutia)122)과 두 개의 율리우스 법(lex Julia)123)에 의하여 이러한 법률소송은 폐지되고 소정의 문언에 의하여(per concepta verba) 즉 방식서(方式書)에 의해서만(per formulas) 제소할 수 있게 되었다.

31. 법률소송은 두 경우에만 허용되었다. 즉 아직 발생하지 않은 손해의 경우(damni infecti)와 백인법정(百人法廷)의 재판(centumvirale iudicium)이 행해지는 경우이다. 백인법정의 재판이 행해지는 때에는 이에 앞서서 시민관할법무관(市民管轄法務官) 혹은 외인관할법무관 (外人管轄法務官)의 아래에서 신성도금(神聖賭金)에 의한 법률소송이

---

122) 기원전 199년에서 기원전 126년 사이에 제정된 것인지 또는 그 이후에 제정되었는지 불명확하다.

123) 「민사소송에 관한 율리우스 법(lex Julia de iudicioum privatorum)」과 「형사소송에 관한 율리우스 법(lex Julia de iudicioum publicorum)」을 말한다.

행해진다. 이에 대하여 미발생손해(未發生損害)의 경우에는 누구도
법률소송을 행하는 것을 바라지 않고, 도리어 고시(告示)에 정해져
있는 문답계약에 의하여 그 상대방에게 책임을 부담시킨다. 이것이
좀 더 편리하고 동시에 완전한 것이다. 압류에 의하여 …………
…………………… (베로나 판본에서는 23행 판독불능) ……………
………………… 명확하다.

방식서소송

32. 마찬가지로 징세도급인(徵稅都給人)에 대하여 제시되는 방식
서에는, 이전에 압류가 행해진 경우에 압류를 받은 사람이 이것을 제
거하기 위하여 필요로 하는 금전에 관하여 판결을 내리라는 의제(擬
制; fictio)가 있다.

33. 이에 대하여 통고에 의한 법률소송을 의제한 방식서는 전혀
없다. 왜냐하면 확정금액 혹은 확정물이 어느 개인에게 주어지지 않
으면 안 되고, 청구하게 되는 경우 그 자체가 "그에게 주어지는 것을
요구한다"라고 청구표시되기 때문이다. 어느 개인이 통고의 의제를
덧붙이는 것은 아니다. 따라서 우리는 동시에 일정한 금액이나 또는
어떤 물건을 어느 개인에게 주어야 함을 요구한다고 청구표시하는
방식서가 그 효과에 있어서도 유효하다고 이해한다. 사용대차(使用
貸借), 신탁(信託), 사무관리(事務管理; negotiorum gestorum) 및 기타
많은 소송도 이것과 같은 성질을 지닌다.

의제소송

34. 여기에 다시 방식서 중에는 다른 종류의 의제가 있다. 예를
들면 법무관의 고시에 근거하여 유산점유(遺産占有)를 청구하는 사람
이 자신을 상속인으로 의제하여 제소하는 경우이다. 왜냐하면 법률

에 의해서가 아니라 법무관에 의하여 사망자의 지위를 승계하는 경
우에는, 직접적인 소권(訴權)을 가지지 못함은 물론, 또한 사망자에게
귀속하고 있는 물건에 관하여 "자신의 것이다"라고 청구표시(請求表
示)하지도 못하고, 사망자에 대하여 지고 있던 것을 "자신에게 주어
야 할 것을 요구한다"고 청구표시할 수도 없기 때문이다. 따라서 자
신을 상속인으로 의제하여 "모모는 심판인으로 함. 만일 아울루스 아
게리우스(Aulus Agerius)(즉 원고)가 루키우스 티티우스(Lucius Titius)의
상속인이 된다면, 다투고 있는 그 토지가 퀴리테스(Quirites)권에 근
거하여 그의 것임을 요하는 경우"라고 청구표시를 한다. 또한 …
……………………… 경우에도 같은 상속인의 의제가 먼저 취급되는
것으로 하고, "누메리우스 네기디우스(Numerius Negidius) 피고가 아울
루스(Aulus) 아게리우스(Agerius)에게 10,000세스테르티우스(sesterces)
를 주어야 하는 것을 요구하는 것이 명확하다면 그때는"이라는 문구
가 이어진다.

35. 그리고 파산재산(破産財産)의 매도인도 또한 자신을 상속인으
로 의제하여 소송을 행한다. 그렇지만 경우에 따라서는 다른 방법으
로 행하는 것도 관례로 되어 있다. 즉 매도인은 그가 매입한 재산의
소유자의 명의로 청구의 표시를 하지만, 판결권한부여(判決權限附與)
의 표시는 자신의 명의로 행한다. 결국 소유자에게 귀속하는 물건
혹은 이 사람에게 넘겨줄 것을 요구하는 것에 관하여, 그것을 원인으
로 하여 상대방이 매도인에 대하여 책임이 있는 취지의 판결을 내리
도록 하는 것이다. 이러한 종류의 소송은 루틸리우스 소송(actio
Rutiliana)이라고 부른다. 이것은 파산재산의 매각(bonorum venditio)
을 도입하였다고 일컬어지는 법무관 푸블리우스 루틸리우스(Publius
Rutilius)[124]에 의하여 정비되었기 때문이다. 그런데 파산재산의 매도
인이 자신을 상속인으로 의제하여 하는 앞의 소송은 세르비우스 소

송(actio Serviana)이라고 부른다.

사용취득의 의제

36. 마찬가지로 푸블리우스 소송(actio Publiciana)이라고 부르는 소송에서는 사용취득(使用取得)이 의제된다. 그런데 이 소송은 정당한 원인에 근거하여 자신에게 인도되어야 할 물건을 아직 사용취득하지 못하는 동안 그 점유를 상실한 경우 이 물건을 청구하는 사람에 대하여 인정된다. 즉 그 물건이 "퀴리테스(Quirites)권에 의해 자신의 것이다"라고 청구표시할 수 없기 때문에 그 물건을 사용취득한다고 의제하고, 그리고 마치 퀴리테스권에 의하여 소유자로 된 것처럼 "모모는 심판인으로 함. 이 노예를 아울루스 아게리우스(Aulus Agerius)가 구입하고 이것이 같은 사람에게 인도되고, 같은 사람이 이것을 1년간 점유하였다면, 다툼이 있을 이 노예가 퀴리테스권에 의해 같은 사람의 것이라는 것을 요구하는 때"와 같은 방법으로 청구표시한다.

의제소권

37. 또한 우리의 법률에 소송의 원인으로 규정되어 있는 것에 의해서 외인이 제소를 하거나 피소되는 경우에, 로마시민이라고 의제되는 것은 외인에게까지 소송을 넓히는 것이 정당한 때에 한정된다. 예를 들면 절도를 이유로 하여 외인이 소송을 행하는 경우, 또한 외인을 상대로 하여 소송이 행해지는 경우이다. 즉 외인을 상대로 소송이 행해지는 경우, 방식서는 "모모는 심판인으로 함. 헤르마에우스(Hermaeus)의 자식 디오(Dio)의 조력(助力) 또는 조언(助言)에 의하여 루키우스 티티우스(Lucius Titius)로부터 금 접시를 절도한 것이 명

---

124) Publius Rutilius Rufus(기원전 150년-미상)로, 로마의 장군이자 법학자이었으며, 법무관을 역임하였다. 또한 루틸리우스 소송(actio Rutiliana)을 창설했다.

확한 경우, 디오가 로마시민이라면 절도를 이유로 하여 절도범으로 손해배상을 할 것을 요구하는 때는"이라는 방식으로 작성된다. 마찬가지로 절도를 이유로 하여 외인이 소송을 행하는 경우, 그 외인은 로마시민으로 의제된다. 이와 함께 불법손해를 이유로 하여 아퀼리우스 법(lex Aquilian)에 근거하여 외인이 소송을 행하는 경우 또는 외인을 상대로 소송을 하게 되는 경우, 로마시민으로 의제하여 소송이 진행된다.

자격견지의 의제

38. 그 밖에 우리는 소송의 상대방이 자격소멸(資格消滅)을 받지 않았다고 의제하는 수가 있다. 왜 그러냐 하면 계약에 기초하여 어느 개인에게 채무를 부담하고 있는 남성 혹은 여성이, 예를 들면 여성이 코엠푸티오(coemptio)에 의해, 혹은 남성이 자권자양자(自權者養子)에 의해 자격소멸을 받은 경우에는, 시민법상 어느 개인에 대하여 채무를 부담하지 않는 것으로 되고, 그때는 그 남성 혹은 여성이 어느 개인에게 주어야 할 것을 달라고 요구한다고 청구표시할 수 없기 때문이다. 그렇지만 그들이 어느 개인의 권리를 해치지 않도록 하기 위하여 자격소멸을 없었던 것으로 하여, 이러한 남성 혹은 여성을 상대로 하는 준소권(準訴權)이 도입되었다. 즉 이 준소권에서는 이들은 자격소멸을 적용받지 않는 것으로 의제된다.

방식서의 구성

39. 그런데 방식서(方式書)의 각 부분은 다음과 같다. 즉 청구원인(請求原因)의 표시, 청구(請求)의 표시, 재정권한부여(裁定權限附與)의 표시, 판결권한부여(判決權限附與)의 표시가 그것이다.

청구원인의 표시

40. 청구원인의 표시(demonstratio)라 함은 소송의 원인이 명시되도록 …………………………………… 방식서의 부분이다. 예를 들면 방식서의 다음과 같은 부분이다. "아울루스 아게리우스(Aulus Agerius)는 누메리우스 네기디우스(Numerius Negidius)에게 노예를 팔았기 때문에". 또한 다음과 같은 부분이 청구원인의 표시이다. "아울루스 아게리우스는 누메리우스 네기디우스에게 노예를 임치했기 때문에".

청구의 표시

41. 청구의 표시(intentio)라 함은 방식서 중 원고가 자신의 청구를 요약한 부분이다. 예를 들면 방식서 중 "누메리우스 네기디우스(Numerius Negidius)가 아울루스 아게리우스(Aulus Agerius)에게 10,000세스테르티우스(sesterces)를 주는 것을 요구하는 것이 명확하다면" 이라는 부분, 또한 "누메리우스 네기디우스가 아울루스 아게리우스에게 주고, 행하는 것을 요구하는 것이 명확한 모든 것에 관하여"라는 부분, 그리고 "퀴리테스(Quirites)권에 의해 노예가 아울루스 아게리우스의 것인 것임이 명확하다면" 이라는 부분이다.

재정권한부여의 표시

42. 재정권한부여의 표시(adiudicatio)라 함은 소송당사자 중에 어느 사람에 대한 재산의 귀속에 관하여 재정(裁定)하는 권한을 심판인에게 승인하는 부분이다. 예를 들면 가산(家産)을 분할하는 공동상속인 사이에서 소송이 행해지는 경우나 조합원 사이에서 공유물을 분할하는 경우, 그리고 이웃 사람 사이에서 경계를 설정하는 경우이다. 즉 다음과 같이 한다. "재정부여를 필요로 하는 부분에 관하여, 심판인이여, 티티우스에게 재정부여를 해 주십시오"라고.

판결권한부여의 표시

43. 판결권한부여의 표시(condemnatio)라 함은 심판인에게 유책판결(有責判決) 또는 면소판결(免訴判決)을 선고(宣告)하는 권한을 승인하는 방식서의 부분이다. 예를 들면 방식서의 다음과 같은 부분으로, "심판인이여, 누메리우스 네기디우스(Numerius Negidius)에게 10,000세스테르티우스(sesterces)에 관해 책임 있다고 판결해 주십시오. 만일 명확하지 않다면 면소해 주십시오", 또한 "심판인이여, 누메리우스 네기디우스가 아울루스 아게리우스(Aulus Agerius)에 대하여 최고 10,000세스테르티우스에 관해 책임 있는 것이라고 판결해 주십시오. 만일 명확하지 않다면 면소해 주십시오", 그리고 "심판인이여, 누메리우스 네기디우스가 아울루스 아게리우스에 대하여 책임 있는 것이라고 판결해 주십시오"운운으로 하게 되는데, "최고 10,000세스테르티우스에 관해"의 문구(文句)가 부가되지 않는 경우도 있다.

44. 그러나 이러한 부분이 모두 한꺼번에 포함되는 것은 아니다. 어떤 부분은 드러나고 어떤 부분은 드러나지 않는 수도 있다. 확실하게 청구의 표시는 단독으로 나타나는 때가 있다. 예를 들면 예비소송(豫備訴訟)의 방식서에서의 경우이다. 이것은 어떤 사람이 해방자유인(解放自由人)인지, 혹은 혼인밑천[嫁資]의 금액은 얼마인지, 그 밖의 많은 것이 다투어지는 때의 방식서이다. 그런데 청구원인의 표시와 재정권한부여(裁定權限附與)의 표시는 어김없이 단독으로 나타나게 되는 예는 없다. 왜냐하면 청구원인의 표시는 청구의 표시 혹은 판결권한부여의 표시가 없다면 아무런 효력도 지니지 못하기 때문이다. 마찬가지로 판결권한부여의 표시는 청구원인의 표시 혹은 청구의 표시가 없다면, 또한 재정권한부여의 표시는 청구원인의 표시 혹은 청구의 표시가 없다면 아무런 효력도 지니지 못하기 때문이다. 그

러므로 이러한 부분은 결코 단독으로 나타나지 않게 되어 있다.

법에 근거하여 작성된 방식서

45. 그런데 법에 관하여 다투어지는 방식서는 이것을 법에 근거하여 작성된 방식서(formulas in ius coceptas)라고 부르고, 그것은 다음과 같은 것이다. 즉 "어떤 물건이 퀴리테스(Quirites)권에 의해 어느 개인의 것이다", 또는 "어떤 물건이 어느 개인에게 주어져야 할 것을 요구한다" 또는 "절도범에 의한 손해를 결정할 것을 요구한다"라고 청구의 표시를 하는 방식서 및 시민법의 청구의 표시가 있는 그 밖의 방식서의 그것이다.

사실에 근거하여 작성된 방식서

46. 이에 대하여 그 이외의 방식서는 사실에 근거하여 작성하게 되는 방식서라고 부른다. 여기에서는 청구의 표시를 적게 되는 것이 아니고 방식서의 첫머리에서 사실을 밝혀 적고, 심판인에게 유책판결(有責判決) 혹은 면소판결(免訴判決)의 권한을 부여하는 문언이 덧붙여진다. 예를 들면 법무관 고시에 반하여 자신을 법정소환하는 해방자유인을 상대로 보호자가 사용하는 방식서와 같은 경우이다. 즉 "당신을 심리원(審理員)으로 함. 만일 보호자가 해방자유인에 의하여 법무관고시에 반하여 법정소환된 것이 명확하다면, 심리원이여, 그 해방자유인이 그 보호자에 대하여 10,000세스테르티우스(sesterces)에 관해 책임 있는 것이라고 판결해 주십시오. 만일 그렇지 않다면 면소해 주십시오"라고 밝힌다. 또한 "법정소환(法廷召喚)에 관하여"라는 표제로 공시된 그 이외의 방식서도 사실에 근거하여 작성된 방식서(formulas in factum conceptae)이다. 예를 들면 법정소환에 응하지 않는 사람이나 담보인을 설정하지 않은 사람을 상대방으로 하는 경우이다. 또한 법정소환된 사람의 법정출석을 폭력으로 저지한 사

람에 대한 경우, 그리고 마지막으로 법무관의 게시백판(揭示白板)에 공시되어야 하는 여러 종류의 방식서의 경우도 마찬가지이다.

47. 그렇지만 어떤 경우에는 법무관은 법에 근거하여 작성된 방식서와 사실에 근거하여 작성된 방식서의 두 가지를 공시한다. 예를 들면 임치와 사용대차(使用貸借)의 경우이다. 다음과 같이 작성된 방식서는 법에 근거한 것이다. 즉 "모모를 심판인으로 함. 아울루스 아게리우스(Aulus Agerius)가 누메리우스 네기디우스(Numerius Negidius)에게 문제되고 있는 은제(銀製)의 식탁을 임치했었는데, 그것을 반환하지 않은 때에는, 심판인이여, 그것에 의해 누메리우스 네기디우스가 아울루스 아게리우스에 대하여 신의성실에 근거하여 넘겨주고, 행해야 하는 것을 요구하는 모든 것에 관하여, 누메리우스 네기디우스가 아울루스 아게리우스에게 책임 있는 것이라고 판결해 주십시오. 만일 그렇지 않다면 면소해 주십시오." 다음과 같이 작성된 방식서는 사실에 근거한 것이다. 즉 "모모를 심판인으로 함. 아울루스 아게리우스가 누메리우스 네기디우스에게 은제(銀製)의 식탁을 임치했지만 누메리우스 네기디우스가 악의(惡意)로 아울루스 아게리우스에게 반환하지 않은 것이 명확하다면, 심판인이여, 그 가격에 상당하는 금액에 관해 누메리우스 네기디우스는 아울루스 아게리우스에게 책임 있는 것이라고 판결해 주십시오. 만일 그렇지 않다면 면소해 주십시오." 사용대차(使用貸借)의 방식서도 마찬가지이다.

판결권한부여의 표시를 포함한 방식서

48. 그런데 판결권한부여(判決權限附與)의 표시를 포함한 모든 방식서에는 금전평가를 위하여 판결권한부여(pecuniaria aestimatio)의 표시가 기재된다. 따라서 어떤 유체물(有體物), 예를 들어 토지, 노예, 의복, 금, 은을 청구하는 경우에는 심판인은 예전부터 관례로 행하였

던 것처럼, 피소(被訴)의 상대방에 대하여 그 물건 자체에 관해 책임 있는 것이라고 판결하는 것이 아니고, 그 물건을 평가하고 나서 상대방이 그 금전에 관해 책임 있는 것이라고 판결한다.

판결권한부여의 표시

49. 그런데 판결권한부여의 표시는 방식서에 확정금액(確定金額) 또는 불확정금액(不確定金額)의 형태로 표시된다.

50. 확정금액의 판결권한부여의 표시는 예를 들면 우리가 확정금액을 청구하는 방식서에 적혀 드러난다. 즉 그 방식서의 마지막 부분에 "심판인이여, 누메리우스 네기디우스는 아울루스 아게리우스에 대하여 10,000세스테르티우스(sesterces)에 관하여 책임 있는 것이라고 판결해 주십시오. 만일 그렇지 않다면 면소해 주십시오"라고 적게 된다.

51. 이에 대하여 불확정금액의 판결권한부여의 표시에는 두 가지 종류가 있다. 즉 첫째는 사전적 상한(上限)이 붙은 것으로 일반적으로 제한액이 정해져 있는 것이라고 한다. 예를 들면 불확정한 무엇을 청구하도록 되어 있는 경우이다. 여기에서는 방식서의 마지막 부분에 다음과 같이 명기한다. "심판인이여, 누메리우스 네기디우스는 아울루스 아게리우스에 대하여 10,000세스테르티우스까지 책임 있는 것이라고 판결해 주십시오. 만일 그렇지 않다면 면소해 주십시오." 두 번째는 불확정적이면서 동시에 제한액이 없는 것이다. 예를 들면 어떤 물건이 어느 개인의 것이라고 점유자에게 청구하는 경우이다. 즉 우리가 대물소권(代物訴權) 혹은 제시소권(提示訴權)으로 제소하는 것 같은 경우이다. "심판인이여, 누메리우스 네기디우스는 아울루스 아게리우스에 대하여 물건에 상당한 금액에 관해 책임 있

는 것이라고 판결해 주십시오. 만일 그렇지 않다면 면소해 주십시
오." 그렇게 하고 나서는 어떻게 되는 것인가? 만일 심판인이 유책판
결을 내리게 되면, 설령 판결권한부여의 표시로 확정금액이 드러나
지 않더라도 확정금액의 판결을 내리지 않으면 안 된다.

52. 그런데 심판인은 판결권한부여의 표시에 확정금액의 기재가
있는 때에는 그 금액보다 많거나 또는 보다 적게 유책판결을 하지
않도록 주의하지 않으면 안 된다. 그렇지 않으면 심판인은 소송을
자신의 것으로 하는[125] 꼴이 된다. 또한 제한액이 기재되어 있는 때
에는 그 제한액을 넘어 유책판결을 내려서는 안 된다. 왜냐하면 그
렇게 되면 심판인은 마찬가지로 소송을 자신의 것으로 하는 식이 되
기 때문이다. 그러나 제한액 보다 적게 유책판결을 내리는 것은 허
용되고 있다. 이에 대하여 …… 경우에는 …………………………
……… 방식서를 수락하는 사람은 청구의 표시를 하지 않으면 안 되
고, …………………… 이상도 아니고 ………… 확정의 판결권한부
여의 표시에서 강제된 ………… 바라는 만큼 ……………………
…………………………………….

과다청구와 과소청구

53. 어떤 사람이 청구의 표시에 보다 많이 기재한 경우에는 제소
의 근거가 없어진다. 즉 그 사람은 패소하고, 일정한 경우를 제외하
고는 법무관에 의한 원상회복을 받게 되는 일도 없다(restitutio in
integrum). 어떤 경우에는 ………… 법무관이 허용하지 않고 …

---

125) 심판인이 "소송을 자신의 것으로 한다(litem suam facere)"라고 하는 것
은 심판인이 방식서에 지시된 그 직권의 범위를 일탈한 경우에, 이번에는
심판인 자신이 먼저 소송에 스스로 내렸던 판결과 동액에 관하여 책임 있
는 것으로 됨을 의미한다.

....

과다청구의 범례

53a. 그런데 보다 많이 청구하는 방법에는 네 가지가 있다. 즉 물건(物件)인 경우, 시기(時期)을 맞춰야 하는 경우, 장소(場所)를 가려야 하는 경우, 원인(原因)을 대줘야 하는 경우이다. 물건에 있어서 보다 많이 청구하는 경우라 함은, 예를 들면 어떤 사람이 자신이 가진 채권이 10,000세스테르티우스인데 20,000세스테르티우스를 청구한 경우, 혹은 재산의 일부를 소유하고 있는 사람이 그 전부 혹은 그 일부 보다 많은 부분이 자신의 것이라고 청구표시를 하는 경우이다.

53b. 시간(時間)을 맞춰서 해야 하는데 보다 많이(tempore plus) 청구한 경우라 함은, 예를 들면 어떤 사람이 기일이 도래하기 전에 청구하는 경우이다.

53c. 장소(場所)를 가려서 해야 하는데 보다 많이(loco plus) 청구한 경우라 함은, 예를 들면 특정한 장소에서 넘겨주기로 약속한 물건을, 그 장소를 약속되지 않은 다른 장소로 하여 청구하는 경우이다. 즉 어떤 사람이 "당신은 에페수스(Ephesus)126)에서 넘겨주는 것을 서

---

126) 터키 서부의 에게해 연안에 위치한 이즈미르주의 카이스트로스강 어귀에 있었던 고대 그리스의 식민 도시 유적으로, 기독교 성서에서는 에페소 또는 에베소로 언급된다. 에페수스는 고대 그리스의 식민 도시로 건설되어 소아시아에서 가장 중요한 상업 요충지로 번성하였다. 기원전 6세기 후반에 페르시아의 지배를 받으면서 일시 쇠퇴하였다가 기원전 4세기에 알렉산드로스 대왕에게 정복된 뒤 새로운 에페수스가 건설되면서 헬레니즘 도시로 부흥하였다. 기원전 2세기부터 로마의 지배를 받으면서 아시아 속주의 수도로서 지중해 동부 교역의 중심지가 되어 전성기를 누렸다.

약하는가"라고 요약하고, 그 후 조건을 붙이지 않고 로마에서 "자신
에게 넘겨주기로 한 것을 요구한다"고 청구표시하는 경우라고
………………………………………………………………………………
……………………………………………… 자기에게 넘겨줄 것을 요구하
고 ……………………………………………………… (베로나사본에
서는 2행 판독불능) …………………………………………………………
즉 장소를 덧붙이지 않고 청구하는 것 …………………………………
…………………………………….

　　53d. 원인(原因)에서 보다 많이(causa plus) 청구하는 경우라 함은
어느 사람이 청구의 표시에 있어서 채무자가 채권채무관계의 법으
로 가지게 되어 있는 선택권(選擇權)을 빼앗는 경우이다. 예를 들면
어떤 사람이 "당신은 10,000세스테르티우스 또는 노예 스티쿠스
(Stichus)를 넘겨주는 것을 서약하는가"라고 요약(要約)하고, 후에 이
들 가운데 일방을 청구하는 경우이다. 왜 그러냐 하면 설령 어느 저
액(低額)인 쪽을 청구했다 하더라도, 상대방은 청구되지 않은 쪽을
쉬운 대로 급부할 수도 있기 때문에, 보다 많이 청구한 것으로 볼 수
있기 때문이다. 어떤 사람이 일정한 종류의 물건(genus)에 관하여 요
약하고, 후에 특정한 물건(species)을 청구하는 경우, 예를 들면 일반
적으로 보랏빛 옷에 관하여 요약하고, 후에 튀루스(Tyrus)[127]산 보랏
빛 옷을 특별히 청구표시한 경우에도 같은 원칙이 적용된다. 물론
가장 널리 사용되고 있는 보랏빛 옷을 청구하더라도 바로 앞에 서술
한 그 이유에 의하여 같은 법이 적용된다. 어떤 사람이 일반적으로
노예에 관하여 요약하고 후에 일정한 노예, 예를 들면 스티쿠스를 지

---

127) 현재의 명칭은 슈르(Sur)로, 레바논의 시돈 남쪽(약 40km) · 지중해 연안
　　에 있는 페니키아인의 유적도시이다. 이집트 제18왕조시대(기원전 1567
　　년경-1320년경)부터 자색염료 적출(積出) 항구로 번영하였다.

명하여 청구하는 경우, 설령 그 노예가 가장 싼 것이더라도 같은 법이 적용된다. 따라서 문답계약 자체의 문언과 마찬가지로 방식서의 청구의 표시도 작성되지 않으면 안 된다.

54. 불확정물(不確定物)의 방식서에서 보다 많이 청구할 수 없는 것은 너무도 명백하다. 왜 그러냐 하면 확정량이 청구되지 않고 그저 상대방이 "넘겨주고 행해야 하는 것을 요구하는 모든 것에 관하여"라고 청구표시된 경우에 어느 누구도 이보다 많이 청구할 수는 없기 때문이다. 물건의 불확정부분(不確定部分)에 대하여 소송이 인정되는 경우에도 동일한 법이 적용된다. 예를 들면 "소송의 대상으로 되고 있는 토지 중에 (원고의 것임이) 명확한 부분에 관하여"라고 청구표시하는 것과 같은 경우이다. 이러한 종류의 소송은 극히 드문 경우밖에 인정되지 않는 것이 관례이다.

55. 마찬가지로 어느 사람이 청구표시를 잘못한 경우, 그 사람이 아무런 위험도 부담하지 않고, 바르게 고쳐 다시 소송을 제기할 수 있는 것은 자명하다. 왜냐하면 이 경우 이전에 소송을 실행했다고는 볼 수 없기 때문이다. 예를 들면 노예 스티쿠스를 청구해야 했던 사람이 에로스(Eros)를 청구한 경우이다. 혹은 문답계약의 채권자가 자신에게 "유언에 의하여 넘겨주어야 하는 것을 요구한다"고 청구표시한 경우 혹은 소송대리인(訴訟代理人) 또는 위탁사무관리인(委託事務管理人)이 자신에게 "넘겨주어야 하는 것을 요구한다"고 청구표시한 경우이다.

과소청구

56. 분명히 보다 많이 청구하는 것은 앞에서 서술한 것처럼 위험을 수반한다. 이에 대하여 보다 적게 청구표시하는 것은 허용된다.

그렇지만 남은 부분에 관하여 동일한 법무관의 재직 중에 소송을 행하는 것은 허용되지 않는다. 왜 그러냐하면 이와 같은 소송을 행하는 사람은 소송분할의 항변(exceptio litis dividuae)이라고 하는 항변에 의하여 배척되기 때문이다.

57. 그런데 판결권한부여(判決權限附與)의 표시에서 보다 많이 기재된 경우 원고에게 아무런 위험도 없다는 것은 명확하다. 더구나 피고는 부당한 방식서를 받아들인 경우, 판결권한부여의 표시에 기재되어 있는 내용을 경감시키기 때문에 원상회복을 받게 된다. 이에 대하여 보다 적게 기재한 경우 원고는 자신이 기재한 부분만을 취득한다. 왜 그러냐 하면 권리 전체가 심리에 부쳐지는 것이지만, 그것은 판결권한부여의 표시의 한계에 의하여 제한을 받고, 심판인은 그 한계를 넘는 것은 할 수 없기 때문이다. 이 경우에는 법무관도 원상회복시킬 수 없다. 왜냐하면 법무관은 원고보다도 피고를 너무 어렵지 않게 구제하기 때문이다. 더구나 여기 서술하고 있는 것에 25세 미만자는 포함되지 않는다. 왜 그러냐 하면 법무관은 이 연령의 사람에 관해서는 아무리 곤란한 문제가 있는 경우에도 구제해 주기 때문이다.

과다청구와 과소청구의 처리

58. 청구원인의 표시에서 보다 많이 또는 적게 기재한 경우에는 아무런 심리적 곡절을 겪지 않으면서, 그런데도 사태는 원래대로 처치하게 된다. 즉 잘못된 청구원인의 표시에 의해서는 소송이 묻혀지게 되지는 않는다고 하는 말은 이를 일러 하는 말이 아닌가 싶다.

59. 그런데 보다 적게 기재하는 것은 유효하다고 생각하는 사람도 있다. 따라서 스티쿠스와 에로스를 사들인 사람이 "나는 당신으

로부터 노예 에로스를 사들였기 때문에"라고 표시한 청구원인은 유
효한 것으로 간주되고, 그리고 2인의 노예를 사들인 사람은 각각 다
르게 사들인 것은 확실하기 때문에 그 사람이 희망하는 경우에는 스
티쿠스에 관해서는 다른 방식서로 청구해야 하는 것으로 된다. 이것
은 특히 라베오(Labeo)의 견해이다. 그렇지만 1인의 노예를 구입한
사람이 2인의 노예에 관하여 소송을 행하는 경우는 청구원인을 잘못
표시한 것으로 된다. 그 밖의 소송, 예를 들면 사용대차(使用貸借) 및
임치에 있어서도 마찬가지이다.

60. 그렇지만 어느 사람의 책에서 본 것으로는, 임치소송(任置訴
訟)과 이 밖의 유책판결(有責判決)을 받은 사람이 파렴치의 오점을 지
적받은 모든 소송에 있어서 청구원인의 표시에서 보다 많이 기재한
사람은 패소한다. 예를 들면 어떤 사람이 하나의 물건을 임치하고,
자신은 2개 혹은 그 이상의 물건을 임치했다는 청구원인의 표시를
한 경우이다. 혹은 주먹으로 얼굴을 맞은 사람이 인격침해소송(人格
侵害訴訟)에서 신체의 다른 부분도 맞았다는 청구원인의 표시를 한
경우이다. 이 견해를 그대로 정당하다고 생각해야 하는지 어떤지,
좀 더 깊이 있게 검토해 보기로 하자. 앞에서 서술한 것처럼 임치소
송의 방식서는 두 개이다. 하나는 법에 근거하여 작성하는 방식서이
고, 다른 하나는 사실에 근거하여 작성하는 방식서이다. 그리고 법
에 근거하여 작성되는 방식서에는 첫머리에 문제되고 있는 사실이
청구원인의 표시의 방법으로 적시되고, 다음에는 법적 청구가 "그것
에 의해 피고 모모가 원고 모모에게 넘겨주고 행해야 하는 것을 요
구하는 모든 것에 관하여"라는 문언으로 적기된다. 이에 대하여 사
실에 근거하여 작성되는 방식서에는 청구의 표시의 첫머리에 여기
에서 다른 방법으로 문제되고 있는 사실이 다음과 같은 문언으로 적
기된다. 즉 "원고 모모가 피고 모모의 휘하에 그 물건을 임치한 것이

명확하게 된다면"이라고. 따라서 어떤 사람이 사실에 근거하여 작성된 방식서에 임치한 것보다도 많은 물건을 기재한 경우에는 패소하게 된다는 것은 의심할 바 없다. 왜 그러냐 하면 청구의 표시에 의해 많이 ……………………………………………… (베로나 사본에서는 24행 판독불능) ………………………………….

61. …………………………… (베로나 사본에서는 24행 판독불능) ………………………… 원고가 같은 원인에 근거하여 상대방에게 급부하지 않으면 안 되는 것을 계산하고 나면, 나머지에 관하여는 피고에게 책임 있는 것으로 한다는 것이 포함된다.

성의소송

62. 그런데 성의소송(誠意訴訟; bonae fidei iudicia)에는 다음과 같은 것이 있다. 즉 매매, 임약(賃約), 사무관리, 위임, 임치, 신탁(信託), 조합, 후견(後見), 혼인밑천[嫁資], 사용대차, 질입(質入), 가산분할, 공유물분할의 소송이다.

63. 그러나 심판인은 상계(相計; compensatio)의 계산을 하지 않아도 관계없다. 왜냐하면 그것이 방식서의 문언에 명시되어 있기 때문에가 아니고, 그것을 행하는 것이 성의소송(誠意訴訟)에 걸맞다고 여겨서 심판인의 직무에 포함된다고 생각하는 것이기 때문이다.

64. 은행업자(銀行業者; argentarius)가 벌이는 소송의 경우는 사정이 다르다. 왜 그러냐 하면 은행업자는 상계(相計)를 한 후에 소송을 행하도록 강제되어 있고, 그 상계는 방식서의 문언에 명기되어 있기 때문이다. 실제로 은행업자는 먼저 상계를 하고 난 다음 보다 적은 액이 자신에게 넘겨줘야 하는 것으로 요구하는 청구의 표시를 하는

예가 많다. 예를 들면 은행업자가 티티우스에게 10,000세스테르티우스(sesterces)의 채무를 부담하면서 동시에 20,000세스테르티우스의 채권을 가지고 있는 경우, 그는 "원고가 티티우스에게 부담하는 채무액을 넘어서 티티우스가 원고에게 10,000세스테르티우스를 넘겨주어야 한다고 요구하는 것이 명확하다면"이라고 청구표시를 한다.

65. 마찬가지로 파산재산(破産財産)의 매수인은 차감계산(差減計算)을 하고 난 다음에(cum deductione) 소송을 하라고 하는 명을 받게 된다. 즉 그 상대방은 파산재산의 매수인이 파산자의 명의로 자신에게 부담하고 있는 금액을 차감하고, 남아 있는 금액에 관해서만 책임 있는 것이라고 판결된다.

66. 그런데 은행업자에게 내려지는 상계와 파산재산의 매수인에게 내려지는 차감계산은 다음과 같은 점에서 다르다. 즉 상계(相計)에 있어서는 같은 종류이면서 동시에 같은 성질의 것에 한하여 대상이 된다. 예를 들면 금전은 금전으로, 밀은 밀로, 포도주는 포도주로 상계된다. 단 포도주는 포도주로, 또한 밀은 밀로 상계하면 된다고 하는 것은 아니라, 같은 성질(性質) 동시에 같은 품질(品質)인 것에 한한다고 생각하는 사람까지 있을 정도이다. 이에 대하여 차감계산에 있어서는 동일한 종류가 아닌 것도 차감계산의 대상이 된다. 따라서 ………………………………………………………… 경우, ……………………… ………………, 이에 대하여 파산재산의 매수인이 금전을 청구하는 일방으로 상대방에게 곡물 또는 포도주를 채무로 부담시키는 경우, 매수인은 그 부담하는 물건의 가격에 상당하는 액을 차감계산하고 그 잔여를 청구하게 된다.

67. 마찬가지로 기일(期日)이 도래하고 있지 않은 채무도 또 차감

계산된다. 이에 대하여 상계되는 것은 기일이 도래한 것뿐이다.[128]

68. 이 밖에 물론 상계의 계산은 청구의 표시에 기재된다. 그러므로 상계를 하는 때에 은행업자가 1누무스(nummus)라도 과도한 청구표시(plus petitio)를 하게 되면, 제소(提訴)의 근거가 없어지게 되고, 그 때문에 패소하게 된다. 이에 대하여 차감계산은 판결권한부여의 표시에 기재해야 되지만, 여기에 보다 과도하게 청구한 사람에게 위험이 발생하는 것은 아니다. 특히 파산재산의 매수인이 확정금액에 관하여 소송을 행하는 것임에도 불구하고 불확정액을 판결권한부여의 표시에 기재하는 경우가 그러하다.

소송의 제기와 당사자

가장 · 주인의 책임소송

69. 가자(家子) 혹은 노예의 특유재산에 관하여 제기되는 소송에 관해서는 앞에서 언급한 바 있지만, 여기에서는 이 소송과 가자 혹은 노예의 명의(名義)로 그 가장 혹은 주인을 상대방으로 하여 부여되는 것이 관례인 그 밖의 소송에 관하여 보다 자세하게 고찰해 보기로 한다.

70. 여기서 우선 가장(家長) 혹은 주인(主人)의 지시에 의하여 거

---

128) 우리 민법상 상계는 채권자와 채무자가 서로 동종의 채권 · 채무를 가지는 경우에 채무자의 일방적 의사표시에 의하여 그 채권 · 채무를 대등액에서 소멸시키는 것이다. 상계가 유효하기 위하여는 채권 · 채무가 상계적상(相計適狀)에 있어야 한다(제492조). 즉 자동채권과 수동채권은 상계자와 피상계자 사이의 채권이어야 하고, 상계되는 양 채권은 동종(同種)의 목적을 가져야 하고, 자동채권은 반드시 변제기에 있어야 하고, 채권의 성질이 상계를 허용하는 것이어야 한다.

래가 된 경우에는 법무관은 가장 혹은 주인을 상대로 전액청구의 방
식서를 준비했다. 그리고 그렇게 하는 것은 당연했다. 왜 그러냐 하
면 이러한 거래를 하는 사람은 가자(家子) 혹은 노예보다도 도리어
그 가장 혹은 주인을 신용하고 있기 때문이다.

선주소송과 지배인소송

71. 같은 이유에서 법무관은 이 이외에 선주소송(船主訴訟; actio
exercitora)과 지배인소송(支配人訴訟)이라는 두 가지 소송도 정비했
다. 그런데 선주소송의 방식서가 적용된 것은 가장(家長) 혹은 주인
이 가자(家子) 혹은 노예를 선장(船長)으로 임명하고, 그리고 그 선장
과의 사이에서 맡긴 업무에 관한 거래가 행해지는 경우이다. 왜냐하
면 그 업무도 또한 가장 혹은 주인의 의사에 맞추어 하게 되는 것으
로 보게 되므로 전액청구(全額請求)의 소송이 가장(家長) 혹은 주인
(主人)을 상대방으로 하여 떠맡게 하는 것이 가장 형평(衡平)에 들어
맞는 것으로 인정되기 때문이다. 게다가 노예이든 자유인이든 가외
자(家外者)를 선장으로 맡겼더라도 이 법무관법상의 소송(praetoria
actio)은 그 사람을 선장으로 맡긴 사람을 상대방으로 하여 하게 된
다. 그런데 이 소송이 선주소송이라고 불리는 것은 선박의 통상의
이익을 취득하는 사람이 선주(船主; exercitor)라고 불리기 때문이다.
이에 대하여 지배인소송(支配人訴訟; actio institoria)의 방식서가 적용
되는 것은 어떤 사람이 가자(家子) 혹은 노예, 또는 노예이든 자유인
이든 가외자(家外者)를 점포 또는 어떤 업무의 관리자로 임용하고,
그리고 관리자에 임명한 사람과의 사이에서 그 맡긴 업무에 관한 거
래가 행해진 경우이다. 그런데 이 소송이 지배인소송이라고 불리는
것은 점포의 관리를 맡긴 사람이 지배인(支配人; institor)이라고 불리
기 때문이다. 이 방식서도 또한 전액청구에 관한(in solidum) 방식서
이다.

분배소송

72. 게다가 가자(家子) 혹은 노예가 특유재산에 속하는 물품에 관해서 거래를 행하고, 가장(家長) 혹은 주인이 그것을 알고 있는 경우, 가장 혹은 주인을 상대방으로 하는 분배소송(分配訴訟; actio tributoria)을 벌여야 하는 것으로 규정되어 있다. 즉 그러한 거래가 가자(家子) 혹은 노예와의 사이에서 행해진 경우, 법무관은 다음과 같은 법을 선언하게 된다. 즉 가장 혹은 주인이 채권을 가지고 있는 경우에는, 이러한 물품과 "이 물품으로부터 발생한 이익을 자신과 그 밖의 채권자와의 사이에서 일정한 비율로 분배한다는 것이다. 또한 채권자가 보다 적은 분배를 받았다고 제소하는 경우에는, 부족분에 관하여 법무관은 방금 서술한 것처럼 분배소송이라고 부르는 소송을 할 수 있게 해 주는 것을 이들 채권자들에 대하여 약속한다."

특유재산에 관한 소송과 이익전용물에 관한 소송

72a. 여기서 다시 특유재산(特有財産)에 관한 소송과 이익전용물(利益轉用物)에 관한 소송(actio de peculio et de in verso)도 법무관에 의하여 수립·규정되었다. 즉 설령 가장(家長) 혹은 주인(主人)의 의사와 동의 없이 거래가 행해졌다 하더라도 만일 그들 사이에서 거래된 재산 가운데 어떤 물건이 가장 혹은 주인의 이익에 전용되었으면 가장 혹은 주인의 이익에 전용된 범위 내에서 소권이 부여된다. 그런데 전용(轉用)이란 무엇인가에 관해서는 충분한 설명을 할 필요가 있다. 그러나 설령 아무것도 이익으로 전용되지 않았다 하더라도 법무관은 적어도 특유재산에 관한 소송을 할 수 있게 해주고, 그 고시(告示)는 다음과 같은 문언(文言)을 사용하여 했다. 그 고시는 악의로 특유재산을 탈취한 사람에 관해서도 서술하고 있다. 이에 예를 들면 상대방의 노예가 어느 개인으로부터 빌려간 10,000세스테르티우스 중에 상대방의 채권자에게 5,000세스테르티우스를 지급했거나 혹은

가족의 식량으로 써야 하는 필수품을 5,000세스테르티우스로 구입하고 5,000세스테르티우스를 이익전용 이외의 방법으로 소비해 버렸다면 나머지 5,000세스테르티우스에 관하여는 총액에 관해서, 나머지에 관하여는 특유재산의 범위로 상대방은 유책판결을 받지 않으면 안 된다. 즉 여기에서 명확하게 드러나는 것처럼 만일 10,000세스테르티우스 전부가 상대방의 이익에 전용되었다고 하면 어느 개인은 10,000세스테르티우스 전액을 수취할 수 있다 ……………………………………….

73. 그런데 특유재산(特有財産)의 금액을 산정할 때에는 우선 가자(家子) 혹은 노예가 가장 혹은 주인 및 이들의 권력 아래에 있는 사람에 대하여 부담하는 것을 공제하고, 그리고 그 나머지만을 특유재산(pecurium)으로 보게 된다. 다만 가자(家子) 혹은 노예가 가장 혹은 주인의 권력 아래에 있는 사람에 대하여 부담하는 것이 특유재산으로부터 공제되지 못하는 때가 있다. 예를 들면 부담의 상대방이 가자 혹은 노예의 특유재산에 속하는 때이다.

74. 가장 혹은 주인의 지시를 받는 가자(家子) 혹은 노예와 거래를 한 사람 또는 선주소송(船主訴訟) 혹은 지배인소송(支配人訴訟)의 방식서(方式書)를 사용할 수 있는 사람도 또한 특유재산(特有財産)에 관한 소송 혹은 이익전용물(利益轉用物)에 관한 소송을 할 수 있다는 것은 의심의 여지가 없다. 그렇지만 전자(前者)의 소송 중 어느 것에 의하여 전액을 확실히 청구할 수 있음에도 불구하고, 거래를 한 상대방이 특유재산을 가지고 있다는 것, 그 특유재산으로부터 지급을 받을 수 있다는 것 혹은 청구하는 것이 가장 혹은 주인의 이익으로 전용된다는 것을 증명하는 어려움에 온갖 힘을 기울일 만큼 어리석은 사람은 없을 것이다.

분배소송의 변이와 이익전용물

74a. 분배소송(分配訴訟)을 원용할 수 있는 사람도 또한 특유재산 (特有財産)에 관한 소송 혹은 이익전용물(利益轉用物)에 관한 소송을 할 수 있다. 그러나 일반적으로 이 사람에게는 분배소송보다도 이러 한 소송을 통용하는 쪽이 확실히 유리하다. 왜 그러냐 하면 분배소 송에서는 특유제산 중 가자(家子) 또는 노예가 거래를 했던 물품 및 거기에서 발생한 이익만이 계산되지만, 이에 대하여 특유재산에 관 한 소송에서는 특유재산 모두가 계산되기 때문이다. 또한 가자 혹은 노예는 특유재산 중 3분의 1 또는 4분의 1 또는 이것보다 좀 더 적은 몫으로 거래를 하고, 특유재산의 최대부분을 그 밖의 것으로 사용할 수 있다. 따라서 특히 가자(家子) 혹은 노예(奴隷)와 거래를 했던 사람 으로부터 받아들인 것이 가장 혹은 주인의 이익으로 전용된 것을 증 명할 수 있는 경우에는, 이 소송을 활용할 만하다. 왜 그러냐 하면 앞 에서 서술한 바와 같이, 특유재산 및 이익전용물에 대해서는 동일한 방식서에 의하여 소송할 수 있기 때문이다.

침해소송

75. 가자(家子)나 노예가 절도를 범하거나 인격침해를 범한 경우 에는, 그들의 불법행위(不法行爲; maleficio)를 원인으로 하는 가해소 권(加害訴權; axtio noxalis)이 생겨나게 된다. 즉 가장이나 주인은 소 송물의 평가액을 지급하거나(litis aestimatio) 가해자를 떠넘길(naxae dedere) 수 있다. 왜냐하면 본인의 악한 성격이 가장이나 주인에게 그의 신체를 떠넘기는 이상의 손해를 주는 것은 부당하기 때문이다.

76. 그런데 이 가해소권(加害訴權)은 법률에 의하여 혹은 법무관 의 고시에 의하여 규정되어 온 것이다. 법률에 의한 것으로는 예를 들면 12표법에 의한 절도소권(竊盜訴權), 아퀼리우스 법(lex Aquilia)

에 의한 불법손해소권(不法損害訴權)이 있다. 법무관의 고시(告示)에 의한 것으로는 예를 들면 인격침해소권(人格侵害訴權) 및 폭력강탈물소권(暴力强奪物訴權)이 있다.

77. 그런데 가해소권은 모두 가해자에 대해서 권력을 가지고 있는 사람을 소송의 상대방으로 한다. 즉 어느 개인의 가자(家子) 혹은 노예가 가해행위를 저지른 경우 그 가자 혹은 노예가 그 개인의 권력 아래에 있는 동안은 그 개인을 상대방으로 하여 소송이 성립한다. 타인의 권력에 복종하는 것으로 되어 있는 경우에는 그 타인을 상대방으로 소송이 성립하는 것으로 된다. 자권자(自權者; sui iuris)로 되어 있는 경우에는 직접소권(直接訴權; direta action)이 가해자 본인을 상대방으로 하여 성립하고 가해자에게 떠넘기는 것은 소멸한다. 반대로 직접소권이 가해소권(加害訴權; noxae deditio)으로 바뀌는 수가 있다. 즉 가장이 가해행위(加害行爲)를 저지르고, 그리고 자권자입양(自權者入養; adrogatio)에 의하여 어느 사람의 양자가 되거나 또는 그 사람의 노예로 된 경우, 이러한 예가 어떤 경우에 발생하는지에 관해서는 제1권에서 설명했지만, 본래는 직접소권이었던 것이 그 사람을 상대방으로 하는 가해소권으로 바뀌게 된다.

가자나 노예의 지배층에 대한 가해

78. 그런데 가자(家子)가 그 가장에 대하여 혹은 노예가 그 주인에 대하여 손해를 끼친 경우에는 아무런 소권도 발생하지 않는다. 왜냐하면 일반적으로 어느 개인과 그의 권력 아래에 있는 사람과의 사이에 채권채무관계가 발생하는 것은 있을 수 없기 때문이다. 따라서 설령 이러한 사람들이 타인의 권력에 복종하는 것으로 되어 있든지 자권자로 되어 있든지 간에, 이들을 상대방으로 해서나, 이러한 사람이 새로이 그 권력에 복종하게 된 사람을 상대로 해서 소송을

벌일 수는 없다. 여기에 타인의 노에 또는 가자(家子)가 어느 개인에게 손해를 끼치고 나서 그 후 그 사람의 권력에 복종하는 것으로 된 경우에 소권이 소멸하는 것인지, 그렇지 않으면 정지하는 것인지가 문제된다. 우리학파의 여러 학자들은 소권은 그것이 존재할 수 없는 사태로 바뀌었으므로 소멸하고, 따라서 이러한 사람들이 설령 그 개인의 소권으로부터 이탈했다 하더라도 그 개인이 소송을 행할 수 없다고 생각한다. 반대학파의 여러 학자들은 어느 개인이 자기를 상대방으로 하여 소송을 행할 수 없기 때문에, 이러한 사람이 그 개인의 권력 아래에 있는 동안은 소권은 정지하게 되고, 이들이 그 개인의 권력으로부터 이탈하게 되는 때는 소권이 부활한다고 생각한다.

79. 그런데 가자(家子)가 가해행위를 원인으로 하여 피해자 측의 소유권(mancipium)에 복종하게 되는 경우에는, 반대학파의 학자들은 가자가 3회에 걸쳐 소유권에 복종해야 할 필요가 있다고 생각한다. 왜 그러냐 하면 12표법에 의하여 가자(家子)는 악취행위(握取行爲)로 3회 소유권에 복종한 것으로 되지 않으면 가부권(家父權)으로부터 이탈하는 것으로 되지 않는다고 규정되어 있기 때문이다. 사비누스(Sabinus)와 카시우스(Cassius) 및 우리 학파의 여러 학자들은 1회의 악취행위로 족하다고 하고, 12표법의 3회의 악취행위는 스스로 자발적으로 행하는 악취행위에 관한 것이라고 생각했다.

80. 어느 권력 아래에 있는 사람의 계약 혹은 그의 불법행위에 근거하여 ·· ·············· 의 경우에는 이상과 같다. 이에 대하여 부권(夫權) 혹은 소유권(mancipium) 아래에 있는 사람에 관해서는 ·························· 다음과 같은 법이 논급되고 있다. 즉 그러한 사람의 계약에 근거하여 소송이 행해지는 경우에 그들이 그 권력 아래에 있는 사람에 의하여

전액에 관하여 방어하지 못하게 되거나, 그러한 사람이 그 권력 아래에서 벗어나게 되면 그들에게 속했던 재산은 경매된다. 그렇지만 자격소멸이 없었던 것으로 하여 그러한 사람을 상대로 명령권을 근거로 소송이 행해지는 경우 ·· (베로나 사본에서는 13행 판독불능) ·· ··········· 12표법 ·· (베로나 사본에서는 7행 판독불능) ···.

소송대리

81. 그렇다면 어떻게 되는 것인가. ·······························
사망한 가해자를 피해자에게 떠넘기는 것은 허용되지 않고 ··· ·· 라고 적고 있지만, 그러나 어느 사람이 자연사한 사람을 떠넘기면 그 사람은 마찬가지로 책임을 면하게 된다.

82. 그런데 우리는 자신의 명의로, 또는 타인의 명의로 소송을 행하는 것에 주의하지 않으면 안 된다. 후자는 예를 들면 소송대리인(訴訟代理人), 위탁사무관리인(委託事務管理人), 후견인(後見人), 보좌인(保佐人)으로서 소송을 행하는 경우이다. 이전에 법률소송이 통용되고 있던 때는 특정한 경우를 제외하고는 타인의 명의로 소송을 하는 것은 허용되지 않았다.

소송대리인

83. 그런데 소송대리인(訴訟代理人; cognitor)은 소송을 위하여 상대방의 면전에서 일정한 문언을 피력하면서 맞서게 된다. 즉 원고는 "나는 당신을 상대로 (예를 들면) 토지를 청구하면서 나는 이에 관하여 루키우스 티티우스(Lucius Titius)를 당신에 대한 소송대리인으로

세운다"라고 하여 소송대리인을 두게 된다. 상대방은 "당신은 나를
상대로 하여 토지를 청구하기 때문에 나는 그것에 관하여 푸블리우
스 메우이우스(Publius Maevius)를 당신에 대한 소송대리인으로 세운
다"라고 하여 소송대리인을 세우게 된다. 원고는 "나는 당신을 상대
로 소송을 행하고자 하기 때문에 나는 그것에 관하여 소송대리인을
세운다"라는 문언을 띄울 수 있다. 상대방은 "당신은 나를 상대로 하
여 소송을 하려고 하므로 나는 그것에 관하여 소송대리인을 세운다"
라는 문언을 발할 수 있다. 소송대리인을 세울 당시에 소송대리인이
그 자리에 있어야 하는지 여부는 문제되지 않지만, 부재자(不在者)가
소송대리인으로 세워진 경우에는 이 사람이 소송대리인의 직무를
인식하고 인수한 경우에야 소송대리인이 된다.

위탁사무관리인

84. 이에 대하여 위탁사무관리인(委託事務管理人; procurator)은 특
정한 문언에 의하지 않고 소송을 하기 위하여 세울 수 있고, 사무관
리를 위탁받게 되는 상대방이 부재이더라도, 또한 그것을 알지 못하
더라도 위임만으로 세울 수도 있다. 그뿐만이 아니라 위임을 받지
않은 사람도 어떤 소송을 선의로 인수(引受)하고 본인이 그 소송을
추인한 것으로 보증하는 경우에는, 위탁사무관리인으로 보아야 한
다고 생각하는 사람까지 있다. 다만 위임을 받고 있는 사람이더라도
통상 담보를 설정하지 않으면 안 된다. 왜 그러냐 하면 위임은 소송
을 시작할 때에는 명확하지 않다가도 후에 심판인의 면전에서 명확
하게 되는 것도 많기 때문이다.

후견인 및 보좌인

85. 그런데 후견인(後見人)과 보좌인(保佐人)이 어떻게 세워지는
지에 관해서는 제1권에서 이미 서술한 바 있다.

86. 타인의 명의(名義)로 소송을 하는 사람은 해당 본인의 명의로 청구의 표시를 하는 것에 대하여 판결권한부여(判決權限附與)의 표시는 자신의 명의로 한다. 즉 예를 들면 루키우스 티티우스(Lucius Titius)가 푸블리우스 메우이우스(Publius Maevius)에 대신하여 소송을 하는 경우, 방식서는 "누메리우스 네기디우스(Numerius Negidius)가 푸블리우스 메우이우스에게 10,000세스테르티우스(sesterces)를 주어야 할 것을 요구하는 것이 명확하다면, 심판인이여, 누메리우스 네기디우스가 푸블리우스 메우이우스에 대하여 10,000세스테르티우스에 관하여 책임이 있다고 판결해 주십시오. 만일 명확하지 않다면 면소해 주십시오"라고 작성한다. 또한 물건에 관하여 소송이 행해지는 때도 "그 물건은 퀴리테스(Quirites)권에 근거하여 푸블리우스 메우이우스의 것이다"라고 청구표시하고, 판결권한부여의 표시는 자신의 명의로 한다.

87. 상대방에 의해 어느 사람이 내세워지고 이 사람을 상대방으로 하여 소송이 행해지는 경우에도 본인이 "넘겨주는 것을 요구한다"고 청구표시를 하면서도, 판결권한부여의 표시는 소송을 인수한 사람의 명의로 해야 한다. 그렇지만 대물소송(對物訴訟)을 함에 있어서는, 어느 사람이 자신의 명의로 하든지 타인의 명의로 하든지 소송에 관계된 경우, 청구의 표시에서는 피소된 사람의 이름은 아무런 의미도 없다. 왜냐하면 단지 "물건이 원고의 것이다"라고 청구표시될 뿐이기 때문이다.

소송담보설정

88. 이제 피고 또는 원고에게 어떠한 경우에 담보설정(擔保設定; satisdare)이 강제되는지를 보기로 한다.

대물소송에서의 담보설정

89. 여기에서 예를 들면 내가 당신을 상대로 하여 대물소송(對物訴訟)을 행하는 경우 당신은 나를 위하여 담보를 설정하여야 한다. 왜냐하면 당신은 소송계속(訴訟係屬) 중에 당신의 것인지의 여부가 의심스런 물건의 점유를 인정하고 있는 것이므로, 당신이 패소한 때에 그 물건 자체도 반환하지 않고, 또한 소송물의 평가액도 지급하지 않는 경우에, 당신 또는 당신의 보증인을 상대로 하여 소송을 할 수 있는 권한이 나에게 부여되는 것처럼 당신이 담보를 설정하여 보증인(保證人; sponsor)이 되게 하는 것은 형평에 들어맞는다고 생각할 수 있기 때문이다.

90. 또한 당신이 타인의 명의로 소송을 인수한 경우에는 더욱이 어느 개인을 위하여 담보를 설정하지 않으면 안 된다.

대물소송의 종류

91. 대물소송에는 두 종류가 있다. 즉 반환청구(返還請求)의 방식서에 의하여 소송이 행해지는 경우가 있는가 하면, 서약(誓約)에 의하여 소송이 행해지는 경우도 있다. 반환청구의 방식서에 의하여 소송이 행해지는 경우 "판결채무이행(判決債務履行; iudicatum solvi)"이라고 하는 문답계약(問答契約)이 체결된다. 이에 대하여 서약에 의하여 소송이 행해지는 경우에는 "소송의 담보인과 객체 점유의 담보인에 대신한다(pro praede litis et vindiciarum)"라고 하는 서약이 체결된다.

반환청구의 방식서

92. 그런데 반환청구의 방식서라 함은 원고가 "물건은 자신의 것이다"라고 청구표시하는 방식서이다.

93. 이에 대하여 서약에 맞춰서 우리는 다음과 같이 소송을 진행한다. 즉 "다툼이 있는 노예가 퀴리테스(Quirites)권에 의해 나의 노예라고 한다면 당신은 25세스테르티우스를 주겠다고 서약하겠는가"라고. 이 서약에 의하여 상대방에게 따지고 대든다. 그렇게 하고 나서 서약된 금액을 주어야 할 것을 요구한다고 청구표시한 방식서를 개시한다. 그 방식서에 의하여 승소하는 것은 물건이 어느 개인의 것이라는 것을 증명하는 경우에 한하게 된다.

94. 그러나 서약된 금액을 요구하는 것은 아니다. 왜냐하면 이 서약은 벌금에 관한 것은 아니고, 예비소송(豫備訴訟)에 관한 것이며, 물건에 관한 소송을 하기 위해서만 사용되는 것이기 때문이다. 따라서 피고도 반대문답계약을 하지 않는다. 그런데 이 서약이 "소송의 담보인과 객체점유의 담보인에 갈음한다"고 하는 것은, 그것이 법률소송이 행해지고 있던 시대에 소송 및 객체점유, 즉 객체와 과실을 위하여 점유자가 청구자에게 뽑아 보내게 되어 있던 담보인에 갈음하는 것이기 때문이다.

95. 백인법정(百人法廷)에서 소송이 행해지는 경우, 서약된 금액을 방식서(方式書)에 의해서가 아니라, 법률소송(法律訴訟)에 의하여 청구하게 된다. 왜냐하면 피고는 신성도금(神聖賭金)에 의하여 따지고 들기 때문이다. 그리고 당연히 크레페레이우스 법(lex Crepereia)[129]에 따라서 125세스테르티우스로 행해졌다.

---

129) 제정연대는 미상으로 공화정 초기의 법률이다. 백인법정(centumviri)에서의 소송절차를 규정하고, 서약의 금액에 대하여 125세스테르티우스로 하였다.

담보설정의 예외

96. 그런데 대물소송(對物訴訟)의 원고 자신이 자기의 명의로 소송을 행하는 경우 그 사람은 담보를 설정하지 않는다.

97. 또한 소송대리인에 의하여 소송이 행해지는 경우에도 소송대리인 자신 혹은 본인에게 담보의 설정을 강제하지는 않는다. 왜냐하면 소송대리인은 특정한 의식 못지않게 문언에 의하여 본인에 갈음하여 역할을 하게 되어 있으므로 그야말로 본인과 동일한 지위에 있다고 생각되기 때문이다.

위탁사무관리인에 의한 소송과 담보설정

98. 이에 대하여 위탁사무관리인(委託事務管理人)이 소송을 벌이는 경우, 본인이 그 소송을 추인한 것처럼 담보의 설정이 명해진다. 왜냐하면 본인이 같은 사안에 대해서 다시 다툴 위험이 있기 때문이다. 그 위험은 소송대리인에 의하여 소송이 행해진 경우에는 발생하지 않는다. 왜 그러냐 하면 소송대리인에 의하여 소송을 벌이는 본인은 그 사건에 관해서 본인 자신이 소송을 행한 경우와 마찬가지로 또다시 제소할 수는 없기 때문이다.

99. 위탁사무관리인과 마찬가지로 후견인(後見人) 및 보좌인(保佐人)은 담보를 설정하지 않으면 안 된다고 고시(告示)의 문언은 정하고 있다. 그렇지만 이러한 사람이 담보의 설정을 면하게 되는 경우가 있다.

대인소송에서의 담보설정

100. 대물소송(對物訴訟)에 관해서는 이상에서 서술한 바 그대로이다. 이에 대하여 대인소송(對人訴訟; actio in personam)에서는 어떠

한 경우에 원고로부터 담보가 설정되어야 하는가라고 묻는다면, 이
에 대해서도 대물소송에서 서술했던 것과 동일한 것을 그대로 반복
해야 하는 정도 이상 더 말할 게 없다.

101. 이에 대하여 피고 쪽에서 어느 사람이 타인의 명의로 소송
을 수행하는 때에는 항상 담보가 설정되지 않으면 안 된다. 왜 그러
냐 하면 누구든지 타인의 사건에 관해서 스스로 담보를 설정하지 않
고 타인을 방어하는 사람은 적당하다고 인정되지 않기 때문이다. 그
렇지만 소송대리인을 상대로 하여 소송이 행해지는 때에는 본인이 담
보의 설정을 명령받게 된다. 이에 대하여 위탁사무관리인을 상대로
소송이 행해지는 때에는 위탁사무관리인 자신이 담보의 설정을 명령
받게 된다. 또한 후견인과 보좌인에 관해서도 같은 법이 적용된다.

102. 그렇지만 어떤 사람이 자신의 명의로 대인소송을 인수한 경
우에는, 그 사람은 법무관이 직접 지정하는 특정한 원인에 근거하여
담보를 설정하는 것이 관례이다. 그 담보설정의 원인에는 두 가지가
있다. 즉 소송의 종류 때문에 담보가 설정되든지, 그렇지 않으면 그
인물이 의심스럽기 때문에 담보가 설정된다. 소송의 종류에 의한 경
우는 예를 들면 판결채무이행청구소송(判決債務履行請求訴訟), 변제비
용상환청구소송(辨濟費用償還請求訴訟) 또는 처의 품행(品行)에 관하
여 소송이 행해지는 경우이다. 인물에 의한 경우는, 예를 들면 파산
한 사람 또는 재산이 채권자에 의하여 압류되어 있든지, 경매에 붙여
져 있는 사람을 상대로 하여 소송이 행해지는 경우, 혹은 법무관이
의심스럽다고 생각한 상속인을 상대로 하여 소송이 행해지는 경우
이다.

소권의 소멸

법정소송과 정무관의 명령권에 기한 소송

103. 그런데 모든 소송은 정규의 법에 근거하고 있거나 혹은 명령권(命令權; imperium)에 근거하고 있다.

법정소송

104. 법정소송(法定訴訟; legitima iudicia)이라 함은 로마시 혹은 로마시로부터 1마일 표시석(標示石) 이내에서 단독의 심판인 아래에서 행해지는 로마인 상호 간의 소송이다. 또한 법정소송은 1년 6개월 이내에 판결이 내려지지 않는 경우에는 소송에 관한 율리우스 법(lex Julia iudiciaria)[130]에 근거하여 소멸한다. 즉 이것이 소송은 1년 6개월이 경과하게 되면 율리우스 법에 의거하여 소멸한다고 일반적으로 말해지곤 하는 것이다.

105. 이에 대하여 심리원(審理員; recuperator) 아래에서 행해지는 소송과 단독의 심판인(uno iudice) 아래에서 행해지는 소송이더라도 외인이 심판인 혹은 소송당사자로서 관여하는 경우에는 명령권에 근거하여 진행하게 된다. 로마시에서 1마일 표시석 밖에서는 로마인 상호 간의 소송이더라도 외인 간의 소송과 마찬가지로 명령권에 근거한다(imperio contineri iudicia). 그런데 소송이 명령권에 근거한다고 하는 것은 이것을 지휘하는 정무관(政務官)이 명령권을 지니는 동안만 유효하기 때문이다.

---

130) 기원전 17년경에 아우구스투스에 의해 제정된 법률로 소송에 관하여 일반적으로 규정하고 있다.

106. 또한 명령권에 근거하여 소송을 한다면 그것이 대물소송이든지 대인소송이든지, 혹은 그 방식서가 사실에 근거하여 작성된 것이든지 법에 근거하여 청구의 표시를 포함하는 것이든지, 그 어떠함에 불구하고 그 후에도 법률상(ipso iure) 당연히 동일 사건에 대해서 소를 제기할 수 있다. 그리고 그에 따라 기판물(旣判物)의 항변이든가 혹은 소송계속(訴訟係屬)의 항변이 필요하게 된다.

107. 이에 대하여 법정소송으로 시민법상의 청구의 표시를 한 방식서로 대인소송이 수행된 경우, 법상 당연히 다시 동일 사건에 관하여 소송을 행할 수 없다. 따라서 항변은 필요 없다. 그렇지만 대물소송 또는 사실에 근거하여 방식서로 소송이 행해지는 경우에는, 법상 당연히 다시 동일한 사건에 관해서 소송을 행할 수 있다. 따라서 기판물(旣判物)의 항변 혹은 소송계속(訴訟係屬)의 항변이 필요하다.

108. 지난날 법률소송에서는 사정이 달랐다. 왜 그러냐 하면 한번 소송이 행해졌던 것에 관해서는 법상 당연히 다시 소송을 제기할 수 없었기 때문이다. 따라서 그 시대 당시에는 지금처럼 항변이 사용되는 예도 있을 수 없다.

법정소송의 예외

109. 더구나 분명히 법률에 근거한 소송이지만, 법정소송이 아닌 것도 있다. 또한 반대로 법률에 근거하지 않은 소송이지만, 법정소송이라고 하는 것도 있다. 즉 예를 들면 아퀼리우스 법(lex Aquilia), 올리니우스 법(lex Ollinia) 혹은 퓨리우스 법(lex Furia)[131]에 의하여

---

131) 기원전 204년부터 기원전 199년 사이에 제정된 「유언에 관한 퓨리우스 법(lex Furia testamentaria)」 또는 「보증에 관한 퓨리우스 법(lex Furia de sponsu)」을 말한다.

속주에서 소송이 행해지면, 그것은 명령권에 근거한 소송이다. 또한 로마시내에서도 복수의 심리원의 면전에서, 혹은 단독의 심판인의 면전에서 외인이 관여하여 소송이 진행되면 같은 법이 적용된다. 반대로 법무관의 고시에 의한 소권이 부여된 것과 같은 경우에 로마시내에서 단독의 심판인 아래에서 로마시민 상호 간에 소송이 행해진다면, 그것은 법정소송이다.

영구소권과 일시소권

110. 여기에서 우리가 주의해야 하는 것은 법률 혹은 원로원의 결(元老院議決)에서 유래하는 소송은 법무관이 영구히 인정하는 것이 관례이지만, 이에 대하여 법무관에게 고유한 재판권(裁判權; iurisdictio)에 근거한 소송에 관해서는 일반적으로 1년간 인정하는 것이 관례라고 하는 점이다.[132]

111. 그렇지만 법무관이 정규의 법을 모방하는 경우처럼 ………… 수가 있다. 예를 들면 유산점유자와 상속인과 같은 지위에 있는 그 밖의 사람에게 법무관이 인정하는 소송이다. 현행절도(現行竊盜)의 소송도 또 법무관 자신의 재판권에 근거하고 있지만 영구히 행해질 수 있게 부여된다. 이것은 당연하다. 왜 그러냐 하면 금전에 의한 벌은 자격형(資格刑)에 갈음하여(capitali poena) 정해지기 때문이다.

원고 또는 피고의 사망으로 인해 소멸하는 소권

112. 어떤 사람을 상대로 법상 당연히 성립하거나 또는 법무관에

---

132) 소권행사기간을 기준으로 소권을 일시소권(actio temporalis)과 영구소권(actio perpertua)으로 구분하였다.

의하여 부여되는 모든 소송이 그 상속인을 상대로 하여 똑같이 성립
하는 것도 아니고, 부여되는 것이 관례도 아니다. 왜냐하면 불법행
위에 근거하여 성립하는 벌금소송(罰金訴訟), 예를 들면 절도, 폭력강
탈물(暴力强奪物), 인격침해(人格侵害), 불법손해(不法損害)의 소송은
가해자(加害者)의 상속인을 상대로 하여 성립하는 것도 아니고, 언제
든지 부여되는 것이 관례도 아니라는 법준칙이 확립되어 있기 때문
이다. 그렇지만 이러한 소송은 피해자의 상속인을 위하여 성립하고,
법무관에 의하여 거절되는 것은 아니다. 다만 인격침해소송 및 이와
유사한 소송이 행해지는 경우에는 그렇지 않다.

113. 그러나 계약에 근거한 소송이더라도 상속인을 위하여 혹은
상속인을 상대로 해서는 성립하지 않는 경우가 있다. 즉 참가요약자
(參加要約者)의 상속인은 소권을 가지지 못하고, 보증인(保證人) 내지
신약인(信約人)의 상속인은 소송을 면하게 되어 있다.

쟁점결정 후 판결 전에 피고가 원고를 만족시킨 경우

114. 마지막으로 우리가 검토하지 않으면 안 되는 것이 있다. 피
고가 소송을 수락하고 나서부터 판결이 내려질 때까지[133] 원고에게
만족을 준 경우, 어떻게 하는 것이 심판인의 임무로 수긍받을 수 있
는 것인가? 피고를 면소시켜야 하는가, 혹은 피고가 소송을 수락한
때에는 유책판결을 받지 않으면 안 되는 입장에 있었던 것이므로 도
리어 유책판결을 내려야 하는 것인가? 우리 학파의 여러 학자들은

---

133) 이 경우 "피고가 소송을 수락하고 나서(post acceptum iudicium)"라고
하는 것은 법무관의 면전에서의 법정절차가 종료한 후, 즉 실직적으로는
쟁점결정(litis contestatio)의 후의 일을 의미하고, 그 이후 피고가 원고에
대하여 만족을 주는 경우의 심판인의 직무 방식에 대하여 서술한 것으로
추측된다.

심판인을 면소시켜야 하고, 어떠한 종류의 소송인가는 관계없다고 생각한다(absolutoria). 그리고 이것은 일반적으로 다음과 같이 언명되어 있다. 사비누스(Sabinus)와 카시우스(Cassius)는 모든 소송에서 면소의 가능성이 있는 ·· 것이면서 반대학파의 여러 학자도 성의소송(誠意訴訟; bonae fidei iudiciis)에 관해서도 마찬가지인 것으로 생각한다. 왜 그러냐 하면 이러한 소송에 있어서는 심판인은 자유로운 재량권을 가지기 때문이다. 또한 대물소송(對物訴訟)에 관해서도 마찬가지로 생각한다. 왜 그러냐 하면 방식서의 문언에 의하여 ································ 자체가 지시되어 있기 때문이다 ································ ································ ································ 지시된 대인소송(對人訴訟)도 또한 ······.

항 변

115. 이제 항변(抗辯; exceptio)[134]에 관하여 검토해 보기로 한다.

항변의 목적 · 기원 및 형식

116. 그런데 항변(抗辯)은 피고를 방위하기 위하여 할 수 있게 되어 있었다. 왜냐하면 어떤 사람이 시민법상 채무를 지고 있기는 하지만 소송으로 유책판결을 내리는 것이 형평(衡平)에 들어맞지 않는 예가 종종 발생하기 때문이다.

---

134) 상대편의 주장을 부인(否認)하는 것이 아니라 부인과는 별개의 사항을 주장하여 상대편 주장의 배척을 구하는 것으로, 항변에는 실체상의 효과에 관한 것과 소송상의 효과에 관한 것의 두 가지가 있다. 실체상의 항변은 원고가 주장하는 법률효과의 발생을 방해하거나(통정허위표시 · 착오 등), 한 번 발생한 효과를 멸각시키거나(변제 · 경개 · 해제조건의 성취), 또는 그러한 권리(검색의 항변권, 동시이행의 항변권, 유치권 등)를 말한다. 소송상의 항변에는 소송요건 흠결의 항변과 증거항변이 있다.

116a. 예를 들면 어느 개인이 상대방에게 대부(貸付)에 맞춰 금전을 건네준다는 전제로 요약(要約)했지만, 건네주지 못했던 경우이다. 그 금전을 상대방에게 청구할 수 있는 것은 확실하다. 왜냐하면 상대방은 문답계약에 근거하여 채무를 부담하고 있는 것이기 때문에 일정한 금전을 건네주어야 하기 때문이다. 그렇지만 그 명의로 상대방이 유책판결(有責判決)을 받는 것은 형평에 맞지 않기 때문에 상대방은 악의의 항변(exceptio doli mali)에 의하여 보호되지 않으면 안 되는 것으로 정하고 있는 것이다.

116b. 또한 상대방이 어느 개인에게 부담하고 있는 채무를 그 개인이 상대방에게 청구하지 않은 채 상대방과 무방식(無方式)으로 약속(約束; pactum)한 경우, 그럼에도 불구하고 그 개인은 상대방에게 그 자체를 건네줄 것을 요구한다고 청구할 수 있다. 왜 그러냐 하면 채권채무관계는 무방식의 약속을 한다고 하여, 그것으로 소멸하지 않기 때문이다. 그렇지만 이러한 청구를 한 때에는 어느 개인은 무방식의 약속을 하였다는 항변(exceptio pacti conventi)에 의하여 배척될 수밖에 없는 것으로 인정되고 있다.

117. 대인소송이 아닌 소송에서도 항변은 허용된다. 예를 들면 어느 개인이 상대방에게 어떤 물건을 상대방의 소유권(mancipium)에 넘겨주도록 협박받았거나, 악의로 사주당한 경우에, 상대방이 그 물건을 어느 개인에게 청구하다면 그 개인은 항변을 할 수 있게 된다. 상대방이 협박 또는 악의로 넘겨주게 했다는 것을 어느 개인이 증명하게 되면, 상대방은 그 항변에 의하여 배척되고 만다.

117a. 또한 상대방이 계쟁 중의 토지인 것을 알면서 점유하고 있지 않은 사람으로부터 구입하고, 당시 점유하고 있는 사람을 상대로

하여 그 토지를 청구하는 경우 상대방에 대하여 항변으로 대항할 수 있게 된다. 그 항변에 의해 상대방은 언제든지 패소하게 된다.

항변의 의의와 발생원인

118. 그런데 항변에는 법무관이 고시에서 제시할 수 있게 하는 것과 사정을 고려하여 허용해 주는 것이 있다. 항변은 어느 것이나 법률 또는 법률의 효력을 가지는 것에 근거하여 발생하거나 혹은 법무관의 재판권(裁判權)으로부터 발생한다.

119. 그런데 모든 항변은 피고가 주장하는 것과는 반대의 내용으로 작성된다. 예를 들면 원고가 건네지 않은 금전을 청구하는 것은 악의에 의하여 행하고 있는 것이라고 피고가 주장하는 경우, 항변은 "이것에 관하여 아울루스 아게리우스(Aulus Agerius)의 악의에 의하여 아무것도 한 것이 없고 또한 하지도 않을 때는"이라는 방식으로 작성된다. 또한 무방식(無方式)의 약속에 반하여 금전을 청구하고 있다고 주장하는 경우에는 항변은 "아울루스 아게리우스와 누메리우스 네기티우스 간에 금전을 청구하지 않는다는 합의가 없는 때는"이라는 방식으로 작성한다. 이 밖의 다른 경우에도 이와 마찬가지로 작성된다. 그 이유는 당연히 모든 항변은 피고에 의하여 제출되고, 조건부로 유책판결을 하는 것 같은 방식으로, 즉 심판인은 소가 제기된 사건에 관하여 원고의 악의에 의하여 아무것도 하지 않은 경우밖에 피고를 유책이라고 판결하지 못하도록, 또한 심판인은 금전을 청구하지 않는다는 무방식의 약속이 지켜지지 않은 경우밖에 피고를 유책이라고 판결하지 못하게 하는 형식으로 방식서에 삽입되기 때문이다.

항변의 효력

120. 그런데 항변에서는 영구적(永久的; peremptoriae)이라고 해야 하는 것과 일시적(一時的; dilatoriae)이라고 해야 하는 것이 있다.

영구적 항변

121. 영구적 항변(永久的 抗辯)이라 함은 영구히 대항할 수 있고 배척될 수 없는 항변이 그것이다. 예를 들면 협박 또는 악의에 근거하여, 또는 법률이나 원로원의결에 반하여 어느 것이 행해진 것을 이유로 하는 것, 본건(本件)이 판결종료된 것 또는 심리절차에 들어간 것을 이유로 하는 것, 마찬가지로 금전이 청구된 것이 전혀 있을 수 없는 취지의 결정이 난 것을 이유로 하여 무방식으로 하는 약속의 항변이 있다.

일시적 항변

122. 일시적 항변(一時的 抗辯)이라 함은 일정한 기간에 한하여 대항할 수 있는 항변이다. 예를 들면 5년간은 청구하지 못한다는 약속의 항변과 같은 경우이다. 물론 이 기간이 만료하게 되면 항변은 더이상 할 수 없게 된다. 이와 마찬가지의 항변은 소송분할(訴訟分割)의 항변(exceptio litis dividuae)과 잔여소송(殘餘訴訟)의 항변(exceptio rei residuae)이 있다. 즉 소송물의 일부에 관해 청구를 했던 사람이 동일한 법무관의 재임 중에 다시 한번 잔여부분을 청구하는 경우, 소송분할의 항변이라고 부르는 항변에 의해 패소한다. 또 같은 인물을 상대로 복수의 소송을 하려고 하는 사람이 일부의 소송을 제기하고, 그나머지 부분에 관해서는 다른 심판인에게 제기하려고 유보하였다가, 이 유보한 소송을 동일 법무관의 재임 중에 제기하게 되면 잔여소송의 항변이라고 하는 항변에 의하여 패소한다.

123. 그런데 일시적 항변을 제출받은 사람은 제소를 연기할 수 있는지에 주의하지 않으면 안 된다. 그렇게 할 수 없으면 제소한 때에 항변이 제출된 것으로 되어 패소하게 되기도 한다. 왜냐하면 사건이 심리절차에 들어가 항변에 의하여 패소해 버리게 되면, 제소하지 않은 채 이 항변을 배척하는 것이 가능한 시기가 도래한 후이더라도 원고는 소를 제기할 수 없게 되기 때문이다.

124. 여기에 다시 기간(期間)에 대하여뿐만 아니라 사람[人]에 대해서도 일시적 항변이 인정된다. 그것은 소송대리인(訴訟代理人)에 관한 항변이다. 예를 들면 고시에 의하여 소송대리인을 세울 수 없는 사람이 소송대리인에 의하여 소송을 행한 경우, 또는 소송대리인을 세울 수 있는 사람이더라도 소송대리인으로 인수할 수 없는 사람을 소송대리인으로 세운 경우이다. 소송대리인에 관한 항변이 인정되는 경우 본인 자신이 소송대리인을 세울 수 없게 되어 있는 사람인 때에는 본인 스스로가 소송을 행할 수 있다. 이에 대하여 소송대리인이 그 직무를 인수할 수 없는 때에는, 다른 사람을 소송대리인으로 세우든가 혹은 본인만이 소송을 행할 수 있다. 이와 같이 어떠한 방법으로든지 항변을 배척할 수 있다. 그렇지만 항변을 무시하고 소송대리인에 의하여 소송을 진행하게 되면 그대로 패소한다.

125. 그런데 피고가 착오에 의해 영구적 항변을 원용하지 않은 경우, 이 항변을 방식서에 부가시킬 수 있게 하기 위해서는 피고는 원상(原狀)으로 회복시켜야 한다. 이에 대하여 피고가 일시적 항변을 원용하지 않았던 경우, 원상으로 회복시킬 수 있는지 여부는 검토하지 않으면 안 된다.

반항변 · 재항변 · 재반항변

126. 언뜻 보아서는 정당하다고 생각되는 항변이 원고를 부당히 해하게 되는 경우가 발생한다. 그러한 경우에는 원고를 구제하기 위하여 다시 별도의 수단을 추가할 필요가 있다. 다시 부가하게 되는 수단은 반항변(反抗辯; replicatio)이라고 한다. 왜 그러냐 하면 이것에 의하여 다시 항변을 하게 되면 이전의 항변은 효력을 잃기 때문이다. 예를 들면 어느 개인이 상대방과의 사이에서 상대방이 그 개인에게 현재 부담하고 있는 이상의 금전을 상대방에게 청구하지 않는다는 무방식의 약속을 하고, 다시 그 후에 반대의 약속 즉 그 개인은 청구할 수 있다고 하는 무방식의 약속을 체결한 경우, 그로 인해 그 개인이 상대방을 상대로 하여 소를 제기한 때에, "만일 그 금전을 그 개인이 청구하지 않는다는 합의가 이루어지지 않는다면"이라는 경우에만 상대방은 그 개인 때문에 유책하게 되고, 상대방이 대항하게 되면, 무방식의 약속의 항변에 의해서 어느 개인이 해를 입는 것으로 된다. 어쩔 수 없게도 그 후 그들이 이전과 모순되는 무방식의 약속을 하더라도 이전의 항변은 그대로 정당하게 된다. 그러나 이 항변에 의해 어느 개인이 배척되는 것은 형평에 맞지 않기 때문에 어느 개인에게 그 나중의 무방식의 약속에 근거하여 "만일 내가 그 금전을 청구할 수 있다는 합의가 그 후 이루어지지 않는다고 하면"이라는 방법으로 반항변(反抗辯)이 주어진다.

126a. 또한 은행업자(銀行業者)가 경매에 걸려 있는 물건의 대금을 추구하는 경우, 매수인은 산 물건이 매수인에게 인도된 때밖에 유책으로 되지 않는다는 항변이 은행업자에 대하여 제출된다. 이 항변도 정당하다. 그렇지만 경매에 있어서 매수인이 대금을 지급하기 전에 물건이 매수인에게 인도되지 못한다고 예고된 경우에는, 은행업자는 다음과 같은 반항변에 의하여 구제된다. "만일 매수인이 대금

을 지급하지 않으면 물건이 매수인에게 인도되지 못한다고 예고되
었던 것이라면"이라고 하는 것 같은 예이다.

127. 그런데 얼른 보아서는 정당한 반항변(反抗辯)인 것 같은데
그것이 피고를 부당하게 해하는 수도 있다. 이것이 발생하는 경우에
는 피고를 구제하기 위하여 재항변(再抗辯; duplicatio)이라고 하는 것
이 추가되어야 할 필요가 있게 된다.

128. 또한 쉽게 보아서는 재항변이 정당하게 보이지만, 일정한
원인에 의하여 다시 원고를 부당하게 해하는 경우, 이번에는 달리 원
고를 구제하기 위하여 재반항변(再反抗辯; triplicatio)이라고 하는 것
이 추가될 필요가 있게 된다.

129. 다양한 거래가 행해지기 때문에 경우에 따라 우리가 지금
서술하고 있는 이상으로 온갖 부가조치가 강구될 필요가 있게 된다.

원고를 위해 승인된 첨기문

130. 이제 원고를 위하여 인정되고 있는 첨기문(添記文; praescriptio)
에 관해서 살펴보기로 한다.

131. 왜냐하면 동일한 채권채무관계로부터 어떤 것은 이미 이행
되었어야 할 것을 요구하고, 어떤 것은 장래 이행해야 할 것으로 되
어 있는 경우가 흔히 있기 때문이다. 예를 들면 우리가 매년 또는 매
월, 확정금액(確定金額)이 지급되어야 하는 것으로 요약(要約)한 경우
이다. 이 경우 어느 연도 또는 어느 달이 경과한 때 그동안에 지급되
었어야 할 금전이 이행되어야 함을 요구하는 것에 대하여, 장래 지급
되어야 할 금전에 대해서는 채권채무관계가 확실히 있다고 생각되

기는 하지만, 아직 이행기가 도래하지 않은 것이다. 따라서 우리는 이행되었어야 할 것을 이행하라는 청구를 하여 소송을 제기하는가 하면, 이에 대하여 장래의 채무의 이행에 관해서는 원상으로 남겨두는 것을 바라는 경우, "기일이 도래한 것에 관하여 소송이 제기된 바와 같이"라고 하는 첨기문을 붙여 소를 제기하여야 한다. 이에 대하여 이 전가문을 덧붙이지 않고 소를 제기한 경우, 흔히 불확정물(不確定物)을 청구할 때의 방식서, 즉 청구의 표시가 "누메리우스 네기디우스(Numerius Negidius)가 아울루스 아게리우스(Aulus Agerius)에게 넘겨주고 행해야 할 필요가 있음이 명확한 모든 것에 관해"라는 문언으로 작성된 방식서로 소를 제기하였던 것이면서도, 모든 채무 즉 장래에 이행되어야 하는 것도 이 소송에 도입되는 것으로 된다. 그리고 채무의 이행기(履行期)가 ···························· 전에 ········ ··.

131a. 마찬가지로, 예를 들면 토지를 악취행위(握取行爲)에 의해 넘겨주도록 매매에 근거하여 소송을 제기한 경우에도, 다음과 같은 첨기문(添記文)을 덧붙이지 않으면 안 된다. 즉 "이 소송은 악취행위에 의한 토지의 양도에 관하여 행해져야 하는 것과 같이"라고. 그렇다면 그 후 공간의 점유의 인도를 바라는 경우 ···················· ··· ························· 매매의 모든 법적 채권채무 관계는 "이것을 위하여 아울루스 아게리우스(Aulus Agerius)에 대하여 누메리우스 네기디우스(Numerius Negidius)가 넘겨주고 행해야 할 필요가 있는 모든 것에 관해서"라고 하는 불확정한 소송에 있어서 청구표시하게 되는 것으로 끝내 없어지게 되고 말 것이다. 따라서 이 이후 내실 없는 점유인도에 관하여 소송을 제기하더라도 우리에게는 아무런 소권도 남아 있지 않게 된다.

132. 그런데 첨기문(添記文)이 이렇게 불리는 것은 말할 필요도 없이 방식서의 앞에 기입되기 때문이다.

133. 앞에서도 서술한 바와 같이 작금에는 첨기문(添記文)은 모두 원고 쪽으로부터 기재되고 있다. 그런데 이전에는 피고를 위하여 제출된 것이 있었는데, "이 소송에 있어서 상속재산에 관한 예비소송이 되지 않는 경우에, 이 소송이 행해지는 것으로 하여"라는 첨기문이다. 이 첨기문은 지금에는 항변의 형태를 취해 가지고 상속재산을 청구하는 사람이 다른 종류의 소송에 의하여 상속재산에 관한 예비소송을 행하는 경우, 예를 들면 개개의 물건을 청구하는 경우에 쓰여진다. 왜냐하면 개개의 물건을 ⋯⋯⋯⋯⋯⋯⋯⋯ 형평에는 없기 때문이다 ⋯⋯⋯⋯⋯⋯⋯⋯⋯⋯⋯⋯⋯⋯⋯⋯⋯⋯⋯ (베로나 사본에서는 23행 판독불능) ⋯⋯⋯⋯⋯⋯⋯⋯⋯⋯⋯⋯⋯⋯⋯.

134. ⋯⋯⋯⋯⋯⋯⋯ 방식서의 청구의 표시에서는 ⋯⋯⋯⋯⋯⋯⋯ 즉 누구에게 넘겨주는 것을 요구하는지 ⋯⋯⋯⋯⋯⋯⋯⋯ 노예가 요약(要約)한 것은 당연히 주인에게 넘겨주어야 한다. 이에 대하여 첨기문(添記文)은 정식의 말 본래의 의미에 비추어 보아 옳다고 할 수 있는 사실인지가 문제된다.

135. 그런데 우리가 노예에 관하여 서술한 것은 모두 권력에 따르는 그 외의 사람에 관해서도 그대로 말할 수 있다고 이해해도 괜찮을 것이다.

136. 또한 우리가 주의하지 않으면 안 되는 것은 불특정물에 관해서 약속한 사람 자신을 상대로 하여 소송을 하는 경우, 방식서 가운데 청구원인을 표시하는 곳에 "모모를 심판인으로 해 주십시오. 아울

루스 아게리우스(Aulus Agerius)가 누메리우스 네기디우스(Numerius Negidius)와 불특정물에 관해서 요약한 바 있는데, 그 기일이 도래했기 때문에 그것에 관해서 누메리우스 네기디우스가 넘겨주고 해야 할 필요가 있는 일체에 관하여"와 같은 첨기문(添記文)이 삽입된 형태로 그 방식서가 제시되고 있는 점이다.

137. 서약인(誓約人) 또는 신명인(信命人)을 상대로 하여 소송이 벌어지는 경우, 서약인에 대하여 "아울루스 아게리우스(Aulus Agerius)가 루키우스 티티우스(Lucius Titius)와 불특정물에 관해서 요약(要約)하고, 그 명의로 누메리우스 네기디우스(Numerius Negidius)가 서약인이고, 그 기일이 도래한 것에 관해서 소송이 행해지도록"과 같이 첨기문(添記文)이 기재되는 것이 관례이다. 이에 대하여 신명인에 대한 경우에는 "누메리우스 네기디우스는 루키우스 티티우스를 위하여 불특정물에 관하여 자신의 신의에 의하여 보증하고 그 기일이 도래한 것에 관하여 소송이 행해지도록"이라고. 그 다음에 방식서가 덧붙여진다.

특시명령

138. 마지막으로 특시명령(特示命令; interdictum)에 관해 고찰해 보기로 한다. [135]

특시명령의 발부

139. 법무관(法務官) 또는 원로원 속주의 장관(長官)은 특정한 경

---

135) 특시명령이라 함은 당사자의 구제신청사유가 상당하다고 인정될 경우 법무관은 일정한 사실상태의 유지·보전과 신청인의 법적 지위를 보호하기 위하여 고시규정에 따라 출정(出廷)한 피신청인에게 특시명령을 발하여 신청인을 구제한 제도이다.

우, 주로 다툼을 종결시킬 것을 목적으로 하여 자신의 권력에 의해 개입한다. 이것은 주로 당사자 간에 점유 또는 준점유(quasi possession)에 대해서 다툼이 있는 경우이다. 일반적으로 어떤 것을 해야 할 것을 명하거나고 또는 어떤 것을 행하는 것을 금지한다. 그런데 이를 위하여 사용되는 방식서 및 문언에 의하여 작성된 것은 특시명령(特示命令) ……………………………………………………………………… ……………………… 및 재정(裁定) …………………… …………………….

140. 그런데 재정(裁定; decretum)이라고 부르는 것은 어떤 것이 행해지도록 명령(decreta)하는 경우이다. 예를 들면 어떤 물건이 제시되도록 또는 반환되도록 명하는 경우이다. 이에 대하여 협의의 특시명령이라고 부르는 것은 어떤 것이 행해지는 것을 금하는 경우이다. 예를 들면 하자 없이 점유하는 사람에게 폭력을 행사하지 않도록 또는 신성한 장소에서 어떤 것을 행하지 않도록 명하는 경우이다. 이러한 까닭으로 모든 광의의 특시명령은 반환적(返還的; restitutoria), 제시적(提示的; exhibitoria) 또는 금지적(禁止的; prohitoria) 특시명령이라고 부른다.

141. 그런데 어떤 것을 행하도록 명하거나 행하지 않도록 금하는 경우, 이것으로 사건이 즉시 종결하는 것은 아니고, 심판인 또는 심리원에게 넘겨지고, 이러한 사람의 면전에서 방식서를 개시(開示)하고, 법무관의 고시에 반하여 어떤 것이 행해졌는지 어떤지, 또는 법무관이 행하도록 명한 것이 행해지지 않았는지 어떤지가 심리된다. 그리고 이 절차에는 벌금(罰金; poena)을 수반하는 것과 수반하지 않는 것이 있다. 벌금을 수반하는 것은 예를 들면 서약에 의하여 소송이 행해지는 경우이고, 벌금을 수반하지 않는 것은 중재인(仲裁人)이

신청하여 처리하게 되는 경우이다. 그리고 금지적 특시명령을 원인으로 하는 경우에는 항상 서약에 의하여 소송이 행해지지만, 반환적 또는 제시적 특시명령을 원인으로 하는 경우에는 서약에 의하여 소송이 행해지는 것이 있는가 하면 중재약관부(仲裁約款附)라고 부르는 방식서에 의하여 소송이 행해지는 수도 있다.

특시명령의 분류

금지명령 · 반환명령 · 제시명령

142. 따라서 특시명령의 제1의 분류는 금지적(禁止的), 반환적(返還的), 제시적(提示的)이라는 특시명령이다.

점유취득 · 견지 · 회복을 위한 특시명령

143. 제2의 분류는 점유취득(占有取得), 점유견지(占有堅持), 점유회복(占有回復)을 위한 특시명령이라고 하는 것이다.

점유취득의 특시명령

144. 점유취득의 특시명령(adipiscendae possessionis causa)은 유산점유자를 위하여 발하게 된다. 이 특시명령의 맨 처음의 표현은 "이 재산의(quorum bonorum)"이다. 그 효과는 다음과 같은 것이다. 즉 어떤 사람에게 점유가 매겨진 유산 중의 어느 물건을 상속인으로서 또는 점유자로서 점유하는 사람은 누구여야 하고, 그 물건을 유산점유가 매겨진 사람에게 반환하지 않으면 안 된다고 하는 것이다. 그런데 상속인으로서 점유하는 것은 상속인 또는 자신이 상속인이라고 믿고 있는 사람이라고 생각된다. 한편 점유자로서 점유하는 사람이라 함은 정당한 원인 없이 상속재산의 일부를, 이에 그치지 않고 상속재산 전부를 자신의 것이 아님을 알면서 점유하는 사람이다. 그

런데 이것이 점유취득의 특시명령이라고 불리는 것은 처음에 물건의 점유를 취득하고자 하는 사람에게만 발하게 되기 때문이다. 따라서 점유를 이전에 취득한 사람이 그것을 잃은 경우에는 그 사람에게는 이 특시명령을 발할 수 없다.

점유의 특시명령

145. 파산재산(破産財産)의 매수인을 위해서도 마찬가지의 특시명령을 발하게 되고, 이 명령을 점유의 특시명령이라고 부르는 사람도 있다.

경락인의 특시명령

146. 또한 공유물(公有物)의 매수인을 위해서도 동일한 내용의 특시명령을 발하게 되고, 이 명령은 공유물의 매수인(sectores)이 경락인(競落人)이라고 불리기 때문에 경락인의 특시명령이라고 불리고 있다.

살르우이우스 특시명령

147. 살르우이우스 특시명령(interdictum Salvianum)[136]이라고 부르는 특시명령도 점유취득을 위하여 발하게 되었다. 토지의 소유자(所有者)는 지대(地代)의 담보에 충당할 것을 의도하여 약정한 소작인의 물건에 관해서 이 특시명령을 활용하고 있다.

---

136) 토지소유자가 소작인을 상대로 지대불이행 시에 발부해 활용한 특시명령이다. 이 특시명령에 의하여 토지소유자는 소작인이 담보로 제공한 물건을 취득하기 때문에, 점유취득의 특시명령이고, 또 소작인은 토지소유자가 그 물건을 가져가는 것을 방해해서는 안 되기 때문에 동시에 금지적 특시적 명령이다.

점유견지를 위한 특시명령

148. 점유견지(占有堅持)를 위한 특시명령은 어떤 물건의 소유권에 관하여 당사자 상호 간에 다툼이 있고, 소송의 시작 전에 양 당사자 중 어느 쪽이 계쟁물을 점유하고, 어느 쪽이 그것을 청구하지 않으면 안 되는지에 관하여 문제되는 경우에 생겨나는 것이 관례이다(retinendae possessionis causa). 이 때문에 발하게 되는 것이 "당신이 점유하고 있는 것처럼(uti posidetis)"과 "어느 쪽인가에(utrubi)"의 특시명령이다.

149. 또한 "당신이 그대로 점유하고 있는 것처럼"의 특시명령은 토지 혹은 가옥의 점유에 관하여 발하게 된다. 이에 대하여 "어느 쪽인가에"의 특시명령은 동산의 점유에 관하여 발하게 된다.

150. 그런데 토지 혹은 가옥에 관하여 특시명령이 발해지는 경우는 법무관은 특시명령이 발해진 시점에서 폭력에 의하지 않고, 비밀리로도 아니고, 더욱이 상대방의 뻔뻔스러움에도 개의하지 않고(nec vi nec clam nec precario) 점유하고 있는 사람이 우위를 차지하도록 명한다. 이에 대하여 동산에 관한 경우에는 그 햇수의 기간보다 오랜 기간, 폭력에 의하지 않고, 비밀로도 아니고, 더욱이 상대방의 뻔뻔스러움에도 개의하지 않고 점유한 사람이 우위를 차지하도록 명한다. 이것은 특시명령의 문언 그 자체에 충분히 표시되어 있다.

151. 다만 "어느 쪽인가에"의 특시명령에서는 자기 자신의 점유뿐만 아니라 타인의 점유, 즉 그 사람에게 덧붙여진 것이 정당한 점유도 의미를 지닌다. 예를 들면 피상속인의 점유, 매도인의 점유 혹은 증여자의 점유 또는 혼인밑천[嫁資]을 마련해 준 사람의 점유이다. 따라서 어느 개인의 점유에 타인의 정당한 점유기간이 가산되어 그

것이 상대방의 점유기간보다도 오랜 경우에는 그 개인은 이 특시명령의 발부에도 우월하게 되는 셈이다. 그런데 스스로 점유하고 있지 않은 사람에게 기간의 가산은 인정되지 않고 또한 인정될 수도 없다. 왜냐하면 아무것도 없는 것에 가산하는 것은 불가능하기 때문이다. 더구나 하자 있는 점유(vitiosa possession), 즉 폭력에 의해, 혹은 비밀리에, 혹은 상대방의 뻔뻔함에 의하여 취득한 점유를 가지는 경우에도 가산은 인정되지 않는다. 즉 이러한 경우의 점유는 기간의 가산에는 아무런 의미가 없다.

152. 그런데 1년이라는 기간은 소급하여 계산된다. 따라서 상대방이 예를 들어 어느 개인보다 앞서서 8개월간 점유하고, 그 후 그 개인이 7개월간 점유한 경우, 어느 개인이 우선한다. 왜냐하면 상대방이 점유한 최초의 3개월간의 점유는 현시점에서의 1년과는 다른 1년에 속하므로, 이 특시명령은 상대방에게 유리하게 작용하지 않기 때문이다.

153. 그런데 어느 개인이 직접 점유하는 경우뿐만 아니라 어느 사람이 그 개인의 명의로 점유하는 경우에도 우리는 점유하고 있다고 생각하게 되고, 그때 그 사람이 소작인(小作人) 및 임차인(賃借人)처럼 어느 개인의 권력에 따르지 않는 사람이라 하더라도 관계없다. 우리는 수치인(受置人), 사용차주(使用借主) 또는 무상으로 거주시키고 있는 사람을 통해서까지도 직접 점유한다고 생각한다. 이것은 요컨대 일반적으로 어느 개인의 명의로 점유하는 사람이 누구든지 그 사람을 통하여 점유를 견지(堅持)할 수 있다고 하는 점이다. 그뿐만 아니라 다수설은 의사에 의하여 점유가 견지된다고까지 생각한다. 즉 우리가 직접 점유하지 않고서도, 또한 어느 사람이 어느 개인의 명의로 점유하지 않더라도, 그 개인이 점유를 포기하는 의사에 의해

서는 안 되지만, 후에 점유를 회복하려는 의사임에도 이탈한 경우에
는, 우리는 점유를 견지한다고 생각한다. 이에 대하여 어느 사람을
통하여 우리가 점유를 취득할 수 있는지에 관해서는 제2권에서 서술
한 바 있다. 우리가 의사에 의하여(animus) 점유를 취득하지 않을 수
있음에는 의심할 여지가 없다.

점유회복을 위한 특시명령

154. 어느 사람이 폭력에 의하여 점유로부터 배제된 경우에는 점
유회복을 위하여 특시명령(reciperandae possessionis causa)이 내려지
는 것이 관례이다. 즉 이러한 사람을 위하여 "당신은 그것을 폭력에
의하여 배제당했던 것으로"를 맨 앞에 둔 특시명령이 제시되고, 배
제당한 사람은 이 명령에 의하여, 배제당한 사람이 폭력에 의하지 않
고, 비밀로도 아니며, 혹은 배제한 사람의 뻔뻔함에도 의하지 않고
점유하고 있다면, 배제된 사람에게 물건의 점유를 반환하는 것을 강
제하는 ……………………………… 어느 개인에게서 폭력에 의
하여, 혹은 비밀리에, 혹은 뻔뻔함에 의하여 점유한 사람을 그 개인
이 배제했어도 상관없다.

155. 그러나 설령 어느 개인에게서 폭력에 의하여 혹은 비밀리에
혹은 뻔뻔함에 의하여 점유한 사람이더라도, 그 사람을 그 개인이 폭
력에 의하여 배제한 경우, 어느 개인이 그 사람에게 점유를 반환하도
록 강제하는 수가 있다. 예를 들면 어느 개인이 이러한 사람을 무기
의 힘에 의하여 배제한 경우이다. 즉 어느 개인은 그러한 불법행위
가 중대하기 때문에, 어떠한 경우에도 배제된 사람에게 점유를 반환
하지 않으면 안 되는 한에서 소송에 따르지 않을 수 없다.[137] 그런데

---

137) 「무력에 의한 점유침탈에 관한 특시명령(interdictum de vi armata)」을

무기라는 명칭에는 방패, 칼, 투구뿐만 아니라 몽둥이나 돌도 포함된 다고 봐도 괜찮을 것이다.

편면적 특시명령과 쌍면적 특시명령

156. 특시명령의 제3의 분류는 편면적(片面的; simplicia)이거나 쌍 면적(雙面的; duplicia)인 특시명령이다.

편면적 특시명령

157. 편면적 특시명령(片面的 特示命令)이라 함은 예를 들면 일방 이 원고가 되고 타방이 피고로 되는 특시명령이다. 이러한 명령은 모두 반환명령(返還命令)이거나 제시명령(提示命令)이다. 즉 제시 또 는 반환을 요구하는 쪽이 원고, 제시 또는 반환을 요구받는 쪽이 피 고(reus)이다.

금지특시명령의 종류

158. 그런데 금지특시명령(禁止特示命令)에는 쌍면적인 것도 있는 가 하면 편면적인 것도 있다.

편면적 금지특시명령

159. 편면적 금지특시명령(片面的 禁止特示命令)은 예를 들면 법무 관이 신성한 장소 또는 공공의 하천 혹은 그 연안에서 피고가 무엇

말한다. 통상의 「폭력에 의한 점유침탈에 관한 특시명령(interdictum de vi cottidana)」과는 달리 점유침탈이 무기를 준비해 한 부대를 이룬 사람 에 의해 행해진 경우, 당해 침탈행위가 특시명령발령 전 1년 이내에 행해 진 것 및 침탈된 사람이 침탈자에 대하여 하자 없는 사람일 것이라는 두 가지 요건을 갖추지 않아도 된다. 공화정 말기의 혼란 중에 법무관이 사태 를 대비하려는 뜻에서 준비한 것이라고 생각된다.

인가를 하지 못하도록 금지하는 명령이다. 즉 무엇인가를 하지 못하도록 요구하는 것이 원고이고 무엇인가를 하려고 하고 있는 것이 피고이다.

쌍면적 금지특시명령

160. 쌍면적 금지특시명령(雙面的 禁止特示命令)이라 함은 예를 들면 "당신들이 점유하고 있는 것처럼"과 "어느 쪽에"의 특시명령이다. 그런데 이것을 쌍면적 특시명령이라고 부르는 것은 이 특시명령에서는 당사자의 어느 지위도 동등하여 일방이 특히 원고 또는 피고로 이해되는 것이 아니라, 양쪽이 원고의 역할과 피고의 역할을 하기 때문이다. 실제로 법무관은 양자에게 대하여 동일한 문언으로 명한다. 이러한 특시명령의 구성의 중요한 부분은 다음과 같은 것이다. "당신들이 현재 점유하고 있는 바와 같은 형태로 점유하는 것을 하지 못하게 하기 위하여 폭력을 휘두르는 것을 나는 금지한다." 또한 다른 하나의 구성은 "당신들 중에서 다툼이 있는 이 노예를 자신의 아래에 한 해 동안, 보다 장기간 점유한 사람이 그대로 이어가는 것을 하지 못하게 하기 위하여 폭력을 휘두르는 것을 나는 금지한다"고 하는 것이다.

특시명령의 절차와 효과

161. 특시명령의 종류는 설명하였으므로 다음에 특시명령의 절차와 효과에 관하여 설명하고자 한다. 우선 편면적 특시명령에서부터 시작하기로 한다.

162. 반환(返還) 또는 제시(提示)의 특시명령(特示命令)이 발해진 경우, 앞에 서술한 것처럼 예를 들면 폭력에 의하여 배제된 사람에게 점유가 회복되도록, 또한 보호자가 노무를 해내겠다고 바라는 해방

자유인(解放自由人)을 제시하도록 명해지는 경우에는, 사건은 위험을
수반하지 않고 종결하는 수도 있고, 위험을 수반하면서 종결하는 예
도 있다.

163. 왜 그러냐 하면 피고가 중재인(仲裁人)을 신청한 때는 중재
약관부(仲裁約款附)라고 불리는 방식서를 수락하고, 피고가 심판인의
중재에 의하여 반환 또는 제시하지 않으면 안 되는 때이더라도, 위험
을 수반하게 되는 것은 아니고 반환 또는 제시를 하게 되면 그대로
면책되고 만다. 반환도 제시도 행하지 않는 경우에는 피고는 그 가
액에 관하여 책임 있다는 판결을 받게 된다. 원고도 또한 제시 또는
반환이 필요하지 않은 사람을 상대로 소송을 한다 하더라도 벌금을
내게 되지는 않는다. 다만 소송물의 10분의 1에 관한 남소의 소송(
calumniae iudicium)을 당하게 되는 경우에는 이 한도에서는 그러하
지 아니하다. 그러나 프로쿨루스(Proculus)는, 중재인을 신청한 사람
은 이것 자체만으로 반환 또는 제시를 행할 의무가 있다고 인낙(認
諾)한 것이나 마찬가지로 볼 수 있으므로 남소(濫訴)의 소송을 인정
해야 하는 것은 아니라고 생각한다. 그렇지만 우리는 다른 법을 적
용해 왔다. 그리고 그것은 적절하다. 왜냐하면 어느 사람이 중재인
을 신청하는 것은 인낙하고 있기 때문이라고 하기보다도 오히려 보
다 온건한 방법으로 다투기 위한 것이기 때문이다.

164. 그런데 중재인을 신청하고자 바라는 사람은 법정에서 퇴정
하기 전, 즉 법무관의 면전에서 물러나기 전에 신청하여야 함에 주의
하지 않으면 안 된다. 왜냐하면 후에 신청하는 사람에게 허가가 주
어지는 것은 아니기 때문이다.

165. 따라서 중재인을 신청하지 않고 잠자코 법정에서 퇴정하는

경우, 소송은 위험을 수반하는 것으로 된다. 즉 원고는 피고가 법무관의 고시에 반하여 제시 또는 반환을 하지 않았다는 이유로, 서약(誓約; sponsio)에 근거하여 피고를 제소하게 된다. 이에 대하여 피고는 원고의 서약에 대하여 반대문답계약(反對問答契約; restipulatio)을 체결한다. 이후 원고는 피고에게 서약의 방식서를 열어 보이고, 이와 반대로 피고는 원고에게 반대문답계약의 방식서를 열어 보이게 된다. 그렇지만 원고는 서약의 방식서에 반환 또는 제시하여야 할 물건에 관해서 다른 소송을 다음과 같은 형태로 부가하게 된다. 서약에 의하여 승소하게 되면, 원고에게 물건이 제시 또는 반환하지 않는 한 ·· ··············· (베로나 사본에서는 24행 판독불능) ························· ··· ················· (베로나 사본에서는 7행 판독불능) ····················· ··· ····················· (베로나 사본에서는 5행 판독불능) ······· ··· ··· ··· (베로나 사본에서는 3행 판독불능) ··· ··· ··· ·············.

166. ··· ··· ························ (베로나 사본에서는 3행 판독불능)

과실(果實)의 가격결정에서 이긴 사람이 그동안 점유를 할 수 있게
명해졌던 것은 상대방과 과실에 관한 문답계약을 체결한 경우뿐이
다. 그 효과로는 점유에 관하여 패소의 판결을 받게 되는 경우에는
그 전액을 상대방에게 지불하라고 하는 것이다. 그런데 이 가격을
정하는 다툼을 과실의 경매(fructus licitatio)라고 하는 것은 틀림없이
다음과 같은 이유에 의하는 ……………………………………
…………………………………………… 후에 당사자의
일방이 상대방에게, 법무관의 고시에 반하여 점유하는 자신을 상대
로 폭력을 휘둘렀다고 하는 서약으로 도전하고, 뒤이어 당사자 사이
에서 서약에 대하여 반대문답계약(反對問答契約)이 체결된다. 또는
……………………………………………………………
…………………… 하나의 서약과 하나의 반대문답계약이 ……
…………………………………………………………………
……………….

166a. ………… 당해 사건에 관하여 제소를 받은 심판인은 당연
히 ……………… 법무관이 특시명령을 서술한 것, 즉 그들 중 누군가
가 그 토지 또는 가옥을 특시명령이 부여되기까지 폭력에 의하지 않
고 비밀리도 아니고, 뻔뻔하지도 않게 점유하고 있었던 것인지를 심
리한다. 심판인이 그것을 검토하고, 예를 들면 어느 개인에게 유리
한 판결을 한 경우, 그 개인이 다른 어느 사람과 행한 서약 및 반대
문답계약에 의한 금전에 관해서는 다른 사람에게 책임 있는 것이라
고 판결을 내리고, 동시에 어느 개인을 상대로 하여 체결된 서약 및
반대문답계약에 의한 금전에 관해서는 어느 개인을 면하게 한다.
게다가 또한 어느 개인의 상대방이 과실의 경매에서 이겼기 때문에
점유하고, 그 개인에게 점유를 반환하지 않으려고 한다면(secutorio),

카스켈리우스 소송(iudicium Cascellianum)[138] 혹은 후속소송(後續訴訟)에서 어느 개인의 상대방은 책임 있는 것이라는 판결을 받아야한다.

167. 따라서 과실의 경매의 승자라 하더라도 점유가 자신에게 귀속하는 것을 증명하지 못하는 경우 서약, 반대문답계약, 과실의 경매의 금액을 벌금으로 지급해야 하고 그와 함께 점유를 반환하라는 명을 받게 된다. 더욱이 그 기간에 얻은 과실도 반환해야 한다. 왜냐하면 과실의 경매의 가격은 과실의 가격이 아니라 어떤 사람이 타인의 점유를 일정기간 견지(堅持)하여 과실을 얻는 권한을 손에 넣으려고한 것의 벌금으로 지급되는 것이기 때문이다.

168. 이에 대하여 과실의 경매에서 패한 사람은 점유가 자신에게 귀속하는 것을 증명하지 못하는 경우에는 서약과 반대문답계약의 금액만을 벌금으로 지불하여야 한다.

169. 그러나 우리는 과실의 경매에서 패한 사람이 과실에 관한 문답계약을 체결하지 않은 경우에도, 예를 들면 점유의 반환에 대하여 카스켈리우스(Cascellian) 소송 또는 후속소송으로 다투는 것과 마찬가지로, 과실의 경매에 관해서도 소송을 벌일 수 있는 것임에 주의하지 않으면 안 된다. 이 경우 과실에 관한 소송이라고 불리는 독자적인 소송(iudiciu fructuarium)이 전개되고, 이 소송에서 원고는 판결채무의 이행을 보증 받게 된다. 그런데 이것도 또한 후속소송(後續訴訟)이라고 부른다. 이것이 서약의 승리에 계속되기 때문이다. 그렇

---

138) 공화정 말기의 법학자 아울루스 카스켈리우스(Aulus Cascellius)에 의하여 창설된 소송이다.

지만 이와 함께 카스켈리우스 소송이라고 불려지는 것은 아니다.

170. 그렇지만 특시명령이 떨어진 후 그 특시명령에 근거해서까지 짜여지는 절차를 밟는 것을 바라지 않는 사람이 있고, 그로 인해 사안을 종결시킬 수 없는 경우가 있기 때문에, 법무관은 그러한 사태를 예견하여 두 번째로 발하게 되어 제2차적(secundaria)이라고 부르게 되는 특시명령을 준비하기까지 했다. 그 효과는 다음과 같다. 즉 특시명령에 근거하여 사소한 절차를 취하지 않는 사람, 예를 들면 폭력(vis)[139]을 휘두르지 않은 사람, 혹은 과실의 가격을 정하지 않는 사람 혹은 과실의 경매에 관하여 담보를 제공하지 않은 사람, 혹은 서약을 체결하지 않은 사람, 혹은 서약에 관한 소송을 수락하지 않은 사람은 점유하고 있는 경우에는 점유를 상대방에게 반환하고, 점유하고 있지 않은 경우에는 그것을 점유하고 있는 사람에 대하여 폭력을 행사하지 않겠다고 하게 되어 있는 점이다. 따라서 설령 특시명령에 근거하여 ·················· "당신들이 점유하고 있는 바와 같이"의 특시명령에 의하여 승소할 수 있는 경우에도 ············· ·································· 제2차적 특시명령에 의하여 ····························· (베로나 사본에서는 2행 판독불능) ·································· ············ 2차적 ························· ·········

····························· 설령 이 견해로 ·················

---

139) 여기에서 서술하고 있는 폭력이란 특시명령이 발령되고, 다음 절차 전에 양 당사자의 합의에 의거하여 법정에서 형식적·추상적으로 행해지는 폭력행위를 의미하는 것이다. 이 행위에 의하여 소송당사자 중 일방이 법무관의 "폭력이 행해시는 것을 금한다"라는 명령에 반하여, 현재의 점유자로부터 그 점유를 침탈한 것으로 되고 다음 절차를 개시할 수 있다.

························· 사비누스(Sabinus)와 카시우스(Cassius)가 따랐
다 하더라도 ······································· (베로나 사본에
서는 9행 판독불능) ······························· (베로나 사본에서는
20행 판독불능) ·······························.

남소에 대한 제재

171. ···
····························· 혹은 벌금에 의해 혹은 선
서약속(宣誓約束)의 구속력에 의해 ·······························
또한 법무관은 ································· 거부
한 사람들에 대하여 2배액의 소송이 규정되어 있는 경우가 있다. 예
를 들면 판결채무를 위해서, 혹은 보증인의 변제비용상환청구(辨濟
費用償還請求)를 위해서, 혹은 불법행위손해를 위해서, 혹은 채권유
증(債權遺贈)을 위해서 소가 제기되어야 할 경우이다. 또한 서약을 행
하는 것이 허용되어 있는 경우가 있다. 예를 들면 확정임금(確定賃金)
및 변제약속(辨濟約束)을 한 금전에 관한 경우이다. 그렇지만 확정임
금에 관해서는 그 3분의 1, 변제약속을 한 금전에 관해서는 그 2분의
1의 서약을 해야 한다.

172. 그런데 피고가 서약(誓約)의 위험에도 2배액의 소송의 위험
에도 동요하지 않고, 게다가 원래 1배액을 넘는 소송이 아닌 때에는
법무관은 "남소(濫訴)를 이유로 하여 부정하는 것으로 하지 않게"라
고 하는 선서(宣誓)를 피고에 대하여 요구하는 것을 원고에게 허가한
다. 따라서 상속인 또는 상속인과 같은 지위에 있는 사람은 ···
····························· 의무를 부담하는 경우 ·············
····················· 선서의 위험을 면하고, 또한 여성과 미성숙자도
마찬가지로 치면서 법무관은 이러한 사람들에게 선서약속할 것을

명한다.

173. 그런데 원래 1배액을 넘는 소송은 예를 들면 4배액의 현행절도소송, 2배액의 비현행절도소송(非現行竊盜訴訟), 3배액의 도품소지절도소송(盜品所持竊盜訴訟) 및 절도품전치절도소송(竊盜品轉置竊盜訴訟) 등이다. 왜 그러냐 하면 이러한 경우와 다른 몇몇 경우에는 피고가 부정하고 말아버리게 되면 소송은 1배액을 넘게 되기 때문이다.

174. 원고의 남소(濫訴; calumnia)도 또한 남소의 소송, 혹은 반대소송(反對訴訟), 혹은 선서약속(宣誓約束), 혹은 반대문답계약(反對問答契約)에 의하여 제한된다.

175. 예를 들면 남소(濫訴)의 소송은 모든 소송에 대하여 인정되고 있지만, 그 청구액은 원고의 청구의 10분의 1이다. 다만 자유(自由)의 주장자에 대해서는 3분의 1이다.

176. 또한 남소의 소송을 제기하든지 또는 남소를 이유로 하여 소송을 벌이지는 않겠다는 취지의 선서약속을 요구하든지는 피고의 자유이다.

177. 그런데 반대소송(反對訴訟; contrarium iudicium)은 일정한 경우에만 열리게 된다. 예를 들면 인격침해로 소를 제기하려는 경우, 또는 태아의 이름으로 점유하고 있는 여성이 그 점유를 악의로 타인에게 이전한 것으로 소를 제기하려는 경우, 또는 어느 사람이 자신은 법무관에 의해 점유를 인정받고 나서 상대방에 의하여 점유를 방해받고 있다고 하여 소를 제기하는 경우이다. 그렇지만 인격침해소송(人格侵害訴訟)에 관해서는 원고의 청구액의 10분의 1의 반대소송이

인정되고 나중에 열거한 2개의 소송에 관해서는 5분의 1의 반대소송이 인정된다.

178. 그런데 반대소송에 의한 제한은 보다 엄중하다. 왜 그러냐 하면 남소의 소송에서는 자신이 정당하게 소를 제기하고 있지 않음을 알면서 상대방에게 고통을 주기 위해 소송을 제기하고, 진실이라기보다는 도리어 심판인의 착오(錯誤) 또는 부정(不正)에 의하여 승소를 바라는 경우 이외에는 어느 누구도 10분에 1에 관해서 유책이라고 되는 경우는 없기 때문이다. 왜냐하면 남소는 절도의 죄와 마찬가지로 의도적인 것이기 때문이다. 이에 대하여 반대소송에 있어서는 원고가 패소한 경우 설령 어떤 견해에 이끌려 자신이 정당하게 소를 제기하고 있다고 생각했더라도 어느 경우에나 유책한 것으로 된다.

179. 그런데 반대소송(反對訴訟)을 제기할 수 있는 경우에는 남소(濫訴)의 소송도 인정된다. 그렇지만 이에 제기할 수 있게 허용되어 있는 것은 어느 쪽이든 일방의 소송뿐이다. 이러한 까닭으로 남소에 관한 선서약속(宣誓約束)이 요구되는 경우에는 남소소송이 부여되지 않기 때문에 반대소송도 부여되지 않는다.

180. 반대문답계약(反對問答契約)의 벌금도 또한 일정한 원인에 근거하여 부과되는 것이 관례이다. 그리고 원고는 패소하게 되면 자신이 정당하게 소송을 제기하고 있지 않은 것을 알고 있든지 모르고 있든지를 묻지 않고 반대소송에 의하여 모든 경우에 유책의 판결을 받는 것처럼, 승소하지 못하는 한에서는 반대문답계약의 벌금에 관해서도 어느 경우에나 유책의 판결을 받게 된다.

181. 그런데 반대문답계약의 벌금이 부과된 사람에게는 남소(濫
訴)의 소송이 제기되는 것도 없다면 선서약속의 구속력도 발생하지
않게 된다. 왜 그러냐 하면 이 경우 반대소송이 인정되지 않는 것은
당연하기 때문이다.

유책판결을 받은 사람이 파렴치한 사람으로 되는 소송

182. 특정한 소송에서 유책판결(有責判決)을 받은 사람은 파렴치
한 사람으로 된다. 예를 들면 절도, 폭력강탈물(暴力强奪物), 인격침
해의 소송이 그 예이다. 또한 조합, 신탁, 후견, 위임, 임치의 소송도
그러하다. 더구나 절도 또는 폭력강탈물 또는 인격침해의 소송에서
는 유책판결을 받은 사람뿐만 아니라 화해한 사람도 파렴치로 적기
된다. 이것은 법무관의 고시로 정해져 있다. 그리고 이것은 정당하
다. 왜냐하면 어느 사람이 불법행위에 의하여 채무자로 되는 것과
계약에 의하여 채무자로 된 것에는 크나큰 차이가 있기 때문이다.
그럼에도 불구하고 고시(告示)의 어느 곳에도 어느 사람이 파렴치라
고 하는 것 자체는 명확하게 기록되어 있지 않다. 그렇지만 타인을
위하여 신청을 하고 자신을 위하여 소송대리인을 세우고, 위탁사무
관리인을 두지 못하게 금지된 사람, 또한 위탁사무관리인, 또는 소송
대리인의 명의로 소송에 관계하는 것이 금지된 사람은 파렴치한이
라고 부른다.

법정소환 및 재출두보증계약

183. 마지막으로 꼭 알고 있어야 하는 것은 어느 사람과 다투기
를 바라는 사람은 그 사람을 법정에 소환하지 않으면 안 되고, 소환
된 사람은 출석하지 않으면 법무관의 고시에 의하여 벌금이 부과된
다고 하는 점이다. 그렇지만 법무관의 허가 없이는 법정에 소환할
수 없는 사람도 있다. 예를 들면 존속, 남성보호자, 여성보호자, 동일

한 남성보호자와 여성보호자의 존속과 비속이다. 그리고 이에 위반한 사람에게는 벌금이 감액되게 규정되어 있다.

184. 그런데 상대방이 법정에 소환되어 해가 떠 있는 동안에 절차를 종료할 수 없는 때는, 상대방은 재출석보증계약(再出席保證契約; vadimonium) 즉 특정한 기일에 출석할 것을 약속하지 않으면 안 된다.

185. 재출석보증계약은 어떤 경우에는 무조건으로, 즉 담보를 세우지 않고 하지만, 담보를 세우고 하는 경우, 혹은 선서약속(宣誓約束)을 맺고 하는 경우도 있다. 또한 심리원(審理院)이 설치되는 경우도 있는데, 이때에는 출석하지 않은 사람은 심리원에 의하여 즉시 재출석보증계약금(再出席保證契約金)에 관해 책임을 져야 하는 것으로 된다. 그리고 이러한 것은 각각 주의 깊게 법무관고시(法務官告示)에 정해져 있다.

재출석보증계약금

186. 판결채무(判決債務) 또는 변제비용상환청구(辨濟費用償還請求)에 관해서 소송이 열리는 경우에는 재출석보증계약금(再出席保證契約金)은 그 소송액과 같게 한다. 이에 대하여 그 밖의 경우에는 재출석보증계약금은 원고가 남소(濫訴)를 이유로 하여 청구하는 것이 아니고 선서한 금액으로 하게 된다. 다만 재출석보증계약금은 소송액의 2분의 1을 넘게 하지 못하고, 또한 100,000세스테르티우스(sesterces)를 넘게 하지도 못한다. 따라서 소송액이 100,000세스테르티우스이고 판결채무 또는 변제비용상환청구에 관해서 소송이 벌어지지도 않는 때에는 재출석보증계약금은 50,000세스테르티우스를 넘게 하지 못한다.

187. 그런데 우리가 법무관의 허가(許可) 없이 법정에 소환되면 벌을 받게 되는 사람에 관해서는, 신청을 받은 법무관의 허가가 없으면, 그 의사에 반하여 재출석보증계약을 강제할 수 없다.

색 인

▌ 인명 색인 ▌

332

334

336

정동호(鄭東鎬)

고려대학교 법과대학 졸업, 동 대학원 법학석사, 법학박사
법제처 법제조사위원회 참사, 전문위원 역임
강원대학교 법과대학 조교수, 부교수 역임
한양대학교 법학전문대학원 교수 정년퇴임

주요저작

고대사회(古代社會), 현암사, 1978 / 인류혼인사(人類婚姻史), 박영사, 1981
비교법(比較法)과 사회이론(社會理論), 고려대학교출판부, 1983
법(法)과 사회변동(社會變動), 나남, 1986
재산의 기원과 촌락공동체의 형성, 세창출판사, 2007
원시사회(原始社會), 세창출판사, 2008 / 고대법(古代法), 세창출판사, 2009
한국가족법의 개변맥락, 세창출판사, 2014 / 권리를 위한 투쟁, 세창출판사, 2015

신영호(申榮鎬)

고려대학교 법과대학 졸업, 동 대학원 법학석사, 법학박사
동아대학교 법과대학 전임강사, 조교수
단국대학교 법과대학 조교수, 부교수, 교수 역임
현재 고려대학교 법학전문대학원 교수

주요저작

법(法)과 사회변동(社會變動), 나남, 1986 / 공동상속론(共同相續論), 나남, 1987
북한법입문, 세창출판사, 1998 / 조선전기상속법제, 세창출판사, 2002
가족관계등록법, 세창출판사, 2009 / 로스쿨 가족법강의, 세창출판사, 2010
러시아 민법전, 세창출판사, 2010 / 사법제도의 사회적 기능, 세창출판사, 2011
권리를 위한 투쟁, 세창출판사, 2015

강승묵(姜昇默)

한양대학교 법과대학 대학원 졸업
법학석사(共同不法行爲에 있어서 關聯共同性에 관한 硏究-2003)
법학박사(社會變動과 相續財産에 관한 硏究-2009)
현재 한양대학교 법학연구소 연구원

주요저작

권리능력론, 세창출판사, 2004
재산의 기원과 촌락공동체의 형성, 세창출판사, 2007
원시사회(原始社會), 세창출판사, 2008 / 고대법(古代法), 세창출판사, 2009

법학제요 Gaius Institutiones

초판 인쇄 2017년 5월 20일
초판 발행 2017년 5월 30일

저   자 | Gaius
역주자 | 정동호 · 신영호 · 강승묵
발행인 | 이방원
발행처 | 세창출판사
    신고번호 | 제300-1990-63호
    주소 | 서울 서대문구 경기대로 88 냉천빌딩 4층
    전화 | (02) 723-8660 팩스 | (02) 720-4579
    http://www.sechangpub.co.kr
    e-mail: edit@sechangpub.co.kr

잘못 만들어진 책은 바꾸어 드립니다.

값 25,000원

ISBN 978-89-8411-674-0 93360